中国统计发展报告

(2015)

全球化视角的中国统计现代化

主　编　陈梦根

副主编　王亚菲　石　刚

REPORT ON THE DEVELOPMENT OF CHINESE STATISTICS 2015

Modernization of Chinese Statistics from the Perspective of Globalization

中国社会科学出版社

图书在版编目（CIP）数据

中国统计发展报告．2015：全球化视角的中国统计现代化/陈梦根主编．—北京：中国社会科学出版社，2015.11
ISBN 978－7－5161－7360－2

Ⅰ.①中…　Ⅱ.①陈…　Ⅲ.①统计—研究报告—中国—2015
Ⅳ.①C829.2

中国版本图书馆 CIP 数据核字（2015）第 296042 号

出 版 人　赵剑英
责任编辑　卢小生
责任校对　周晓东
责任印制　王　超

出　　版　中国社会科学出版社
社　　址　北京鼓楼西大街甲 158 号
邮　　编　100720
网　　址　http：//www.csspw.cn
发 行 部　010－84083685
门 市 部　010－84029450
经　　销　新华书店及其他书店

印　　刷　北京君升印刷有限公司
装　　订　廊坊市广阳区广增装订厂
版　　次　2015 年 11 月第 1 版
印　　次　2015 年 11 月第 1 次印刷

开　　本　710×1000　1/16
印　　张　16
插　　页　2
字　　数　267 千字
定　　价　60.00 元

本书得到国家社会科学基金重大项目（14ZDA047）、国家社会科学基金重点项目（13AZD086）和教育部人文社会科学研究规划基金项目（13YJA630005）的资助

序　言

统计是一门古老的学问。据史料记载，我国夏禹时代，地分九州，人口 1355 万，《书经 · 禹贡篇》记述了九州的基本土地状况，被西方经济学家推崇为“统计学最早的萌芽”。西周时期建立了较为系统的统计报告制度，统计作为治理国家的手段即为人认知。在现代社会，统计更是进入了政治、经济、军事、文化、教育等一切社会领域，日常生活中统计也是无孔不入、无处不在，人们总是频频接触各种各样的统计问题，诸如价格指数、经济增速、平均工资、房价问题等。

当然，统计更是一门常新的学问。作为一门数据科学，一般认为统计的学理研究始于古希腊的亚里士多德时代，迄今已有两千三百多年的历史。随着社会经济的发展，统计不断向前发展，一国或地区的统计制度与体系也不断演进变迁。统计起源于研究社会经济管理问题，在两千多年的发展过程中，统计经历了“城邦政情”、“政治算术”和“统计分析科学”等发展阶段。特别是进入 20 世纪后，科学技术迅猛发展，社会发生巨大变化，统计进入快速发展通道，主要体现在：

首先，统计向多元化领域拓展，由社会、经济统计向多分支学科发展。20 世纪以前，统计学的领域主要是人口统计、生命统计、社会统计和经济统计，随着社会经济和科学技术的发展，统计的范畴几乎覆盖了社会生活所有领域，成为通用的方法论科学，被广泛用于研究社会和自然界的各个方面，发展成为有着许多分支学科的科学。

其次，新技术、新方法在统计领域不断得到开发和应用。伴随着电子、计算机、网络、通信等技术的不断发展，统计数据的收集、处理、分析、存储、传输、印制等过程日益现代化，统计工作效率大幅提高。技术的进步日益扩大了传统的和先进的统计技术的应用领域，促使统计科学和统计工作发生了革命性变化，统计理论实践的深度和广度也在不断发展。

再次，统计与其他学科相互渗透和结合，使统计科学进一步得到发展并日趋完善。特别是信息论、控制论、系统论等的创立和发展，改变了世界的科学图景和科学家思维方式，也使统计科学和统计工作出现了新的发展趋势。例如，传统的统计是对已经发生和正在发生的事物进行统计，提供统计资料和数据，但由于经济、社会、军事、管理等方面的客观需求，统计预测和统计决策科学迅速发展。

最后，统计在现代化管理和社会生活中的地位日益重要。正如英国统计学家哈斯利特所说，统计方法在生活和习惯中的应用已经极其普遍，统计的重要性无论怎样强调也不过分。

在上述发展过程中，一方面，统计受到社会发展和科技进步的影响而不断向前发展；另一方面，统计的发展也对科学的进步与社会的变迁产生巨大的影响。美国统计学家萨尔斯伯格曾经以“女士品茶”为切入点，形象而生动地介绍了20世纪统计是怎样变革了科学，以一种全新的视角带领人们进入统计的世界，体会统计带给人们对哲学观、宇宙观的变革。此外，一个不容忽视的事实就是，现在，统计虽然还是国家治理的重要手段，但也已走下神坛，成为社会上形形色色主体决策的依据。统计无疑已成为一国或地区重要的社会基础设施，既是认识世界的有力武器，也是科学决策的重要基础。其实，不经意间，我们每一个人似乎都已经离不开统计了，而是在“统计”与“被统计”中生活着。

进入21世纪，大数据时代来临，信息与网络技术彻底改变了世界，统计也是老树发新芽，正焕发出强大的、新的生机与活力。大数据、物联网、云计算必将给统计带来前所未有的机遇与挑战，可以想象，一个统计的新时代正在来临。在此背景下，重塑中国统计体系，大力推动统计能力建设，正当其时。

《中国统计发展报告（2015）——全球化视角的中国统计现代化》坚持从历史视角审视统计发展和以战略眼光推动统计进步，秉承对影响中国统计发展的相关问题进行系统、深入专题研究的宗旨，希望能为中国统计体系改革发展、统计方法应用创新提供理论支持和政策建议。建立起一个科学、高效的现代统计体系对中国发展至关重要，但这并非朝夕之功所能做到，不经历一个曲折而漫长的过程难以实现，经风历雨方见彩虹，这需要统计工作者与研究者长期不懈的努力。

中国统计发展本身涉及诸多分支领域，本年度报告的研究团队根据各自兴趣与学术积累，以及相关领域在国民经济中的重要性，选择了五个专题进行研究，提出相关理论见解与政策建议，希望能够为统计部门与其他研究人员提供参考或借鉴。具体写作分工情况如下：导论作者为陈梦根；专题一作者为陈梦根、胡雪梅；专题二作者为王亚菲、徐丽笑；专题三作者为石刚、周妮文；专题四作者为席玮、钱源；专题五作者为肖尧、尹德才、陈梦根；英文目录由尹德才翻译。最后由陈梦根负责总撰、定稿。

本研究得到了多个基金项目的资助，写作过程中参考了大量相关研究文献与国内外资料，本报告出版得到中国社会科学出版社经济与管理出版中心卢小生主任的大力支持，在此一并致谢！受能力与水平所限，报告可能存在一些不足与纰漏，敬请批评指正！

陈梦根于北京

2015 年 7 月 20 日

摘要

《中国统计发展报告（2015）——全球化视角的中国统计现代化》秉承对影响中国统计发展的相关问题进行系统、深入专题研究之宗旨，希望能为中国统计体系改革发展、统计方法应用创新提供一些理论支持和政策建议。统计是社会非常重要的基础设施，一个科学、高效的现代统计体系对中国发展至关重要。本年度报告共包括五大专题：（1）中国国民经济核算；（2）全球价值链与中国外贸统计；（3）中国税收统计；（4）中国房地产价格统计；（5）政府债务统计。各专题重点围绕中国统计发展实践来展开，研究内容主要涉及发展历程、现状分析、主要问题、优势劣势、机遇挑战等，同时也非常注重国内实践与国际标准、其他国家实践的比较研究，以及对统计数据质量的评估，以此探讨中国统计体系的未来发展方略，提出相关政策建议。

Abstract

The *Report on the Development of Chinese Statistics 2015* sticks to conducting researches on the issues which affect the development of Chinese statistical system. These studies intend to provide some theoretical support for the reform and development of official statistical system, as well as the innovation of statistical methods in China. National statistical system is an important social infrastructure and a modern, scientific and efficient statistical system is vital for the future development of China. This report consists of five research topics: (1) the system of national accounts of China; (2) global value chain and the foreign trade statistics of China; (3) the tax statistics of China; (4) the real estate price statistics of China; (5) the statistics of government debt. The research mainly focuses on the practice of Chinese statistics and the contents usually include the development history, status quo, main problems, advantages and disadvantages, opportunities and challenges, etc. Each topic pays much attention to the assessment of data quality and international comparison with the international standards or other countries' practice. Furthermore, the direction and strategy for future development is deeply discussed and some policy suggestions are put forward to promote Chinese statistics.

目　录

Content

图表目录

导　论

在计划经济时代，计划与统计常常被连在一起说，一些大学也往往将计划专业与统计专业放在同一个系，但在社会经济管理生活中，往往表现出明显的“计划强、统计弱”现象，计划部门掌控大量社会资源，统计部门则为清水衙门，二者境遇天壤之别。受传统体制的影响，改革开放至今30多年了，这种态势有所好转，但统计的社会地位并无根本性改变，其重要性受到的关注仍然不够。

实际上，统计是一个社会非常重要的基础设施，构建一个科学、高效的现代统计体系，对中国发展至关重要。《中国统计发展报告（2015）——全球化视角的中国统计现代化》旨在对影响中国统计发展的有关问题进行系统、深入的专题研究，从而为中国统计体系改革发展、统计方法应用创新提供一些理论支持和政策建议。

本报告按专题形式撰写，各个选题重点围绕“中国统计发展实践”展开，研究内容主要涉及发展历程、现状分析、主要问题、优势劣势、机遇挑战等，同时也非常注重国内实践与国际标准、其他国家实践的比较，以及对统计数据质量的评估，由此求解中国统计未来发展方略，并提出相关政策建议。

《中国统计发展报告（2015）——全球化视角的中国统计现代化》共包括五个专题，分别为：（1）中国国民经济核算；（2）全球价值链与中国外贸统计；（3）中国税收统计；（4）中国房地产价格统计；（5）政府债务统计。在结构和内容安排上，各个专题研究独立成篇，自成体系，下面对各专题结构与内容分别做一个简要介绍。

专题一主要探讨中国国民经济核算体系发展问题，全面考察中国国民经济核算体系的建立、演进和发展历程，基于《2008年国民账户体系（SNA2008）》新标准对中国国民经济核算发展状况进行评估分析。国民账户体系（SNA）是国际上最重要的宏观经济统计体系，受到各国的普遍高度重视。国民经济核算为一国提供大量的宏观经济统计信息，如国内生产总值（GDP）、总投资、总消费、净出口、工业增加值等，国民经济核算的数据信息对经济管理与决策影响巨大。

作为综合经济统计体系核心构成的国民账户体系，为联合国统计委员会综合经济统计方案的制定提供了总体框架和组织结构。在其最新标准SNA2008对外发布后，国际社会已着手开展SNA2008的实施工作。为了及时反映经济社会出现的新情况、新问题，满足用户的新需求，体现国际标准的新变化，需要尽快对中国国民经济核算体系（CSNA）做出修订和完善。对比SNA2008和中国现行核算体系，CSNA（2002）在机构部门设置、研究开发（R&D）支出归属、雇员报酬统计、资产分类、所有权分类、中央银行产出测算方法、非寿险服务产出测算方法、居民自有住房服务虚拟价值测算方法、服务业统计制度建设、季度GDP核算、全国和地方资产负债表编制等方面存在明显差异或不足。为此，在CSNA（2002）未来改革与发展中，应该以这些问题为清单，突出重点，逐步研制适合中国国情和经济发展阶段的新国民经济核算体系。当前，国际社会正致力于推动新版核算标准，即SNA2008的实施，这为中国迎头赶上国际先进水平提供了一个难得的契机。中国应着眼长远、高屋建瓴、科学谋划，采用切实可行的计划与措施，以国民账户体系为基础，构建科学高效、协调一致、运转顺畅的综合经济统计体系，更好地服务于社会经济发展。本专题主要内容包括五个部分：（1）综合经济统计与国民账户体系；（2）中国国民经济核算发展回顾；（3）中国国民经济核算面临的主要挑战与问题；（4）中国国民经济核算改革和发展的总体思路与方向；（5）中国国民经济核算体系改革与发展的实施建议。

专题二重点研究全球价值链理论与中国外贸统计改革问题。2014年，中国对外贸易顺差规模再创历史新高，达到2.35万亿元，扩大45.9%。虽然“中国制造”享誉世界，但一直以来，中国的巨额贸易顺差饱受贸易伙伴诟病。随着全球经济一体化的不断深入，“中国制造”所带给中国的贸易值是含有水分的，其中所隐含的价值有多少并且说明什么问题，是值得人们探讨的。自“全球价值链”概念提出至今，虽仅有十几年时间，已经有不少学者对全球价值链进行了研究与分析，为更好地理解贸易差额问题提供了全新的视角。基于全球生产链的增加值分解与统计法，2012年年底，经济合作与发展组织和世界贸易组织共同开发出了“贸易增加值统计体系”，该体系采用各国的国内增加值取代进出口贸易总值作为衡量国际贸易的新标准，并建立了新标准下“增加值统计”（Value - added statistic）数据库。

理论上，全球价值链的不断深化和细分，使各国政府越来越多关注本国在价值链上所处的位置，以及本国可以从价值链中获取的价值。因而，国际组织和学者们在对全球价值链理论进行研究的基础上，转而将更多注意力放在贸易数据统计方法上，提出了与全球价值链更为契合的贸易增加值统计，避免了当前贸易统计中的“重复计算”问题，也为政策制定者提供了改善本国外贸状况的新思路。本专题从外贸依存度、出口贸易数据、经济合作与发展组织对中国出口数据的细分等方面探讨中国贸易统计的改革与发展问题，并对当前存在的问题提出了改进建议。在内容上，主要分为三大部分：（1）全球价值链理论发展，全面介绍全球价值链定义、主要内容及对中国的影响；（2）贸易增加值统计，重点探讨贸易增加值统计的基本理论与方法，以及对贸易增加值核算数据的分析；（3）中国外贸统计发展，剖析中国贸易统计发展历程、现存主要问题，并提出相关政策建议。

专题三集中探讨税收统计的发展与改革问题。税务统计实践活动萌芽于奴隶社会，远古国家为了赋税、徭役、征兵的需要，就有了某些必要的税务调查登记活动和税收统计工作。我国税收统计起源也很早，大约在纪元三千年以前，夏代的赋税制度中就有了税收统计行为雏形。税收统计是随着社会政治经济的发展而产生与发展起来的，早期的税务统计比较简单，没有形成完整、统一的框架体系，但对研究税务统计的产生与发展历程很有价值。新中国成立以来，在社会主义条件下，税务统计学有更加广阔的发展前景，尤其自20世纪80年代起税务统计发展很快。

税收统计的目的是为税收监管部门以及国民经济的运行提供完整的税收信息，它属于财政收入统计的重要组成部分。税收统计标准体系的建立与发展是与财政统计体系的发展相伴随的。与《2001年政府财政统计手册》（GFSM2001）等国际标准相比，当前我国税收统计体系还存在不少问题，诸如核算主体的界定不同，统计对象分类基础不一致，统计口径缺乏稳定性，核算范围缺乏科学性、全面性，等等。本专题对税收统计发展的中外历史进程进行梳理，对世界主要国家的税制基础和GFSM实施情况进行比较，并结合我国税收统计体系的发展现状，以及税收税负的实际情况与问题提出相应对策建议。内容主要包括五个部分：（1）税收统计发展的历程；（2）税收统计体系的国际标准；（3）税收统计体系的国际比较；（4）中国税收统计的发展现状；（5）中国税收统计存在的问题与改进建议。

专题四重点分析中国房地产价格统计问题。随着房地产业的不断发展，其在国民经济和国民生活中的地位不断提高，成为社会各阶层关注的热点领域。特别是在我国房地产价格快速上涨、不断创出新高的背景下，房价问题成为社会关注的焦点，房地产价格统计也开始受到越来越多的关注。中国的房地产市场是在1992年邓小平南方谈话之后开始得到全面发展，房地产价格统计也随之产生和发展。相比居民消费价格统计而言，中国的房地产价格统计工作起步较晚，但目前受到的关注度极高。回顾中国房地产价格统计的发展历程，依据时间跨度，一般可划分为起步阶段（1992—2000年）、发展阶段（2001—2011年）和完善阶段（2012年至今）三个阶段。

本专题主要在对美国、英国和加拿大等发达国家房地产价格统计进行比较分析的基础上，以及在对中国房地产价格统计的发展历程和现状进行深入考察的基础上，对中国房地产价格统计中存在的问题进行对比分析，同时对中国房地产价格统计的发展趋势进行展望，并提出中国房地产价格统计的相关改革建议。在结构与内容安排上，主要包括四个部分：（1）发达国家房地产价格统计的发展与经验；（2）中国房地产价格统计的发展与现状分析；（3）中国房地产价格统计存在的主要问题；（4）中国房地产价格统计发展趋势与改革建议。

专题五主要探讨政府债务统计问题。政府债务问题历来是财政研究、经济研究关注的重点之一。2008年国际金融危机之后，全球主要经济体财政赤字不断膨胀，政府债务负担持续加大，严重危及财政、金融、经济安全，欧债危机和美债危机引发了国际金融市场剧烈动荡。改革开放后，中国政府债务规模逐年扩大，“九五”时期以来有了更快发展，特别是为了应对百年一遇的国际金融危机，中国实施积极财政政策，中央和地方政府债务规模快速上升，地方政府债务融资平台已成为财政和金融系统的一个潜在风险源，理论界与实际工作部门对政府债务问题的关注迅速升温。政府债务统计是分析一国或地区政府财政状况和评估财政风险的重要依据，在欧洲主权债务危机爆发之后日益受到国际社会的高度重视。本专题对主要国际组织政府债务统计体系和英国、美国、加拿大、日本、中国等代表性国家政府债务统计进行比较研究，分析不同体系在概念、分类、指标、统计准则与口径、数据发布等方面的异同及主要特征。在结构与内容安排上，主要包括四个部分：（1）政府债务相关概念内涵；（2）国际组织政府债务统计体系；（3）政府债务统计的发展与国际比较；（4）我国政府债务统计主要问题及改革建议。

与国际标准和发达国家的实践相比，中国政府债务统计还不完善，尚存不少问题，有关政府债务的概念、分类不明确，不同部门之间统计口径存在差异，统计指标单一，不利于政府债务管理与风险监控。未来，中国应加快建立和完善政府债务统计体系，重点工作主要包括：（1）加快政府财政统计与 GS FM 的接轨；（2）对于政府财政核算应采用权责发生制；（3）统一政府债务统计口径；（4）完善政府债务信息公开制度；（5）加快编制国家资产负债表；（6）尽快开展政府净债务统计；（7）健全政府债务统计指标体系；（8）应特别关注地方政府债务统计问题。

专题一　中国国民经济核算体系的发展评析与展望

摘　要　国民账户体系（SNA）是一国综合经济统计体系的核心构成，SNA为联合国统计委员会综合经济统计方案的制订提供了总体框架和组织结构。最新版国民账户体系（SNA2008）发布后，以国际新标准为参照依据，找出中国国民经济核算体系（CSNA）的差距，有助于改进和完善中国的国民经济核算。分析表明，CSNA（2002）在机构部门设置、研究开发（R&D）支出归属、雇员报酬统计、资产分类、所有权分类、中央银行产出计算方法、非寿险服务产出计算方法、居民自有住房服务虚拟价值计算方法、服务业统计制度建设、季度GDP核算、全国和地方资产负债表编制等方面存在明显差异或不足。为此，在CSNA（2002）未来的改革与发展中，应该以这些问题为清单，突出重点，尽快研制和开发适合中国国情与经济发展阶段的新国民经济核算体系。

关键词　SNA2008　综合经济统计　中国国民经济核算体系

国民账户体系（SNA）是国际上最重要的宏观经济统计体系，受到各国高度重视。国民经济核算为一国提供大量的宏观经济统计信息，一系列重要的经济指标如国内生产总值（GDP）、总投资、总消费、净出口、工业增加值等，国民经济核算的数据信息对经济管理与决策影响巨大。拿其中最为著名的GDP指标来说，虽然不同国家都有质疑GDP数字可信度的声音，但不可否认的是GDP数据对世界各国社会经济生活具有非常重要的正向影响，正如经济学家保罗·A. 萨缪尔森和威廉·D. 诺德豪斯所指出的，“虽然GDP和其他国民收入账户是显得有点神秘的概念，但它们确实属于20世纪最伟大的发明之列。”美国经济学会前会长罗伯特·艾依斯纳（Robert Eisner）也曾指出，国民经济收入和产出账户是“本世纪对经济知识的重要贡献之一”。

中国作为一个转轨国家，政治、经济、文化、社会等各个方面都处于一个快速变迁的时代之中，统计制度也是如此。中国的经济核算体系经历了一个不断发展变迁的历程，从学习苏联的物质产品平衡表体系（MPS）到全面转向国民账户体系（SNA），核算体系朝着现代化、标准化、国际化的方向不断前进。但是，作为一个发展中国家，中国的核算体系起步较晚，发展水平离发达国家的核算水平还有不小差距，离国际标准也还有不小差距，中国要建立起一个现代、科学、高效的核算体系还有较长的路要走。当前，国际社会正致力于推动新版核算标准，即《2008 年国民账户体系》（SNA2008）的实施，这为中国迎头赶上国际先进水平提供了一个难得契机。为此，中国应着眼长远、高屋建瓴、科学谋划，采用切实可行的计划与措施，以国民账户体系为基础，构建科学高效、协调一致、运转顺畅的综合经济统计体系，更好地服务于社会经济发展。

一　综合经济统计与国民账户体系

2014 年，联合国统计委员会颁布了《综合经济统计准则》，国民账户体系是综合经济、综合方案的中心框架。中国在改革和发展国民经济核算体系时，应立足综合经济统计体系的构建，参照 SNA2008 的最新标准，围绕中国社会经济发展的实践需求，制定切实可行的核算方案文本，稳步提高核算能力。

（一）综合经济统计方案的提出

1. 综合经济统计方案提出的背景

多年来，联合国统计委员会（Statistical Commission）对从事经济统计事务的许多不同工作队、城市小组、机构工作组[①]的工作内容进行了反思与改革。由于各领域统计标准制定与完善工作量大，各项事务涉及的概念、方法、指标、框架等相互不统一，往往使统计结果的准确性和时效性大打折扣。而且，随着经济全球化进程的不断推进，各经济体之间竞争更加激

① 如秘书处国民账户工作组、秘书处价格统计工作组、秘书处服务统计工作组，以及秘书处环境统计工作组等。

烈，联系也日益密切，双边与多边交往也更加频繁。在这种情况下，研制一套具有国际可比性和全球适用性的宏观经济发展和政策制定标准，对确保经济统计的连贯性和一致性，提高短期、年度与基准经济统计的信息质量，以及指导各国采取正确的政策措施具有重要的现实指导意义。联合国统计委员会指出，能够满足这种对经济统计数字及时、高质量要求的最好途径，就是采用综合经济统计（Integrated Economic Statistics）方法，各国或地区依据自身国情、参照国际标准构建一个真正协调一致、运作顺畅、科学高效的综合经济统计体系。

综合经济统计方案制定的目的是，根据宏观经济统计的要求，以最有效率的方式汇编跨行业的基本经济数据，这样，一国或地区可以建立一个综合数据系统，满足数据使用者的广泛需求。实际上，许多国际论坛与机构组织均强调了经济统计对于政策制定的重要性，例如，为了政府能够制定合适的政策，国际劳工组织（ILO）提倡计量各国非正规家庭企业提供的就业和收入状况；又如，2004年在伊斯坦布尔召开的经济合作与发展组织（OECD）中小企业问题部长级会议决定，推动计量中小企业做出的经济贡献。正是由于这些政策需求，统计部门有必要使生产物资和提供服务的各项活动在概念上协调一致，在统计上可以进行比较分析。

与此同时，联合国、国际货币基金组织（IMF）、世界银行等国际组织推动建立或修订关于国民账户、产品和经济活动分类、工业统计、工业生产指数、国际比较项目（ICP）、零售商业统计和其他服务统计的国际统计标准已经形成一种潮流，最近数年来大批新标准诞生，大批旧标准经修订后重新颁布，为综合经济统计方案的制定创造了有利条件，为经济统计领域不同方案和活动的相互协调提供了极有利的机会。早在2006年，联合国统计委员会第三十七届会议就建议，根据秘书长关于综合经济统计的报告内容，将综合经济统计提议实际应用于国家经济统计方案，倡导建立一个涵盖广泛经济统计领域的、具有稳定协调机制的集成方案，其中包括工业和服务统计、国民账户及相关统计。

2. 综合经济统计内涵

联合国统计委员会第三十七届会议通过了综合经济统计方案的提议，建议在国家经济统计方案中采用，同时还建议成立主席之友小组，负责编写关于综合经济统计办法各种模式的标准文件。主席之友小组于2006年年底开始投入工作，但很快对一些重大问题出现了不同的意见，如综合经济统计、综合经济统计办法的范畴、国际宏观经济统计标准在这方面的作用（如国民账户体系、国际收支手册、政府财政统计手册、货币和金融统计手册等）。

目前，国际上对综合经济统计的内涵还没有完全达成共识，一般从其初衷出发，即编制综合经济统计是为了让用户受益于全面、一致、准确、可靠和及时传播的信息，降低编制过程参与者特别是数据来源提供者、编制者以及统计交流专家的负担和成本。在此基础上一般认为，综合经济统计是一种概念框架下无统计差异的统计，它要求对统一经济统计标准的特定方面进行协调，对统计数字编制进程进行重新设计，对有利的机构安排进行落实，以获取最佳的统计实践结果。综合经济统计框架不仅要求经济统计不同领域按其自身性质视为独立统计，更视为相互关联的统计，使其构成协调一致而且相互连贯的统计信息系统。原因在于，用户需要这种综合性的统计框架，可以随时将有关经济某个或某些特定方面的统计信息与更大层面即总体经济挂钩，而且要求从整个商业周期得出的统计信息不仅越来越详尽，还更加协调一致。

3. 综合经济统计提出的意义

《综合经济统计准则》在前言中明确指出了制定该方案的初衷，即“发布准则，是为了将其用作方法工具和综合经济统计案例研究汇编，指导各国编制宏观经济统计数据，并与短期、年度和基准宏观经济统计保持一致和统一”。

综合经济统计，是政府统计机构为反映国情国力、国民经济和社会发展情况，而直接进行的统计调查、统计分析、提供统计资料、实行统计监督的服务性工作。整合经济统计是为了调节各种专业统计，确保统计提供的信息连贯一致。统计信息要连贯，是因为经济统计所要说明的现实即经济系统本质上是同一整体，而传统上，经济统计中的统计调节是运用国民账户和其他宏观会计及分类框架，通过概念和分类上的一致性来实现的。

具体来说，综合经济统计框架能为数据用户、数据提供者和统计机构带来诸多方面利益：（1）可以更好地满足用户的需求，主要是在数据连贯一致性方面，从而提高统计信息的价值；（2）统计机构更容易监测数据，提高质量，运用综合框架有助于修订数据；（3）可以协助不同数据集的综合与比较，协助编制连贯一致的宏观经济统计数字，如国民账户和国际收支统计；（4）协助对来自不同国家但一致来源的微观数据的分析，这是解决全球化影响等关键政策问题所必需的工作；（5）统计机构更容易精简统计编制过程，使统计更加有效；（6）如果统计细节保持不变，实施综合经济统计框架可以减轻被调查者或答问者的负担；（7）通过咨询委员会，提请各国有关部门和社会各界注意统计工作中人力资源和财力资源面临的内部局限，把收集官方统计同其他合法统计任务联系起来，加强统计数据使用者、用户之间的相互交流，增进共识。

需要明确的是，构建综合经济统计体系有其成本。在制定方案时，需要投入大量资源，诸如，协调统一统计标准，重新设计统计编制方案，改革统计机构安排等，都必须兼顾方方面面（包括数据用户、数据提供者和统计机构）的诉求，进行必要的成本/效益分析，对不同情况下整合经济统计要到何种程度才能发挥效益进行事前评估与分析。总之，正如联合国统计委员会指出的，构建综合经济统计框架短期内可能要付出巨大的资源投入，但长期来看是必要的、可行的，在实践中，一国或地区比较可行的思路是参照各国国情，采取分阶段、切合实际情况的策略开展统计整合，或者实行最佳程度整合，而非理论上的完美整合或最大限度的整合，那样做可能事倍功半，甚至得不偿失。

（二）国民账户体系的发展历程

国民账户体系（System of National Accounts，SNA）是20世纪最伟大的发明之一，它是通过运用能展现国民经济发展状况的指标体系，系统反映从生产、分配到交换、使用的经济循环过程，以及各个机构和部门在社会再生产过程中的地位、作用和相互关联。基于此，SNA核算结果是国家进行宏观调控和管理决策的重要依据。目前，除了古巴和朝鲜，世界范围内其他各国均采用SNA模式的国民经济核算体系。朱启贵（2012）指出："发展观决定一国国民经济和社会发展的战略及其运行模式，发展观需要与之相适应的国民经济核算体系。"因此，随着发展观的演变，国民经济核算体系也在不断地做出相应调整和修订。截至目前，已经形成了SNA1953、SNA1968、SNA1993和SNA2008四个版本，它们分别可以作为SNA的创建期、成长期、成熟期和优化期（见图1－1）。[①]

① 对SNA发展历程中SNA1953、SNA1968和SNA1993所属时期的划分引自邱东（1997），略有改动，参见邱东《国民经济核算史论》，《统计研究》1997年第4期。

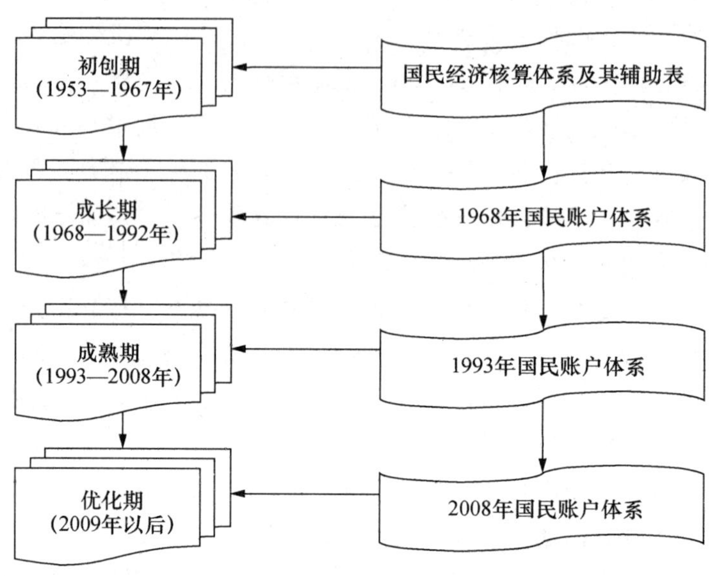

图 1 –1　SNA 的发展历程

1. SNA 初创期（1953—1967 年）

第二次世界大战后，各国为振兴经济走和平发展之路，逐渐形成以经济增长为核心的发展战略，如“赶超发展战略”、“起飞发展战略”等。此时，经济增长的主要衡量指标是国民收入或国民生产总值。为适应经济管理的需要，1953 年联合国经济和社会事务部统计委员会公布了“国民经济核算体系及其辅助表”，标志着 SNA1953 的正式诞生。这是以英国著名统计学家理查德·斯通（John Richard Nicolas Stone）为首的专家组根据以前核算理论、方法研制的第一部较为系统的国民经济核算体系，目的在于制定一套标准的国民经济核算体系，以便提供一个具有普适性的报告国民收入和生产统计的框架。SNA1953 在前言中亦指出：“本报告的目的在于制定一套标准的国民经济核算体系，以便提供一个具有普遍适用性的报告国民收入和生产统计的框架。”

2. SNA 成长期（1968—1992 年）

在收入核算与生产核算的基础上，SNA1968 又引入了投入产出核算、资金流量核算和国际收支核算。此时，SNA 形成了一个包含五大核算系统、较为完整的核算框架。从内容上看，该版本的核算体系从横纵两方面对其加以拓展和细化，反映了更加全面、多元化的发展。经济发展是社会其他方面发展的物质前提，社会发展是经济得以持续发展的重要保证。因此，SNA1968 的这些改进从总体上满足了社会发展观的需要，提供了度量社会发展的社会指标体系（朱启贵，2012）。

3. SNA 成熟期（1993—2008 年）

1993 年，联合国、世界银行、IMF、OECD 和欧盟等国际机构联合修订的国民账户体系（即 SNA1993）对外公布。与 SNA1968 相比，SNA1993 呈现许多新特点，可以概括为更新、澄清、简化和协调（邱东，1997；杨仲山，2008）："更新" 不是对核算体系内容的重构，而是为适应国际经济变化的新情况、新问题而补充或强调一些方面；"澄清" 是对核算原则和一些特殊问题的阐明，以减少核算体系的繁杂性；"简化" 是通过对核算基础原理的系统说明达到对核算人员工作的简化；"协调" 是使 SNA 体系与其他国际统计标准或手册在统计口径上更加一致。

4. SNA 优化期（2009 年之后）

2009 年 2 月，联合国统计委员会第 40 届会议对外发布了最新版本的国民经济核算标准体系，即 SNA2008。它涉及对世界在经济、社会、政治、科技、环境等领域发生的众多最新前沿问题、核算方法和核算规则的界定。SNA2008 保持了 SNA1993 的基本框架，没有对其做出根本性或综合性的改变。其变化主要体现在对 44 个核心议题的修订上，这些调整主要分布在资产范围、金融部门、全球化及其相关问题、一般政府和公共部门，以及非正规部门等五大领域（陈梦根，2012）。此外，与相关统计手册，如国际收支统计、政府财政统计、货币金融统计在统计口径上更加一致。

总之，SNA 体系是在西方发达市场经济国家国民经济核算理论研究与实践经验的基础上产生的。在该体系几十年发展过程中，进一步总结和吸收世界各国，包括社会主义国家国民经济核算理论的发展成就和经验做法，可以说这是人类社会共同发展的结晶。其最大特点在于反映了市场经济的一般特征（许宪春，1999）：它所确定的核算主体范围反映了市场经济的开放性特征；它所确定的核算客体范围，反映了市场经济条件下市场作用广泛性特征；它关于基本核算单位的界定及其部门划分的原则，反映了市场经济条件下基本经济单位的独立性特征。SNA 比较全面和客观地反映了市场经济条件下国民经济活动全貌和不同类型市场主体的经济地位及其相互联系和相互作用，这一核算体系已经成为市场经济国家用以解释复杂经济现象、分析复杂经济问题的科学方法，成为政府机构了解和掌控国民经济运行情况、进行宏观经济管理与决策的重要手段。

（三）国民账户体系与综合经济统计的关联性

联合国统计委员会近期制订了比较完善的综合经济统计方案，即2014年对外公布的“Guidelines on Integrated Economic Statistics”（《综合经济统计准则》，以下简称《准则》）。综合经济统计与国民账户体系（SNA）之间存在密切关联，主要体现在：国民账户体系、辅助性制度安排和综合统计编制过程分别从概念框架、制度安排和编制过程三个维度，构成综合经济统计办法的三大支柱（见图1－2）。因此可以说，国民账户体系是联合国综合经济统计方案的核心组成部分，起到主体性框架作用。

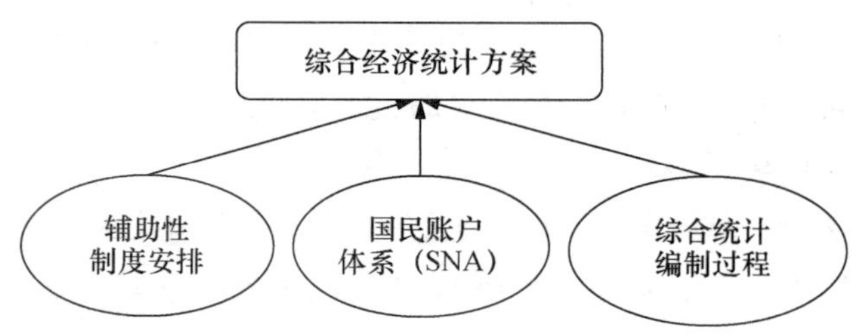

图1－2　综合经济统计方案总体构成

第一，国民账户体系（SNA）能够确保经济统计与经济理论保持一致，主要体现在：当它作为概念框架时，可以使不同但相关统计领域的定义和分类一致；作为核算框架时，可以确保从商业调查、住户调查、商品贸易、税收、行政记录及其他来源获取的数据保持一致；其采用的复式框架，是进行综合、发现空白和前后不一致、统一概念和确定综合经济统计优先事项的强大工具。

第二，国民账户体系（SNA）多年来致力于统一宏观经济统计标准和规范，注重与其他国际通用手册（如BOP、GFSM等）的连贯性和一致性，是国际统计业界开展统一协调工作的成果，在此基础上，编制综合经济统计体系能够节省大量资源。

第三，由于各国统计系统不同，为综合经济统计制定单一、详尽的实施办法难度很大，但采用国民账户体系（SNA）的概念框架作为开展综合经济统计的总体框架，可以为各国提供一些一般性的指导原则和经验做法。

第四，综合经济统计是将与生产、收入、消费、就业和价格有关的统计数据等多种原始统计与二次统计数据、国民账户等宏观经济账户进行统计调整。这里，调整领域的选择取决于综合统计的主要目标，但可以包括国民账户体系采用的经济原始数据，如收入、消费、商业、部门、价格和就业统计以及环境统计等。

第五，借助于国民账户框架，可以编制关于宏观经济总量方面的连贯一致的短期和年度账户，包括实体部门的季度和年度国民账户；作为经济统计综合框架，国际账户还可以提供经济体中的金融、政府、非金融和住户部门及其与对外部门之间关系的宏观经济总量说明。国民账户提供的连贯信息使决策者能够在复式会计账户中审视经济活动的方方面面及其影响，从而提供一个有效的综合性政策分析框架。

第六，国民账户可以作为综合经济统计方案汇编和分析的工具，它把大量的经济数据汇集起来，目的是提供连贯的宏观经济结果信息。例如，国内生产总值（国内总产值）依赖三种汇编方法：生产、支出和收入法，这三种方法采用不同的经济统计，但目的在于提供同一指标估计值。因此，各国会计在汇总数据时，必须要使用生产商、用户和收入获得者的统一而独特的分类，以及商品、产业、交易、收入种类、资产和账户的统一、独特的分类与定义。他们可能还必须补足缺失数据并对现有数据加以调整，以符合宏观经济会计特性。

第七，国民账户把不同数据加以合并，使大家能够认识到经济数据的前后不一、不完整性和其他缺点，并分析其原因，是有力的诊断工具，可以评估现有经济统计数据整合的程度，并使人们能够制定增进该数据整合的战略。

可见，国民账户体系作为经济统计协调框架，不仅确保统计的数字连贯一致，也确保了统计的概念连贯一致，它依据的是一套国际商定的概念、定义、分类和会计规则。各种具体部门的统计标准如《国际收支手册》（BOP）、《政府财政统计手册》（GFSM）、《货币与金融统计手册》（MFSM），都与《国民账户体系》（SNA）保持协调一致。这意味着在机构单位和部门、常住地、资本（资产和负债）/经济流动及其整合、会计和估价规则等方面，它们同国民账户体系有着大量共有的特征，将这些特征扩展到所有经济统计，是迈向整合的重大一步。SNA1993也明确指出，“作为一项总目标，经济会计中使用的概念、定义和分类应尽可能在微观级别和宏观级别上保持一致，以助两种数据之间的交换"。[①] 需强调的是，将国民账户体系作为经济统计共同的概念框架，并不意味着微观数据库同宏观经济账户完全一致。

二 中国国民经济核算发展回顾

与国民经济核算国际标准发展历程类似，中国国民经济核算体系也经历了建立、改革和发展的演变历程。从新中国成立初期到经济体制改革之前，我国国民经济核算体系采取的是产生于苏联、东欧国家的物质产品平衡表体系（Material Product System，MPS）。此后，随着经济体制改革不断深入和对外开放程度逐渐加大，建立在 MPS 体系基础上的中国传统国民经济核算体系表现出种种缺陷和不足，无法满足国家宏观经济管理和对外交流的需要。1984—1992 年，在国务院专门机构领导下，国家统计局会同有关部门以联合国 1968 年国民经济核算体系（SNA1968）、1993 年国民经济核算体系（SNA1993）修订草案和 MPS 为基础，通过深入的理论研究和方案设计，广泛征求各方面意见和建议，制定了《中国国民经济核算体系（试行方案）》（即中国 1992 年核算体系）。1993 年，联合国统计委员会第 27 届会议通过取消 MPS 体系，并在全球范围内采用 SNA 体系的决议。从此，MPS 体系失去了国际可比性。

为了适应国际形势变化，1993 年起，我国统计部门以 SNA1993 为参照依据，对 1992 年制定的《中国国民经济核算体系（试行方案）》进行重大修订，并在 2002 年制定了《中国国民经济核算体系（2002）》（China's System of National Accounts 2002，CSNA2002），这是目前我国正在实施的国民经济核算体系的规范性文本。

根据核算模式的不同，可将我国国民核算体系的发展历程划分为三个阶段：第一阶段为物质产品平衡表体系（MPS）的建立和演变；第二阶段为 MPS 体系和国民账户体系（SNA）并用的混合模式；第三阶段从混合体系到 SNA 体系。每种模式的延续期、核算范围、主要指标及当时所实施的经济体制类型见表 1－1。[②]

---

① 参见国民账户体系（1993）第 1.67 段。

② 该表根据李强（1998）整理而成，参见李强《中国国民经济核算体系的建立、变化与完善》，《统计研究》1998 年第 4 期。

表 1-1　　我国国民经济核算体系发展历程的阶段划分及特点

核算模式	持续期	经济体制	核算范围	主要指标	主要核算内容
物质产品平衡表体系（MPS）	1952—1984 年	计划经济	农业、工业、建筑业、运输邮电业、商业五大物质生产部门	国民收入	（1）社会总产值；（2）国民收入生产、积累和消费；（3）国民收入分配与再分配；（4）劳动力资源与分配；（5）主要物资商品产销平衡；（6）综合财政信贷；（7）物质生产部门投入产出表
MPS 体系与 SNA 体系共存的混合体系	1985—1992 年	有计划的商品经济（计划经济为主，市场调节为辅，计划经济与市场调节相结合）	全部国民经济部门（包括物质生产部门与非物质生产部门，但区分物质生产部门与非物质生产部门划界限）	国民收入、国内生产总值	（1）国内生产总值；（2）投入产出表；（3）资金流量表；（4）国际收支平衡表；（5）人口与劳动力资源平衡表；（6）自然资源；（7）主要物资、商品产销平衡；（8）企业部门投入表；（9）企业部门产出表
中国国民经济核算体系（SNA 体系）	1993 年至今	社会主义市场经济	全部国民经济部门	国内生产总值	（1）国内生产总值；（2）投入产出表；（3）资金流量表；（4）国际收支平衡表；（5）资产负债表；（6）国民经济循环账户；（7）人口与劳动力资源平衡表；（8）自然资源；（9）企业部门投入表；（10）企业部门产出表

（一）MPS 体系在中国的建立与演进

改革开放前的 20 多年时间内，中国国民经济核算领域普遍存在这样一种观念，即认为 SNA 体系发端于西方资本主义国家，是资产阶级经济学的产物，只适用于资本主义国家，而社会主义政体的国家则不宜采用该体系；相反，MPS 体系产生于社会主义政体的国家，是马克思主义经济学的产物，因而适用于社会主义国家。在这种观念支配下，国家统计局先后两次去苏联学习 MPS 体系：（1）1954 年，国家统计局在学习苏联国民收入统计理论和方法的基础上开展了国民收入的生产、分配、消费和积累的核算；（2）1956 年，国家统计局派团对苏联国民经济核算工作进行了全面考察，随后在中国全面推行 MPS 体系，先后编制了社会产品生产、积累和消费平衡表，社会产品和国民收入生产、分配、再分配平衡表，劳动力资源平衡表，等等（许宪春，2009）。

在此期间，国民收入核算采用的是生产法和支出法（见图 1 – 3）：

（1）生产法国民收入核算又包括现价核算和不变价核算，其计算公式为：①国民收入现价总值 = 农业净产值 + 工业净产值 + 建筑业净产值 + 运输邮电业净产值 + 商业饮食业净产值；②国民收入不变价总值就是计算农业、工业、建筑业、运输邮电业和商业餐饮业不变价净产值，其中工业不变价净产值 = 工业现价净产值 ÷（工业现价总产值 ÷ 工业不变价总产值），农业不变价净产值 = 农业不变价总产值 – 农业不变价物质消耗。

（2）支出法国民收入核算也包括现价核算和不变价核算，其计算公式为：①国民收入现价支出额 = 消费总额 + 积累总额 = 居民消费 + 社会消费 + 固定资产积累 + 流动资产积累，这里不含物质产品和物质性服务的净出口项；②国民收入不变价支出额 = 不变价居民消费 + 不变价固定资产积累 =（不变价非农业居民消费 + 不变价农业居民消费） + 不变价固定资产积累 = [不变价非农业居民消费 + （自给性消费 + 商品性消费 + 文化生活服务性消费 + 住房及水电消费）] + 不变价固定资产积累。此外，国家统计局在投入产出核算方面也做了初步尝试（见图 1 – 3）。

20 世纪 70 年代，国家统计局与原国家计划委员会、中国科学院等单位合作编制了中国第一张投入产出表——1973 年投入产出表，这是一张 MPS 体系的实物型投入产出表。[①] 80 年代初，为适应改革开放初期宏观经济计划和管理工作需要，国家统计局与原国家计划委员会等有关部门合作编制了 1981 年 MPS 体系价值型和实物型全国投入产出表与 1983 年 MPS 体系价值型全国投入产出表。[②]

---

① 国家计划委员会电子计算中心：《一九七三年六十一类主要产品投入产出表》，1979 年 10 月印制。

② 国家计划委员会经济预测中心、国家统计局国民经济平衡统计司：《一九八一年全国投入产出表》，1983 年 7 月印制；国家统计局国民经济平衡统计司：《一九八三年全国投入产出表》，1985 年 3 月印制。

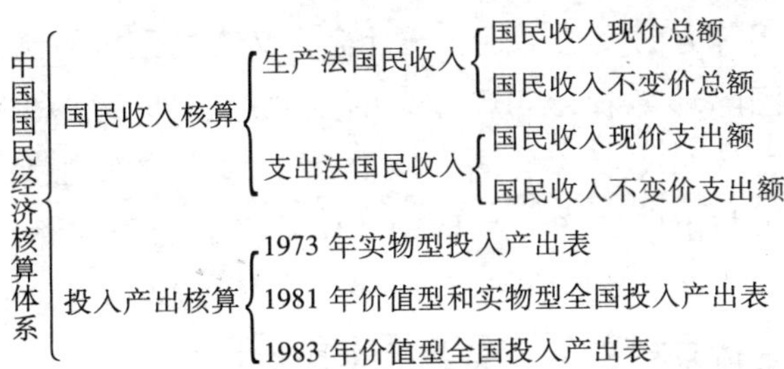

图 1－3　中国物质产品平衡表体系（MPS）主要内容

在上述平衡表陆续开始编制的时候，“大跃进”和“文化大革命”相继发生，使其编制工作连连受挫。政府统计机构撤销，统计工作人员下放，国民经济核算工作几乎完全陷入瘫痪状态。改革开放后，中国统计工作陆续恢复和重建，在国民经济核算方面，不但补齐了缺失年份的国民收入数据，而且还开始编制 MPS 体系投入产出表，建立了综合财政统计，编制了综合能源平衡表，以及主要原材料平衡表和消费品平衡表等。一系列国民经济核算工作的开展与实践，对处于改革开放初期的国家经济管理与决策起了十分重要的作用。

这一时期，MPS 体系在对我国国民经济进行核算的实践中表现出几点不足：（1）侧重于反映物质生产，而对非物质生产部门的发展情况反映不足，这注定使其不能适应国民经济活动中日益增长的服务活动的核算需求，也使其难以成为一个完整全面的国民经济核算系统；（2）侧重于反映实物流量，而对资金运动情况的反映不足，使得国民经济系统中的实物量与价值流不能完整展现；（3）侧重于对生产进行核算，而对消费、积累、分配等方面的核算不足。除此之外，MPS 体系下核算方法单一，使核算结果的关联性和严谨性大打折扣。

可见，产生于高度集中的计划经济体制下的 MPS 体系，在中国传统经济体制机制下发挥了一定作用。然而，随着经济体制逐渐转轨，经济结构不断升级改变，MPS 体系的弊端也越来越明显。MPS 体系的重要理论依据之一是马克思的劳动价值论和再生产理论。马克思理论表明，在生产过程中，生产资料只是转移它内含价值，而不能创造新价值，新价值的创造只能由投入的活劳动完成；只有物质生产领域中生产商品的劳动才创造价值，非物质生产领域中的劳动不能创造价值（李金华，2008）。它在生产范围界定方面的狭隘性，以及对不同类型市场主体的经济地位及其相互关联、相互作用等方面反映不足，与社会主义市场经济体制的要求相去甚远。此外，从国际环境看，MPS 体系的发源地，即苏联和东欧国家已经纷纷将核算模式从 MPS 体系转向 SNA 体系，这一方面由社会制度演变所致；另一方面也与市场经济条件下 MPS 体系彰显的种种弊端和 SNA 体系的优势相关。

（二）MPS 体系和 SNA 体系并用的混合体系

20 世纪 80 年代中期以后，我国逐渐引入市场经济国家广泛采用的国民账户体系（SNA）。这时期，国民经济核算工作采用两种核算模式并用的方式，主要是立足于当时我国国民经济的管理是实行有计划的商品经济这一主导思想（李强，2012）。因此可以说，混合体系是适应转型期人们的思想认识水平，以及宏观经济分析和决策需要的核算模式。国家统计局为了适应改革开放后出现的一些新情况（如非物质服务产出迅速增加），先后于 1985 年、1989 年、1992 年建立了 SNA 框架下的年度 GDP 生产核算、年度 GDP 使用核算以及季度 GDP 生产核算等。GDP 核算的建立标志着中国国民经济核算体系（China's System of National Accounts，CSNA）从 MPS 向 SNA 体系转换时期的开始（许宪春，2009）。

此时，在 GDP 核算方面运用的方法与 MPS 体系下国民收入核算类似，即生产法和支出法：

（1）生产法 GDP 核算包括现价核算和不变价核算，其计算过程为：①现价 GDP 生产核算首先是对农业、工业、建筑业、运输邮电业和商业餐饮业五大物质生产部门的现价净产值进行调整，得到相应的现价增加值，即物质生产部门现价增加值 = 物质生产部门现价净产值 - 物质生产部门的非物质服务产出 + 物质生产部门的现价固定资产折旧；②不变价 GDP 生产核算是剔除各部门现价增加值中包含的价格变动因素，其中，物质生产部门不变价增加值 = 物质生产部门现价增加值 ÷ 物质生产部门净产值价格指数 = 物质生产部门现价增加值 ÷（物质生产部门现价净产值 ÷ 物质生产部门不变价净产值），非物质生产部门不变价增加值利用非物质生产部门现价增加值和居民消费价格指数中的服务项目价格指数和商品零售价格指数计算。①

① 国家统计局国民经济平衡统计司：《国民收入、国民生产总值统计主要指标解释》，1990 年 1 月。

（2）支出法 GDP 亦包括现价核算和不变价核算，具体如下：①现价 GDP 支出法核算计算公式为：现价 GDP 支出核算 = 总消费 + 总投资 + 货物和服务净出口 =（居民消费 + 社会消费）+（固定资本形成 + 存货增加）+（货物和服务出口 - 货物和服务进口）。其中，现价 GDP 中的居民消费和社会消费是从现价国民收入支出核算中的居民和社会消费调整而来，是将其中属于非物质生产部门用于中间消耗的物质产品和物质性服务价值，调整为居民和社会对这些非物质生产部门提供服务的全部支出；对固定资产积累进行调整，就是把固定资产折旧补充到固定资产积累中。现价 GDP 支出核算中的存货增加与现价国民收入使用核算中的流动资产积累一致，不需要进行调整。此外，要补充计算现价 GDP 使用核算中的货物和服务进出口，因为现价国民收入使用核算不包括货物和服务进出口。[①] ②不变价 GDP 支出核算，就是分别利用国民收入支出核算中的居民消费、社会消费、固定资产积累和流动资产积累价格指数对现价 GDP 使用核算中的居民消费、社会消费、固定资产形成、存货增加进行价格缩减，利用海关统计主要商品表中的进出口商品数量和价值量以及基期各种进出口商品价格构造出来的进出口价格指数对现价货物和服务进出口进行缩减。[②]

需要说明的是，在此期间，GDP 核算中产业部门分类如下：（1）农业；（2）工业；（3）建筑业；（4）交通运输、邮电通信业；（5）商业饮食、物资供销和仓储业；（6）金融保险业；（7）综合技术和生产服务业；（8）居民服务业；（9）公用事业；（10）房地产业；（11）卫生、体育、社会福利业；（12）教育、文艺、广播电视业；（13）科学研究事业；（14）国家机关、政党机关和社会团体；（15）其他行业。[③]

在投入产出核算上，为了适应第三产业迅速发展和制定第三产业发展政策的需要，1987 年，中国建立了定期编制投入产出表的制度，即逢二、逢七年度，开展全国大规模投入产出调查，编制投入产出基本表；逢零、逢五年度，通过小规模调查和对基本系数表进行调整的方法，编制投入产

① 国家统计局国民经济平衡统计司：《国民收入、国民生产总值统计主要指标解释》，1990 年 1 月。

② 同上。

③ 国家统计局：《国民经济统计调查制度》，1990 年 12 月制定。

出简表。[①] 1987年投入产出表既包括从事物质生产活动的产业部门，也包括从事非物质生产活动的产业部门，本质是一张SNA体系的投入产出表。但是，这张表把所有产业部门区分为物质生产部门和非物质生产部门，它又是一张可以向MPS体系转换的投入产出表，从投入产出核算的角度体现出从MPS体系向SNA体系过渡的特点（许宪春，2009）。

从内容上看，这时期我国引入SNA体系主要是针对MPS体系中存在的一些不足进行改革（朱启贵，2009）：（1）扩大了核算范围，即由过去单纯的物质产品核算扩大到包括服务在内的全面核算；从过去对财政、信贷资金运动的核算扩大到对全社会资金运动的核算。（2）充实了核算内容，即在总量核算的基础上，充实了反映部门间经济技术联系的投入产出表；从部分价格指数的计算扩大到国民经济综合价格指数统计；从流量核算扩大到对实物资产和金融资产的存量核算。（3）改进了核算方法，即在我国国民经济核算需要的基础上，借鉴国外有益经验，采取了账户、矩阵和平衡表相结合的核算方法，为进行国民经济的总量核算、结构核算和各种数量分析提供了条件。（4）提高了国际可比性，体现在吸收国际上不同核算方法的长处，并采用了板块的转换结构，可进行MPS和SNA两种核算体系的相互转换，方便、科学地同世界各国进行比较。

在转换过程中，MPS体系下的收入核算与SNA体系下的GDP核算地位也发生显著变化：转换前期，以收入核算为主，GDP核算为辅；在转换后期，变为以GDP核算为主，以收入核算为辅。然而，总体表现为两种模式混合作用的特征，这主要取决于当时的经济体制因素，即尚未从有计划的商品经济转向社会主义市场经济。直到1993年，以MPS体系的取消为标志，完成了由MPS体系向SNA体系的过渡。这期间，国家统计局还积极与有关部门、专家学者展开合作，于1992年研制出《中国国民经济核算体系（试行方案）》，为当时国民经济核算提供了较好的核算蓝图。该体系由社会再生产核算表和经济循环账户两大部分组成（见图1-4），其中，社会再生产核算表的主体部分是国民经济五大核算“基本表”，此外，还有八张补充表，这些都是采用平衡表形式进行核算；经济循环账户则包括一套内容相对完整并采用复式记账法组织起来的账户体系。

① 国务院办公厅：《国务院办公厅关于进行全国投入产出调查的通知》，1987年3月31日。

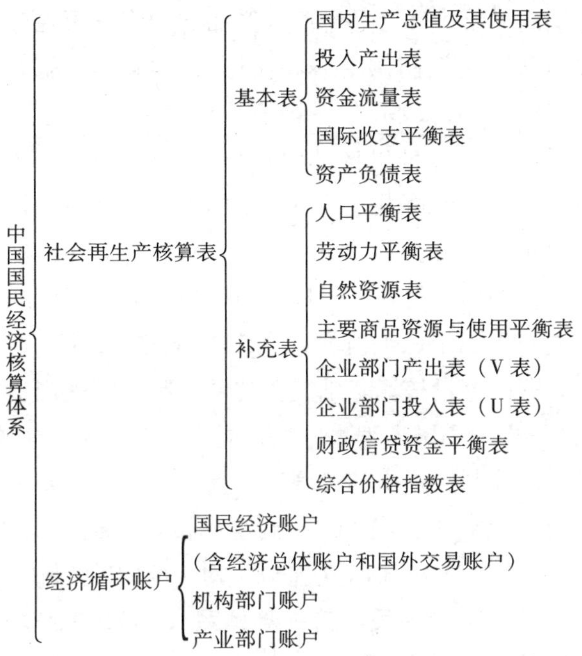

图 1－4　1992 年中国国民经济核算体系的架构

（三）从混合体系到 SNA 体系

1992 年召开的中共十四大首次明确提出我国经济体制改革的目标模式是建立社会主义市场经济体制，这一举措克服了有计划商品经济理论的不足，为国民经济核算体系的全面改革与发展扫清了理论上的障碍。我国国民经济核算体系采用 SNA 模式主要有三个原因：（1）社会主义市场经济体制的确立，动摇了 MPS 体系存在的基础；（2）20 世纪 90 年代，MPS 体系最初的研制者由于政治、体制等方面的原因纷纷放弃了 MPS 体系而转向 SNA 体系，大大削弱了其核算结果的权威性、通用性和国际可比性；（3）MPS 体系自身核算方法的不足，使其难以在宏观经济管理中发挥作用。

SNA 在中国国民经济核算的主体地位确立以后，国家统计局进一步结合我国国情和实际情况（如经济体制还处于转轨期），借鉴发达国家的核算经验，逐渐完善国内生产总值核算方法、投入产出调查方法和编表方法。其中，在投入产出表编制上，与多数国家的编表步骤有所区别：因为中国现行基本生产统计单位是企业，而不是产业活动单位，企业往往会生产多种不同类型的产品，因此主产品不突出，产品同质性比较差，所以中国采取的是先编制供给表和产品部门×产品部门表，再在此基础上推导使用表，而多数国家则先编制供给表和使用表，再以此为基础编制产品部门×产品部门表。此外，1992 年中国还启动编制了机构部门账户，包括非金融企业部门账户、金融机构部门账户、政府部门账户和住户部门账户，以及由与常住机构单位发生经济交易的所有非常住机构单位组成的国外部门账户。同年，大部分省（市、区）统计局亦开始采用国家统计局统一制定的方法，编制本地区的机构部门账户。需要强调的是，尽管全国或地区资产负债表仍处于试编阶段，尚未对外发布，但早在 1997 年中国就在借鉴加拿大资产存量核算基础上，尝试编制全国资产负债表，部分省（市、区）统计局也采用国家编表方法，同步编制本地区资产负债表。

随着市场经济体制的提出和经济社会管理工作的需要，一些新问题的出现，在《试行方案》中已经无法得到准确核算或根本无从体现。因此，从 1999 年开始，以 1993 年 SNA 为基础，对 1992 年研制的试行方案进行系统修订，制定了《中国国民经济核算体系（2002）》，这也标志着我国国民经济核算体系向 SNA 体系的全面转轨。新核算体系从基本概念、核算原则、基本分类、基本核算架构以及核算内容等方面对我国经济核算作了详细阐述。然而，国民账户体系（SNA）不是一成不变的。许宪春（2013）指出，国民账户体系（SNA）是随着社会经济体制的变化和宏观管理需求以及国民经济核算国际标准的修订而变化的。① 因此，自《2008 年国民账户体系》（SNA2008）发布后，国家统计局积极组织人力研究新版国际标准的变化，至 2013 年年底，初步研制出《中国国民经济核算体系（2002）》修订草案。

根据经济普查结果改进核算方法、修订历史数据是完善我国国民经济核算的一个重要方面。2004 年第一次经济普查后，根据普查得到的基础数据，国家统计局改进了年度 GDP 核算方法，细化了行业分类，同时采用生产法和收入法核算行业增加值。此外，间接计算的金融中介服务（Financial Intermediation Services Indirectly Measured，FISIM）、居民自有住房服务（Owner Occupied Dwelling Service，OODS）、计算机软件等技术难点也按照 SNA 的推荐方法进行了改革。与此同时，为与普查年度 GDP 衔

---

① 许宪春：《国家统计局独家详解：核算体系改革正在进行》，新华网，2013 年 11 月 18 日，http：//news. xinhuanet. com/fortune/2013 - 11/18/c_ 125719525. htm。

接，还对1993—2004年GDP的历史数据进行了调整。与GDP核算密切相关的投入产出核算和资金流量核算也根据经济普查数据对普查年度和历史年份的数据进行了调整和修订。同年，国家统计局还进一步规范了GDP数据发布制度，实行了GDP按初步核算、初步核实、最终核实的核算和数据发布制度，核算工作流程和数据修订进一步与国际通行的统计规范接轨。2008年第二次全国经济普查之后，国家统计局依据GDP核算制度，对2008年GDP初步核算数进行了修订，同时对2005—2008年历史数据也进行了系统修订。2013年12月31日启动的第三次全国经济普查，将再次成为验证、修订经济核算数据的基础资料。

中国国民经济核算体系60多年的发展历程表明，它在制定国民经济发展规划、财政政策、货币政策、产业政策及对外经济政策等方面发挥了积极作用，为宏观经济管理和决策提供了依据（朱启贵，2012）。此外，从核算模式的转变过程亦可以看出，中国国民经济核算体系不是单纯照搬MPS体系或SNA体系的国际标准，而是在结合当时现实情况，尤其是经济体制、经济管理需求变化后引进的适合当时发展需要的核算模式，特别是在由MPS体系向SNA体系的过渡时期，我国选用的是两种核算体系并用的混合模式，这是核算历史上的一次伟大创举。

然而，与国际最新标准相比，与先进国家核算水平相比，与社会公众对国民经济核算结果需求相比，我国国民经济核算体系还存在不少需要改进的地方，而且经济社会中不断出现一些新情况、新问题（如金融衍生工具的诞生），如果要全面、客观地在核算结果中加以反映，需要对现今实施多年的国民经济核算文本进行创新研究和相应修订。目前，中国正准备推出新的国民经济核算体系（2014），2002年体系中的一系列基本概念、基本分类、基本指标和基本计算方法将得到改进和修订。

三 中国国民经济核算面临的主要挑战与问题

（一）中国国民经济核算体系发展现状

经过半个多世纪发展，国民经济核算体系已经在政府经济统计体系中居于核心地位，主要体现在：（1）SNA的核算结果已经成为各主体进行宏观经济决策的重要参考和经济研究的主要对象；（2）SNA框架下的基本概念、基本分类、核算原则、核算方法等内容，已经成为其他主要国际统计体系如国际收支统计（BOP）、政府财政统计（GFS）、货币与金融统计（MFS）、综合环境经济核算（SEEA）等的基准，以确保来自不同体系的数据具有可比性，方便了决策和研究。

目前，SNA 在国内外都是主导国民经济核算理论与方法发展的方向，我国现在施行的是 2002 年制定的《中国国民经济核算体系（2002）》，即 CSNA（2002）。截至 2010 年，78% 的联合国会员国实施了 1993 年 SNA（李静萍，2012），到 2013 年，除了古巴和朝鲜，世界各国均实行 SNA 模式的国民经济核算体系（朱启贵，2013）。我国在 1993 年完成核算模式的转轨后，一直采用 SNA 核算体系，尽管有些内容随着发展的需要作了相应修订，但 SNA 的中心框架和精髓始终未变。从总体架构上看，现阶段中国 SNA 由基本核算表、国民经济账户和附属表三部分组成（见图1－5）。

（1）基本核算表包括五大核算，即生产核算、投入产出核算、资金流量核算、国际收支核算和资产负债核算。其中，生产核算上的基本做法是，国家统计局统一核算全国 GDP，各地区统计机构计算本地 GDP；投入产出核算包括供给、使用和产品部门×产品部门核算，逢二、逢七年度，编制全国投入产出基本表，逢零、逢五年度，编制投入产出简表，目前已编制出 1987 年、1992 年、1997 年、2002 年、2007 年、2012 年 6 张全国投入产出基本表和 1990 年、1995 年、2000 年、2005 年、2010 年 5 张全国投入产出简表，编制步骤是先编制供给表和产品部门×产品部门表，再以此为基础推导使用表，这与多数国家的做法都不同（即先编制供给表和使用表，再以此为基础推导产品部门×产品部门表）；在国家资产负债表（National Balance Sheet，NBS）编制上，目前仅编制了 1997—2004 年 8 张资产负债表（许宪春，2008），由于其复杂的编制技术和对长期、大量基础数据资料的需求，可以说，该项工作还处于试验阶段，2013 年党的十八届三中全会上提出的“加快建立国家统一的经济核算制度，编制全国和地方资产负债表”，又将这一工作列入深化改革的宏伟蓝图中，成为国家级战略任务（耿建新等，2014）。

（2）国民经济账户包括经济总体账户、国内机构部门账户和国外机构部门账户。国、内外机构部门的划分是根据其常住性，即把所有常住机构单位划分为包括非金融企业部门、金融机构部门、政府部门和住户部门等 4 个机构部门在内的国内机构部门账户，其汇总账户被称为经济总体账

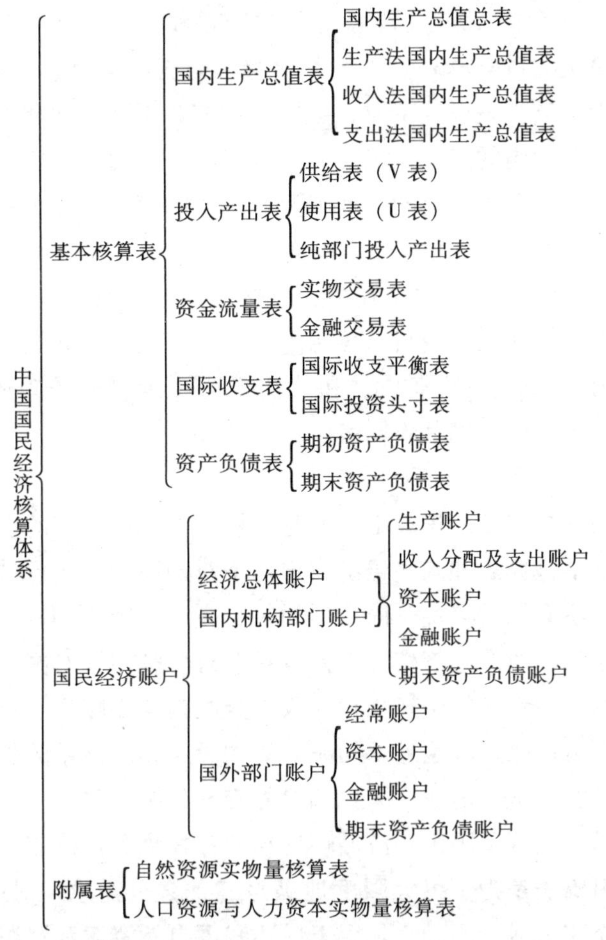

图 1－5　中国国民经济核算体系总体架构①

户（国家统计局，2003），而把所有与常住机构单位发生经济交易的非常住机构单位作为国外机构部门。从图 1－5 可见，经济总体账户和每一个国内机构部门账户都包括生产账户、收入分配及支出账户、资本账户、金融账户、期末资产负债账户。其中，生产账户是 SNA1993 中生产账户、收入形成账户的合并；收入分配及支出账户是 SNA1993 中的原始收入分配账户、收入二次分配账户和可支配收入使用账户的合并；资本账户、金融账户与 SNA1993 中的相应账户基本一致（许宪春，2008）。

① 该图参见许宪春、郑京平《主要统计指标解读》，中国统计出版社 2008 年版。

（3）附属表包括对自然资源、人口资源和人力资本的实物量核算，包括自然资源实物量核算表、人口资源与人力资本实物量核算表。其中，自然资源实物量核算表反映主要自然资源在核算期期初和期末两个时点的实物存量及核算期内的变动情况，而人口资源与人力资本实物量核算表反映人口资源与人力资本在期初、期末两个时点的存量状况及核算期内的变动情况[①]。编制自然资源实物量核算表、人口资源与人力资本实物量核算表可以采用直接法和间接法，其中：直接法是指充分利用现有的资源调查、人口普查及其他相关资料，编制附属表的方法；而间接法是指以期初附属表为基础，采用“外推法”和“内插法”编制期末附属表的方法。目前，我国采用直接法编制附属表。

对该体系还需要说明以下几点：

第一，账户是主要的核算工具，是各核算主体相连接的媒介。

第二，基本核算表和国民经济账户均是对国民经济运行过程及结果的描述，但又有不同侧重点——前者中的每个基本核算表侧重于对经济活动某一方面的核算，所有经济核算表构成一个有机整体，对国民经济运行进行全方位核算；后者中的生产账户、收入分配与支出账户、资本账户、金融账户、资产负债账户和国外部门账户等构成了整个体系的骨架，反映了国民经济生产、分配、消费、积累和对外交易状况，描述了国民经济总流量和部门流量，展现了国民经济循环运动的实物流和价值流。

第三，附属表是为了最大限度地满足各种数据需求，对中国 SNA 核心部分的补充和灵活应用。它是用于描述我国自然资源和资源资产、人口资源和人力资本的规模、结构与变动以及经济、资源和人口之间的相互关系，从数据提供和呈现方式上对核算主体和核算内容加以拓展和延伸。

与 1992 年颁布的“试行方案”相比，CSNA（2002）更顺应社会主义市场经济发展的要求，它取消了“试行方案”中国民收入统计、物质生产部门和非物质生产部门的划分、主要商品资源与使用平衡表、财政信贷资金平衡表等带有计划经济色彩的内容，删减了操作性不太强的反映经济活动之间关系的经济循环矩阵和反映由于非交易因素引起的资产和负债变动调整账户，增加了一些反映中国市场经济和可持续发展方面的内容，如反映对外经济交往活动中资产、负债情况的国际投资头寸表等；同时依

① 国家统计局：《中国国民经济核算体系（2002）》，中国统计出版社 2003 年版。

据中国最新的行业分类标准，统一规范了产业分类、机构部门分类、主要交易分类，并在兼顾中国实际需要的情况下，尽可能地使用了国际分类标准（李金华，2008）。

总的说来，2002 年颁布的《中国国民经济核算体系（2002）》在结构上更加严谨，充分反映了国民经济活动的内在联系；在内容上更加丰富，涵盖了市场经济条件下国民经济运行的主要环节和主要方面；在方法上更加科学，既考虑现实所需，又考虑实现的可能（邓盛平，2005）。但与 SNA2008 相比，与发达国家相比，与政府管理部门、社会公众和国际社会日益增长的需求相比，还存在很大差距，主要表现在绿色经济核算、能源核算、物质流核算（Material Flow Accounting，MFA）、服务业核算，以及 R&D 核算等方面，特别不适应科学发展观的要求（朱启贵，2013）。此外，中国经济增长应当淡化传统 GDP 导向思维，也需要建立起新的国民经济核算体系架构，并以此为标尺推动经济全面转型升级。因此，当经济发展处于一个新的高度时，应该清醒地看到《中国国民经济核算体系（2002）》存在的不足。

（二）中国国民经济核算体系：基于 SNA2008 的评析

经过十多年实践与发展，中国第一个比较规范的国民经济核算体系已经做出很大改进，尤其是在经济普查年度（如 2004 年、2008 年）更是如此。这些努力都推动了中国 SNA 与国际标准接轨，但与最新发布的 SNA2008 相比，还存在不少差距。为了提高中国 SNA 的适用性和国际可比性、协调性，首先需要明确现阶段中国实行的核算体系与国际最新版本 SNA 之间的差异。

第一，在机构部门设置上，SNA2008 将构成经济总体的常住单位划分为五个相互独立的机构部门，分别为非金融公司部门、金融公司部门、一般政府部门、为住户服务的非营利机构部门和住户部门。其中，为住户服务的非营利机构（Non - profit Institutions Serving Households，NPISH）是不受政府部门控制的非市场生产者，包括工会、专业或学术协会、消费者协会、政党、教会及社交文化、娱乐和体育俱乐部，以及公众、企业、政府单位、非常住单位等以现金或实物提供资助的慈善、救济和援助组织等。而中国 SNA 从可行性角度出发，将所有常住机构单位划分为四大机构部门，即非金融企业部门、金融机构部门、政府部门和住户部门。可见，中国 SNA 并未单列为住户服务的非营利机构，而是将其与各种行政单位归并一起作为政府部门。此外，在各机构部门的子部门划分上，中国 SNA 也不如 SNA2008 详细且分类方法较为单一（见表 1－2）。

表 1－2　　在机构部门子部门划分上中国与 SNA2008 的比较分析

<table>
<tr><th rowspan="2">机构部门</th><th colspan="2">子部门划分</th></tr>
<tr><th>SNA2008</th><th>CSNA（2002）</th></tr>
<tr><td>非金融公司部门</td><td>所有常住非金融公司；从事市场性货物和非金融服务生产的 NPI（如学校、医院等）；经费来自非金融公司或非法人企业缴款的、因而其角色是推进和服务于这些企业之利益的各种行业协会、商会等</td><td>工业企业和其他非金融企业</td></tr>
<tr><td>金融公司部门</td><td>所有主营活动是提供金融服务，包括金融中介、保险和养老金服务的常住公司；所从事的活动能为金融中介提供便利的单位；以及从事具有金融特性之市场生产的 NPI</td><td>银行、证券、保险、其他金融机构</td></tr>
<tr><td>一般政府部门</td><td>中央政府单位、省级政府单位和省以下的地方政府单位；受这些政府单位影响和控制的社会保障基金；以及受政府和社会保障基金控制的从事非市场生产的 NPI</td><td rowspan="2">中央政府和地方政府</td></tr>
<tr><td>为住户服务的非营利机构部门</td><td>所有为住户或社会提供非市场性货物服务的常住 NPI，不含政府控制的 NPI</td></tr>
<tr><td>住户部门</td><td>所有常住住户，包括由长期住在医院、养老院、宗教场所、监狱等地的人员，还包括没有足够详细账户信息的、由住户所拥有的非法人企业</td><td>农村住户和城镇住户</td></tr>
</table>

注：本表是根据 SNA2008 和 CSNA（2002）整理而成。

第二，在研究开发支出归属上，SNA2008 引入“知识产权产品”概念。随着科技进步和文化发展，科研成果、计算机软件、数据库、文学艺术品等产品在推动经济社会发展中产生越来越大的作用，并且越来越多地具备固定资产的性质。鉴于此，SNA2008 引入“知识产权产品”的概念，并将其作为固定资产的构成成分，将相关产品的支出作为 GDP 的组成部分，用以描述这些产品及其作用。知识产权产品分五个子类，分别为研究开发，矿藏勘探与评估，计算机软件与数据库，娱乐、文学和艺术品原件，以及其他知识产权产品。其中，矿藏勘探与评估，计算机软件与数据库，娱乐、文学和艺术品原件在 SNA1993 中已被作为固定资产处理。SNA2008 最主要变化在于，将研究开发支出由原来作为中间消耗不计入

GDP 修订为作为固定资产投资项下的知识产权产品，即把研究开发资本化为一种生产资产，并计入 GDP 核算。这一转变不仅对资产规模及其结构分布产生显著影响，还将因对不同经济体 GDP 统计值不同程度的影响而影响国际竞争力。然而，中国现行 SNA 体系仍沿袭 SNA1993 做法，不但将其视为中间消耗（或投入），而且尚未引入知识产权产品这一新概念。

第三，在雇员报酬统计上，SNA2008 主要有以下几个方面变化：一是将自主经营者的劳动报酬归入混合收入，同时由于雇员股票期权在公司治理方面发挥的效果比较明显，而且正被越来越多的单位作为提高雇员工作积极性的一种激励机制存在，因此新版国际标准提倡将其作为实物工资和薪金的构成部分纳入雇员报酬统计，这将使雇员报酬增加。二是在雇主社会缴款方面发生较大变化。雇主社会缴款是雇员报酬的重要组成部分，分为实际缴款和虚拟缴款，进一步又细分为养老金缴款和非养老金缴款，雇主社会缴款记录在雇主所属的机构部门账户的使用方，其中，实际缴款按实际发生数额记录，而虚拟缴款则根据不同情况分类处理。三是引入“雇员股票期权”的概念，并将其作为雇员报酬统计的一部分。与 SNA2008 相比，中国国民经济核算体系还没有建立“雇员报酬”和“混合收入”这两个指标，而是使用“劳动者报酬”这一指标来近似替代 SNA 中的“雇员报酬”。其中，劳动者报酬等于雇员报酬加上混合收入中属于劳动回报的部分，而混合收入中属于资本回报的部分在中国国民经济核算体系中被纳入营业盈余。

第四，在所有权分类上，SNA2008 引入了经济所有权和法定所有权概念，以区别于法定所有权和法定所有者。货物和服务、自然资源、金融资产和负债等实体的经济所有者，是指由于承担了有关风险而有权享有该实体在经济活动期间运作带来的经济利益的机构单位，法定所有者则是指有法律资格的机构单位，依法享受与该实体有关的经济利益。在大多情况下两者的所有人相同，当两者不相同时，法定所有者会把承担在经济活动中使用这些实体相关风险的责任和获取相关收益的权利转交给经济所有者，作为回报，法定所有者会接受来自己经济所有者的另一组相关收益和风险（SNA2008，第 10.6 段）。也就是说，在二者出现差异时，新标准主张将相关内容记录在经济所有者的资产负债表上，记录时点取决于经济所有权的变更时点。其中，经济所有权确定的标准是：承担产品交易背后的风险与收益的单位，即拥有该产品的经济所有权。在这方面，因为中国SNA制定的基础是SNA1993，而该版本的核算体系并未对所有权进行明确的定义。在具体操作中，中国仅在编制海外加工货物的投入产出表上符合新标准；而在转口贸易上，现阶段还没取得核算所需的基础数据。

第五，在资产分类上，SNA2008不再将生产资产和非生产资产区分为有形资产和无形资产，并将“无形固定资产”更名为“知识产权产品”；此外，还对金融资产与非金融资产分类分别进行了修订，即在金融资产分类上，引入“金融衍生工具和雇员股票期权”概念，而在非金融资产分类上，虽仍然细分为生产非金融资产和非生产非金融资产，但在前者中的“固定资产”与后者所有项下均不再做出有形资产与无形资产的区分。此外，在资产范围上，SNA2008首次把研究开发支出作为生产资产来处理，包括在“知识产权产品”项目下；武器系统也作为生产资产处理，形成生产资产的一个新类别；同时，区别于SNA1993规定的只把“大型”数据库作为资产处理，SNA2008将所有在一年以上有效期内存储数据的数据库均确认为固定资产。与最新国际标准相比，现阶段中国在该项上差距较大，不但没有建立金融资产中的金融衍生工具、雇员股票期权等项目的统计制度，还没有将一些重要的非金融资产（如生产非金融资产中的贵重物品等）纳入核算，而且对非金融资产的分类较粗。此外，中国国家资产负债表尚处于试编阶段，还没有对外公布数据（张茉楠，2013）。

第六，在中央银行产出计算方法上，SNA2008依据服务性质将其区分为市场产出、非市场产出和一些临界情形。其中，货币政策服务本质是服务于社会整体的带有公共属性的服务，属于非市场服务；金融中介服务是中央银行采取利率政策以外的其他手段，提供的具有个性化的服务，属于市场服务；对于处于临界点的一些情形，如金融监管，要视具体情况划分为市场服务还是非市场服务，其参照标准是看与该服务提供相关的直接收费是否足以弥补服务成本。在计算方法上，对于中央银行非市场产出按向住户免费提供的中间消耗、雇员报酬、固定资本消耗、其他生产税（减去生产补贴）的生产成本计算价值；对于市场产出中间接测算的金融中介服务（FISIM）的计算，涉及中央银行对市场利率进行政策干预的情形，要把受干预利率和市场利率的偏离记为税收或补贴，再用市场利率与参考利率[①]之差计算 FISIM 产出；对于临界情形，要根据服务收费与服务生产成本的关系来确定其市场属性，然后再选用对应的市场产出计算方法还是非市场产出计算法。中国目前在该项上的做法是：将中央银行与其他银行法人单位放一起计算产出，而且对中央银行市场产出与非市场产出划分的依据是会计制度类型，除此之外，对 FISIM 产出的计算采用参考利率法进行，未考虑政策干预带来的影响。

第七，在自有住房计算方法上，SNA2008 对具有规范的房屋租赁市场的情况进行了规定，即如果存在规范的房屋租赁市场，可以使用市场上同类服务的销售价格对自给性住房服务产出进行估价。也就是说，自有住宅者的住房服务产出是依据承租人在市场上租住相同类型房屋所愿意支付的租金来估算的（即市场租金法，Rental - Equivalence Approach，REA），需要考虑的有房屋的地理位置、邻里关系以及房屋本身的大小和质量等因素。同一数据也记录在住户部门的最终消费支出项目中。目前，采用市场租金法估算自有住房服务产出价值的国家有美国、德国、日本、荷兰。然而，现实中并不存在规范的房屋出租市场，这就需要选用合适的方法估算自给性住房的服务价值。现阶段，中国、加拿大、英国、瑞典、芬兰等选用的是使用成本法（User - Cost Approach，UCA），即用当期持有住房的成本减去收益，其中成本包括资金成本、折旧、维修和房产税等，收益是指持有住房抵消的通货膨胀损失。在实际统计中，中国居民自有住房的"虚拟租金"是按住房建筑成本折旧估算的，即通常按城镇房屋建筑成本的2%和农村住房建筑成本的3%折旧来估算虚拟租金，但因折旧率较低，且未考虑购房资金的机会成本，该方法存在低估虚拟租金，进而低估居民居住消费支出的可能性（康远志，2014）。

第八，在非寿险服务总产出计算方法上，为了平滑巨灾后的实际已生索赔，SNA2008 对原有计算方法进行了改进，提出三种替代性的新方法，即期望法、会计法和成本法。其中，期望法是一种事前方法，即以保险公司过去的赔付模式为基础建立模型，并据此估计期望已生索赔，作为调整后的已生索赔；会计法是利用保险公司的会计信息推算调整后已生索赔；

① SNA1993 和 SNA2008 对参考利率分别有不同的界定：SNA1993 认为，参考利率比较合适的选择是银行间拆借利率，或中央银行贷款利率（联合国：《国民经济核算体系（1993）》，中国统计出版社 1995 年版）；而 SNA2008 认为，银行间通行的借款和贷款可以当作参考利率的合适选择（SNA2008，第 A3. 25）。

而成本法是在基础资料受限情况下，用总成本和“正常利润”① 来估计非寿险服务产出。可以看出，期望法和会计法的核心思想都是在产出计算中不再使用实际的已生索赔，而是用调整后的已生索赔来替代；成本法的表现形式虽有所不同，但从期望法的计算公式完全可以推出成本法的公式，因此其实质与期望法相通（“SNA 的修订与中国国民经济核算体系改革”课题组，2013）。目前，我国采用的是在 SNA1993 推荐方法（即实收保费 + 追加保费 - 已生索赔）基础上提出的非寿险服务产出计算公式，即非寿险服务产出 = 已赚保费 + 投资收益 -（赔付支出 + 提取未决赔款准备金）。其中，“已赚保费”对应“实收保费”，“投资收益”对应“追加保费”，“赔付支出 + 提取未决赔款准备金”对应“已生索赔”。

需要指出的是，中国目前在国民经济核算方面的水平较低，与国际最新 SNA 的差距也远不止此，如在生产者价格概念内涵、GDP 支出项目分类等方面，都存在不同程度的差异。其中，SNA2008 定义下的生产者价格是指生产者就其生产的每单位货物或服务产出从购买者那里所获得的、扣除了向购买者开列的所有 VAT（即增值税）或类似可抵扣税后的金额。它不含生产者在发票上单列的任何运输费用，也不含在销售发票上单列的增值税或类似可抵扣税。在中国 SNA 中，虽然核算 GDP 时选用的是生产者价格，但与国际标准相比，我国生产者价格包含了应交增值税（销项税减去进项税），即不可抵扣的增值税，这一差别削弱了我国核算结果的国际可比性。

（三）中国国民经济核算面临的其他问题与挑战

上面基于 SNA2008 的新标准对中国国民经济核算体系进行了评估与分析，实际上，除上述不足或缺陷之外，中国国民经济核算还存在其他一些问题。

1. 长期存在地区 GDP 汇总数与全国 GDP 缺口问题

从 GDP 制度建立以来，国家和地区 GDP 汇总数据之间始终存在差异（许宪春，2009）。为提高地区 GDP 核算质量，缩小全国汇总数与国家数据之间的差异，从 1999 年，国家统计局就开始对地区 GDP 数据质量进行评估和联审，一定程度缓解了两者差距的程度。在此之后，2005 年国家统计局利用全国经济普查资料统一组织计算 2004 年的省级 GDP 数据，使

① “正常利润”可以通过对以往实际利润数据进行平滑得到。

得两者之间的差距明显缩小。然而，这并未从根本上解决数据缺口问题，而且近年来，这种差距从绝对量上看呈现递增趋势；相对增量也呈现扩大趋势，仅从2013年才出现扭转态势（见表1－3）。出现这种差距的原因是多方面的：（1）自GDP制度建立以来，一直实行分级核算方式，即国家统计局计算全国GDP，各地统计机构计算本地区生产额；（2）在市场经济条件下，跨地区经营比较普遍，母、子公司所在地可能同时记录经营创造的价值，造成重复计算产值；（3）数据缺口问题，尤其是服务业统计数据存在较大缺口，致使在核算时对缺失数据存在很大的推算成分；（4）“唯GDP论英雄”的政绩观长期盛行，难免使有些地区为了绩效考虑，而故意高估经济活动成果。

表1－3　2005—2012年全国GDP和各地生产总值比较（按当年价格计算）

年份	国内生产总值（亿元）	地区生产总值合计（亿元）	地区GDP合计超出全国GDP的部分（亿元）	地区GDP合计超出全国GDP的部分（%）
2005	184937.4	199206.3	14268.9	7.72
2006	216314.4	232815.3	16500.9	7.63
2007	265810.3	279736.3	13926.0	5.24
2008	314045.4	333314.0	19268.6	6.14
2009	340902.8	365303.7	24400.9	7.16
2010	401513.0	437042.0	35529.0	8.85
2011	473104.0	521441.1	48337.1	10.22
2012	518942.1	576551.8	57609.7	11.10
2013	568845.0	630009.7	61164.7	10.75
2014	636463.0	684000.0	47537.0	7.47

资料来源：（1）2005—2013年数据来自《中国统计年鉴》（2006—2014）；2014年数据来自中国新闻网《31省份2014年GDP增速普降　总和与全国数差额减少》，中国新闻网，2015年2月3日，http://www.chinanews.com/gn/2015/02－03/7027801.shtml）。

2. 非正规经济测算

近十年来，非正规经济在经济分析中的重要性已经无法回避，使得SNA2008专门利用一章来讨论与非正规经济相关的问题，如非正规经济的概念、非正规生产、非正规就业等。除此之外，还指出了非正规经济与未观测经济之间的区别和联系，进而对如何测量在住户内部进行的非正规活动等问题进行了说明（宋旭光，2013）。在我国，非正规部门的主要组成成分是个体经营户，规模非常大，因此做好非正规部门核算具有重要意义。在传统的GDP核算中，仅针对在工商管理登记部门注册的个体经营户创造的价值加以计算。2004年第一次全国经济普查后发现，有许多个体经营户并未在工商管理部门进行注册，且该比例在全部个体户中占比高达40.1%。作为高速发展的国家之一，我国的个体经营户的发展尤为迅速，然而目前只有在开展全国经济普查时能够取得较为全面的资料外，其他年份很难全面统计已经开始运转但尚未在工商企业管理处登记的个体户。许宪春（2007）提出，对于常规年度的数据，可以根据全国经济普查得到的比例进行推算，但是由于个体经营户户数和规模变化较快，因此该比例很不稳定，致使推算结果与实际情况差距较大。因此，从某种程度上说，我国在对非正规经济核算时面临的最大挑战在于如何全面获取常规年度的基础数据资料。

3. 投入产出核算

目前，我国投入产出核算还未能采用联合国统计司推荐的价格体系和编表方法。首先，在编制投入产出表时采用的是含有增值税的生产者价格，与我国国民核算价格内涵相同，等于购买者价格减去流通费用（包括批发零售附加费和运输费）。这与国际通行的基本价格不同，与SNA推荐的不含增值税的生产者价格也不同：它比基本价格多出了购买者不可抵扣的增值税和其他产品税减产品补贴，比生产者价格多出了购买者不可抵扣的增值税部分。而目前我国总体上对企业征税较重，尤其是烟酒等高税收行业，按我国生产者价格计算增加值将高出基本价格核算的40%以上，必将夸大我国经济总量，高估发展成果，影响GDP数据的国际可比性，同时还要在国际上承担超出理应缴纳的会费等（何继票和邱琼，2011）。其次，我国现行基本生产统计单位是企业，而不是产业活动单位，为了保持属于同一产品部门产品的同质性，我国采用直接分解法编制产品部门×产品部门表。直接分解法的弊端在于，一个企业的产品种类可能很多，按产品类别编表就容易加重企业负担。随着市场经济的发展，私营企业，港、澳、台资企业，外资企业迅速发展，国有企业也越来越市场化，越来越注重经济效益，因此，企业越来越不愿意承担按产品部门分解企业投入的成本费用等这样繁重的工作，配合程度日渐下降。

4. 机构部门账户

在经济不断发展变化过程中，中国社会经济体系出现了许多新情况和新问题，又加上资料来源或核算方法尚未统一等原因，在机构部门账户方面还存在一些突出问题（许宪春，2009）。诸如：（1）土地出让金的记录问题。我国法律明确规定，城市土地归国家所有。20 世纪 90 年代以来，许多城市政府部门通过出让土地使用权获得大量土地出让金收入，成为城市建设与改造资金来源的重要组成部分。现阶段，不但缺少全国土地出让金资料，而且在土地出让金核算方法上还存在意见不统一现象：一种观点认为，土地使用权是一种无形资产，政府因对该权利的出售而获得出让金收入，实质就是对无形资产的出售而获得相应的金融资产；另一种观点认为，土地出让金是政府对外出租土地而获得的土地租金收入，因此可以在整个使用期对土地出让金进行分摊。（2）基金管理公司运营情况没有完全记录。近年来，基金管理公司在我国迅速发展壮大，其售出的基金、购买的股票及其他证券的资金规模也不断扩大，然而现阶段对其运营情况的统计制度还不健全，机构部门账户未反映基金管理公司金融资产和负债变动情况。（3）非上市公司分红未做记录。由于资料来源不足，机构部门账户还未对非上市公司分红做出处理，一定程度上影响机构部门财产收入、初次分配收入、可支配收入和总储蓄等指标。

5. 季度环比统计制度有待完善

速度统计指标一般有环比与同比之分。从统计角度来看，环比指标由于能够敏锐地反映统计对象的动态变化情况，在政策分析与经济决策中具有极其重要的作用，是同比指标非常重要的补充，甚至在某些情况其内涵性参考意义还高于对应的同比指标。但是，一直以来，我国较多地关注同比指标，对环比统计指标重视有所不足，环比指标由于需要进行季节调整，在方法选择、数据质量保证等方面要求也较高。以 GDP 为例，2011 年一季度开始，中国国家统计局正式对外发布各季 GDP 环比增长速度。在计算方法上，GDP 环比增长速度是季度增加值与上一个季度增加值数据对比的结果，在测算时须剔除季节性因素对时间序列的影响，实际采用的是国家统计局版季节调整软件（NBS - SA）对时间序列进行季节调整。NBS - SA 是在国际上比较常用的季节调整软件基础上，考虑中国特有的季节因素研制而成的。该软件添加了处理中国特有的季节因素的新模块，有效剔除中国特有的季节因素，包括春节、端午、中秋等移动假日因素、周工作天数从原来的 6 天制到 5 天制转变因素、假期变动及调休带来的变化因素等。由于季节调整的对象是时间序列数据，因此，当时间序列中任何一个季度数据发生变化时，都会影响季节调整的结果，在时间序列中加入最新的一个季度的数据，也会使以前季度的环比数据或多或少地发生变化，这是模型自动修正的结果。根据季节调整原理，一般情况下，离最新数据时间较近的时期，数据受影响较大；离最新数据时间较远的时期，数据受影响较小。为便于用户使用，在发布当期环比数据的同时国家统计局会发布修订后的以前季度的环比数据。由上可见，相对而言，环比统计在统计方法、数据质量控制等方面存在更高要求，我国的环比统计制度还不是太成熟，覆盖面也还很不够，目前环比指标主要有 GDP 和价格指数，其他的如投资、消费、进出口等多数领域尚未建立环比统计制度。为此，统计部门有必要进一步完善环比统计制度，覆盖更多的统计对象与统计指标。

四　中国国民经济核算改革和发展总体思路与方向

上述分析表明，中国国民经济核算体系与国际最新标准相比还存在一系列差距，这一方面是由我国核算基础比较薄弱、核算历史较为短暂等现实因素所致，另一方面是由我国的基本国情所决定，是适应对当时经济社会发展核算需要的适用文本。本部分将结合国际最新版本的国民经济核算体系和中国的现实发展国情，试图提出中国国民经济核算体系今后改革与发展的总体思路和脉络，为制定出更加具有国际可比性和适用性的核算标准提供参考依据。

（一）总体思路

《中国国民经济核算体系（2002）》在实践中已经运行 10 多年，期间我国出现了许多新情况，宏观经济管理对国民经济核算提出了许多新需求。同时，国民经济核算国际标准发生了许多新变化，我国国民经济核算制度方法改革研究也取得了一些新成果。因此，统计部门在对 CSNA（2002）进行改革和修订时，应充分考虑这些新情况、新需求、新变化和新成果。

1. 新核算体系要立足中国实际

中国国民经济核算体系改革与发展的基本目标是采用国际上通用的国民经济核算体系，即 SNA 体系，但这并不意味着全盘照搬国际标准。事实上，世界范围内采用 SNA 体系的众多国家，几乎没有一个国家把这个体系原原本本地搬到本国国民经济核算实践当中，作为一个正处于转轨时期的发展中国家，中国采纳 SNA 体系更需要结合自己的实际情况。

与西方发达的市场经济国家相比，中国的国民经济核算历史比较短，虽然也取得了一些成果，但总的说来，中国的国民经济核算基础仍比较薄弱，生产核算、收入分配核算、积累核算、资产负债核算、对外交易核算、不变价核算、资源环境核算等都存在一定程度的资料来源缺口。因此，中国国民经济核算体系的改革应该从中国的实际情况出发。这就要求国民经济核算体系的改革与其整个基础环节改革，即整个统计体系改革相衔接，循序渐进开展。否则，脱离中国实际情况，脱离统计基础的支持，国民经济核算体系的改革将缺乏基础资料支持，寸步难行。

我们只有立足于中国实际，从中国的基本国情出发，才能建立起真正能够反映中国经济运行状况和规律的国民经济核算体系，才能使其成为国家宏观经济管理的有用工具，在宏观经济管理实践中发挥应有的作用。

2. 新核算体系要以国际新标准为参照依据

为了适应世界经济环境的发展变化，反映国民经济核算理论方法研究成果和各国国民经济核算实践经验，满足广大用户不断变化的需求，以及为了与国际收支统计、政府财政统计、货币金融统计等其他国际统计标准协调一致，联合国等国际组织 2009 年正式发布了新的国际标准，即《2008 年国民账户体系》（SNA2008），联合国统计委员会第四十届会议通过了这个新的国际标准，并鼓励各国尽快实施这一标准。SNA2008 颁布以来，发达国家和地区已经开始实施这一新的国际标准，例如美国、加拿大、澳大利亚、欧盟都已经结合本国或本地区实际情况制定相应实施计划。

相比 SNA1993，SNA2008 最明显的变化就是“无形胜有形”，即它预示着有形资产不再是经济增长的主导因素，过度追求可能带来 GDP 的“虚胖”，因此难以彰显一国经济实际的竞争优势（刘晓忠，2013），而比较能体现一国经济增长绩效的是以知识产权产品等无形资产主导的知识方面的创新，这一转变将国际经济竞争格局从劳动密集、资本密集升级到知识密集。为顺应这一潮流和解决中国经济面临的众多问题，十八届三中全会提出，要纠正以“GDP 论英雄”的政绩观和单纯追求 GDP 增速的增长观，让中国经济真正进入提质增效的良性发展轨道上来。鉴于此，在制定新核算体系时，应充分考虑国际标准变化和我国为此做出的调整，只有二者兼具，才能使新核算体系立于可用武之地。

3. 新核算体系要与其他统计标准或手册相协调

在制定新核算体系时，除了应与 SNA2008 保持一致外，还应与其他国际统计标准、手册相协调、统一（郇云云，2013）。首先，新核算体系应与《国际收支和国际投资头寸手册》（BPM6）、《政府财政统计手册》（GFSM2014）、《货币与金融统计手册》等国际统计标准协调一致，在概念、内容、方法等方面保持一定程度的衔接性，增强宏观经济数据的国际可比性，协调经济统计制度；其次，新核算体系在分类原则、分类方法等方面应与国际标准行业分类、产业分类以及产品分类等分类标准一致，并结合我国现阶段行业发展的现实情况，注重彼此之间的相互转换；最后，新核算体系还要关注与其他部委制定的相关统计标准相衔接，确保统计口径的一致性，为本国核算数据的充分利用提供便利条件。

4. 新核算体系要全方位反映经济新面貌

现阶段我国国民经济是按照《中国国民经济核算体系（2002）》要求进行核算的，该体系采纳了联合国 1993 年国民账户体系（SNA）的基本核算原则、内容和方法。但随着时间推移，经济社会出现了新情况和新问题，它们对于一国决策管理产生越来越重要的作用，对于国际经济与实力等方面的比较起着至关重要的参考作用。SNA2008 对近十余年来经济中出现的新情况做出反应，与此类似，我国在制定新国民核算体系时也应将真实反映国民经济运行状况作为准绳，以全方位反映其生产、分配、消费、积累等过程为目标，在此基础上，做出改进。许宪春表示，“我国国民经济核算体系发展要随着经济体制和经济环境、宏观经济管理需求及国际标准等方面的变化而变化”。[①]

5. 新核算体系理论设计要根植于统计工作实践

国家统计局在对 CSNA（2002）修订时，不但要参照 SNA2008 新标

---

① 《我国推 GDP 新核算体系或致总量增加 预计明年底推行》，《京华时报》2013 年 11 月 18 日第 44 版。

准，还应该考虑新设计的核算方案或方法在实践工作中是否行得通，把握好理想标准与现实可行性之间的度。为了增强新核算体系的操作性，应该从以下几方面考虑其可行性：（1）国民经济核算是一门离不开数据的科学，没有基础数据的支撑，它将变成一个个空白账户或空白表，所以在制定新方案时首先要考虑基础数据资料的可得性，以及取得这些数据的成本/收益；（2）针对我国核算体系中存在的诸多问题，要在考虑人财物力资源约束情况下，按由主到次顺序逐步解决，而不是齐头并进地向前推进；（3）新国民核算体系可以反映实践，也来源于实践，国民核算体系的改革与发展是个不断进行的连续过程，需要在实践运行中不断得到再修正和再发展。

中国 SNA（2002）实施以来，我国经济社会发生了许多新变化，例如，为了更好地发挥技术进步对经济增长的驱动作用，政府和企业不断加大研究开发投入；为了推动土地集约化经营，国家允许土地承包经营权依法进行流转，土地承包经营权流转现象越来越普遍。针对社会主义市场经济发展产生的新情况，经济管理也产生了许多新的需求，要求国民经济核算提供准确客观的信息，为经济管理和决策提供依据。为了更好地适应我国社会主义市场经济发展产生的新情况，满足经济管理产生的新需求，反映国际标准的新变化，国内统计学界及有关部门开展了一系列国民经济核算制度方法改革研究。对我国现行的国民经济核算体系进行新的修订，使之适应市场经济发展的新情况，反映国际标准的新变化，体现国民经济核算研究取得的最新成果，已经非常迫切。

（二）改革与发展方向

改革和发展我国的国民经济核算方案应把握好两个基本方向：一是满足社会经济发展变化带来的需求；二是对照新版国际标准，完善我国核算体系。

1. 设计新核算体系要以反映经济社会发生的新变化为导向

随着社会主义市场经济的发展，我国出现了一些新情况、新问题，需要在国民经济核算体系中予以反映，比较突出的涉及以下几个方面：

（1）研究开发在我国经济中发挥越来越重要的作用。近十余年来，我国经济快速发展，经济实力不断增强，但是经济社会发展也积累了一些突出矛盾和问题，例如资源环境对经济增长的约束不断强化，人口年龄结构变化导致劳动供给增速放缓，“人口红利”逐步消失等。在这种情况下，科技创新逐步成为推动我国经济增长的重要驱动因素。最近几年，我国不断加大对研究开发的投入，全社会研究与试验发展（简称 R&D）经费支出由 2002 年的 1287.6 亿元增加到 2012 年的 10298.4 亿元，十年间增加了约 9000 亿元；R&D 经费支出占 GDP 的比重也从 2002 年的 1.07% 增加到 2012 年的 1.98%。[①] 可见，研究开发对我国整体经济发展的重要性越来越明显，若采纳 SNA2008 的建议，将研究开发支出资本化，引入知识产权产品，对核算结果的影响将极为显著。

（2）政府在改善民生方面发挥越来越重要的作用。近年来，我国政府在发展经济的同时，更加重视保障和改善民生，政府用于教育、医疗卫生、社会保障和就业、保障性住房等民生方面的支出逐步增加。如在教育方面，政府不断加大对教育的投入，在城市和农村全面实行了九年制免费义务教育，逐步完善国家助学制度；医疗卫生方面，在不断完善城镇职工基本医疗保险制度的基础上，建立健全新型农村合作医疗和城镇居民基本医疗保险制度；社会保障方面，逐步健全城乡居民最低生活保障制度，开展新型农村养老保险试点，不断提高企业退休人员基本养老金标准和城乡低保补助水平；在保障性住房建设方面，加大财政投入，支持廉租房、棚户区改造等工程建设，解决低收入家庭的住房困难等。

（3）房地产市场推动房价和房租不断上涨。近年来，随着我国经济的快速发展和居民收入水平的不断提高，随着城镇住房市场化改革的不断深化和城镇化进程的加快，我国居民住房需求增长较快，房地产市场结构、规模和质量都发生了较大变化。一方面，计划经济体制下的公有住房已逐渐私有化；另一方面，进入 21 世纪后，随着房地产市场迅猛发展，商品房的存量规模越来越大，越来越多的居民通过市场交易拥有房屋产权（周清杰，2012）。2005 年，相关部门对我国城镇居民教育与就业情况进行的调查显示，我国 12 个受访省（市）城市居民的住房自有率均在 70% 以上，分别为（由高到低）：浙江 91.1%、甘肃 89.1%、湖北 87.1%、山西 85.8%、广东 85.3%、黑龙江 82.7%、贵州 82.5%、陕西 82.1%、四川 79.8%、北京 78.6%、辽宁 76.3%、安徽 72.5%（樊雪志和董继华，2007）。与此同时，随着房价的迅速上涨，房租也不断上涨，居民住

① 许宪春：《国家统计局独家详解：核算体系改革正在进行》，新华网，2013 年 11 月 18 日，http：//news. xinhuanet. com/ fortune/2013 - 11/18/c_ 125719525. htm。

房消费支出在支出总体中的占比居高不下。因此，准确而合理核算居民自有住房服务价值成为国民经济核算实践中非常重要而迫切的任务之一。

（4）土地承包经营权流转收入成为农民收入的重要组成部分。随着社会主义市场经济的不断发展，为了推动土地集约化经营，2002 年我国颁布的《农村土地承包法》明确规定通过家庭承包取得的土地承包经营权可以依法进行流转。目前，流转方式包括转包、出租、互换、转让、入股等。农村土地承包经营权流转是顺应农村生产力发展要求，合理配置农业生产要素的新型农村土地经营方式，是转变农业增长方式，增加农民收入，提高农业综合效益的举措，也是建设社会主义新农村的必由之路。近年来，我国土地承包经营权流转现象越来越普遍，据有关部门初步统计，截至 2012 年 12 月底，全国家庭承包经营耕地流转面积达到 2.7 亿亩，占家庭承包耕地（合同）总面积的 21.5%[①]，土地承包经营权流转收入成为农民收入的重要组成部分。从核算角度看，为了更合理地衡量农民收入，土地承包经营流转收入可归入财产收入。

（5）雇员股票期权成为企业激励员工的重要形式之一。随着改革的不断深入，越来越多的企业将雇员股票期权作为激励员工的一种形式。2006 年，《上市公司股权激励管理办法（试行）》正式实施以后，我国上市公司的股权激励制度得到快速发展。据统计，到 2010 年，A 股实行股权激励计划的上市公司有 180 家左右，其中采用股票期权方案的企业约占 73%，计划有效期平均为 5 年。[②] 据证监会统计，截至 2013 年 4 月 30 日，共有 464 家上市公司提交了股权激励计划，约占上市公司总数的 18.6%，其中 308 家上市公司的 357 个股权激励计划处于实施阶段。[③] 从股权激励的方式上看，大部分股权激励计划采用授予期权的激励方式。

2. 对尚不健全的核算方法应加以完善

在看到经济社会出现的新情况外，还应该对中国国民经济核算中尚不完善的一些核算方法加以改进，深入研究和开发 SNA2008，在适合本国国情的前提下尽可能全面采纳国际标准，更加真实地反映现实经济情况。归纳起来，主要有以下几个方面：

---

① 《农业部农村经济体制与经营管理司负责人解读中央 1 号文件》，《农民日报》2013 年 2 月 3 日。

② 《中国企业股权激励实务操作——德勤管理咨询》，2010 年 8 月。

③ 《2012 年上市公司执行会计准则监管报告》，中国证监会。

（1）尚未公布国家资产负债表。国家资产负债表是综合反映一个国家拥有资产和发生负债的总量及其结构，反映国内主要经济体资产与负债状况的核算表。它以一系列界定清晰的概念、一整套科学严密的数据处理方法，并以表格呈现整个国家的经济规模和结构，是一国经济总量的重要表现，是摸清国情家底，监测国家债务风险的重要工具，也是国民经济核算的重要内容（李金华，2014）。然而，编制国家资产负债表需要很强的技术性和比较齐全的基础资料，同时要对资产和负债的历史数据按观测期的市场价格进行重估价。因此，目前只有少数发达国家在编制，我国虽从20世纪90年代中期开始对其展开研究，但尚未推出国家资产负债表。

（2）有待完善季度GDP核算制度。我国自1992年1季度开始核算生产法季度GDP，季度GDP采取累计核算的方法，即分别核算各年的第一季度、第一至第二季度、第一至第三季度和第一至第四季度的GDP数据，其中第一至第四季度GDP初步核算即为年度GDP初步核算。由于资料来源缺口较大，这种核算方法存在几个明显的不足之处：一是与分季度GDP数据相比，累计的GDP季度数据在客观分析经济运行的短期状况上的价值明显降低；二是尚未建立起支出法GDP核算制度，这对分析并制定与消费、投资和进出口相关的宏观经济政策是十分不利的；三是由于我国实行的是累计GDP核算制度，所以现阶段国家统计局每季过后发布的GDP环比增速或同比增速，都不是与上个季度比的增长速度，因而无法反映相邻季度的经济变化情况（许宪春，2006），也不利于宏观经济分析与决策。

（3）存在服务业产值被低估现象。在我国国民经济核算中，服务业增加值存在被低估的现象。由于受MPS体系限制性生产观的影响，我国服务业核算历史较短，方法也不健全（朱启贵，2012）。服务业统计中存在核算范围不全、部门分类较粗、资料搜集方法单一等问题，这些问题在新兴服务业（如居民服务业、推广服务业、租赁业等）中表现尤为明显，因此，现行核算体系很难完整地反映服务业发展的全貌。第一次全国经济普查后，国家统计局对GDP数据进行了修订，其中服务业增加值的修正量（2.13万亿元）占2004年总修正量（2.3万亿元）的92.6%（殷凤和陈宪，2007）。第二次全国经济普查后，对服务业增加值的修订量（1.08

万亿元）仍占GDP总修订量（1.34万亿元）的80%以上[①]。可见，受历史和服务业本身特点的影响，我国对服务业产值统计还存在较大的问题。

（4）有待改进非寿险服务产出核算方法。自1980年全面恢复国内商业、保险业务以后，保险业在我国发展非常迅速。2006年全国保险业实现保费收入5641.4亿元，同比增长14.4%，保险公司总资产1.97万亿元，比2005年年底增长29%，保险深度2.8%，保险密度431.3。2007年全国实现保费收入7035.8亿元，同比增长25%（张家平，2009）。2014年全国保费收入一举突破2万亿元大关，总资产突破10万亿元，保险业发展增速为17.5%，是国际金融危机以来最高的一年。虽然保险业在国民经济中的重要性日益突出，但保险业产出核算一直是国民经济核算中一个难题，我国在保险服务产出尤其是非寿险服务产出核算方法上更是发展滞后，巨灾或恐怖袭击等重大灾难事件发生对保险公司服务能力的影响并未在现有核算方法中加以体现和做出技术上的相应调整。因此，鉴于我国保险业的时间序列数据不长，可以采用一定的数据平滑方法，避免现有核算方法的不足之处。

五　中国国民经济核算体系改革与发展实施建议

国民经济核算国际实践新趋势以及新版SNA的颁布，对中国现行核算制度提出了新要求，同时也为中国核算体系实现跨越式发展、追赶国际先进水平提供了契机。而且，基于SNA1993研制的中国2002版SNA已在实践中运行10多年，明显滞后于国际新版SNA。此外，未来中国经济持续发展需要淡化传统的GDP导向思维，也需要加快建立新的适合中国国情的国民经济核算体系，并以此为标尺推动经济全面转型升级（张茉楠，2013）。为此，我国应大力加强对SNA2008的研究、开发和执行，尽快制定国民经济核算体系改革与发展的实施方案，为新核算体系的建立和在实践中的推广运用创造条件。

① 新华网：《摸清经济家底 解答热点问题——盘点第二次全国经济普查数据》，2009年12月25日，http：//news. xinhuanet. com/fortune/2009－12/25/content_ 12705043. htm。

（一）改革与发展的重点领域

在实施 SNA2008 和进行核算体系改革时，由于受到基础资料来源、理论充足性、人财物力资源等方面的约束，改革不可能齐头并进，而应循序渐进地采取“由易到难”、“由主到次”的顺序，有计划地进行，这就要先明确需要改革的重点领域。结合我国现实经济发展和国外核算实践经验，以及 CSNA（2002）与 SNA2008 差异来分析，以下五个领域是目前需要优先考虑和解决的重点①（见图 1－6）：

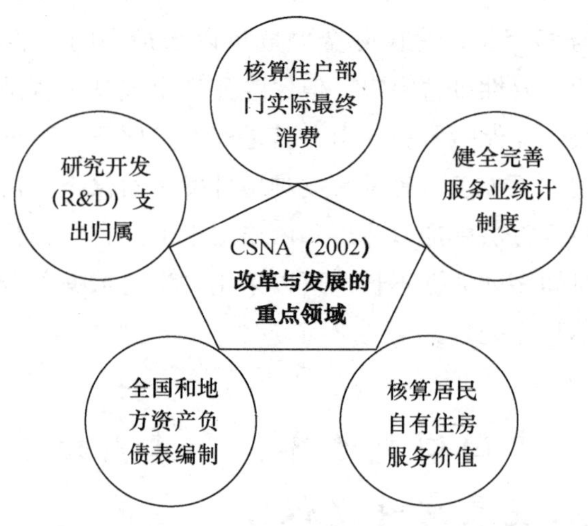

图 1－6　CSNA（2002）改革与发展的重点领域

第一，住户部门实际最终消费核算。这是与居民消费支出相区别的一个概念，是从居民实际消费水平角度来说的，不仅包括居民个人承担的消费支出，还包括政府部门提供的实物社会转移。它是一个比居民消费支出更全面、更综合、更准确地反映居民享受的指标。近年来，我国在改善民生方面的支出不断加大，居民实际消费水平也不断提高。因此，在新核算体系中，应该将其纳入 GDP 核算，以此全面了解我国居民消费状况和政府公共职能的发挥情况。

---

① 这里的分析部分内容参考许宪春（2013）对统计领域需要改革的重点问题进行的分析，如影响 GDP 核算的居民自有住房服务、居民实际消费、研究开发（R&D）、服务业统计制度，参见许宪春《中国当前重点统计领域的改革》，《经济研究》2013 年第 10 期。

第二，服务业统计制度。服务业增加值核算一直是政府统计工作的薄弱环节，一方面是由我国曾经采用 MPS 核算体系的历史原因造成的，另一方面与服务业本身的特点密切相关。从使 GDP 总量增加的角度来看，在 1991 年、1992 年开展的第三产业普查中，第三产业产值增量使 GDP 总量分别提高了 7.1%、9.3%；从相对量上看，在 2004 年、2008 年开展的第一、第二次全国经济普查中，第三产业产值增加分别占 GDP 增加量的 92.6% 和 81.1%。由此可见，我国服务业产值存在明显被低估的现象，因此应该尽快健全、完善服务业统计制度，提高宏观经济数据的准确性。

第三，居民自有住房服务价值核算。对居民自有住房服务进行虚拟核算，有助于摸清自有住房和租赁住房的比例，这一关系在不同国家以及同一国家的不同时期都是不同的，如果不对其进行统计，住房服务的生产与消费的国际比较就失去意义。此外，虚拟计算方法的选择至关重要，不同方法对房地产业增加值、居民自身可支配收入、居民消费支出，以及宏观经济统计分析中一些重要的比率关系（如第三产业增加值占比、居民可支配收入占比等）都有显著影响。

第四，全国和地方资产负债表。党的十八届三中全会提出，要加快建立国家统一的经济核算制度，编制全国和地方资产负债表。编制国家和地方资产负债表，有利于摸清“家底”，提高财政管理的透明性；有利于了解国家和地方拥有资产及债务负担结构、比例和期限，揭示政府债务风险；有助于国家进行风险监测和预警，了解国家和地方政府抗风险能力。同时，通过对资产负债表的深层次分析，还能发挥其对财政的中长期预测作用，这样能将政府债务控制在一个良性循环的范围之内，对于一国或地区监测其可持续发展能力具有十分重要的意义。

第五，研究开发（R&D）支出核算。近年来，随着我国经济迅猛发展，研究开发方面的支出也不断增加，研究开发已经成为推动经济持续增长的重要动力源泉，其资本属性也越来越明显。此外，SNA2008 对外发布以来，已经有一些国家开始计算其研究开发支出占比，如澳大利亚将 R&D 资本化后，其 2008 年的 GDP 因此增加约 1.45%，2007—2011 年加拿大的年均 GDP 因此增加 1.3%，美国 2012 年 GDP 增加 2.5%，等等（许宪春，2013）。可见，研究开发支出资本化对一国的经济总量会产生显著性影响，同时，也会带来固定资本形成总额的增加，进而影响支出法 GDP 的结构（即投资占比增加）。

（二）改革与发展的实施建议

根据现阶段中国国民经济核算体系存在的主要问题及未来改革的重点领域，要建立一个与我国经济社会发展阶段相适应、科学高效的国民经济核算体系，主要应从以下一些方面努力：

1. 单独设立“为住户服务的非营利机构”部门

改革开放以来，中国非营利机构（Non - profit Institution，NPI）在促进经济发展、维护社会稳定等方面发挥重要作用，并取得了长足发展，登记注册的社会组织由1998年的4446个增加到2012年的49.9万个（李海东，2014）。因此，新核算体系应该考虑将其从政府部门中独立出来，具体步骤为：首先，遵循“先易后难”的原则，明确非营利机构总体，即重点审核非营利性事业单位、社会团体、行业协会和民办非企业单位等机构类型的非营利性，以及合作社、互助协会、自助团体、社会企业和准非政府组织等边缘组织的非营利性。其次，参照SNA2008关于非营利机构划分的流程，即若非营利机构是市场生产者则归入非金融或金融公司部门，若是非市场生产者且由政府控制则归入政府部门，否则归入非营利机构部门（也称非政府社会机构），也就是说，划分非营利机构首先要看其市场性或非市场性。① 最后，找到核算非营利机构部门产出、规模、结果等方面的基础数据来源渠道，采用SNA2008推荐方法进行NPISH的核算。

2. 研究开发支出资本化

研究开发（R&D）支出核算的目的是了解R&D活动的总体规模和结构分布、研究开发队伍规模与状况、研究开发资源的投入—产出及效益以及政府对R&D扶持的落实情况等。近年来，我国研究开发支出数量增加很多，研究开发活动对经济发展的作用越来越大，其资本属性也越来越明显，因此有必要依据SNA2008，将研究开发支出由作为中间投入（或中间消耗）转为固定资本形成的一部分。关于研究开发支出核算，我国也有较丰富的基础资料，如我国分别于2000年和2009年进行了两次R&D资源清查，掌握了R&D经费支出及构成等数据；常规年度也开展了政府、科研机构、企业等研究开发活动的调查，这些统计数据为将研究开发支出

① 依据SNA2008，市场性或非市场性的界定如下：以有显著经济意义的价格销售其大部分或全部产出的生产者，即其销售价格会对生产者愿意提供的数量和消费者愿意购买的数量有显著影响便是市场生产者（SNA2008，第4.88段）。更具操作性的判断标准是，所售货物和服务的价值在一个持续多年的期限内至少平均应在生产成本50%以上（SNA2008，第22.29段）。

计入 GDP 提供了一个较好基础。[①] 在广泛收集企业以及政府部门研究开发支出统计资料基础上，可以按照 SNA2008 的要求，分别从生产方面和需求方面探索将研究开发支出计入 GDP 的核算方法。

3. 雇员股票期权计入劳动者报酬

雇员股票期权制度正被我国越来越多企业接受和实施，因此有必要按照 SNA2008 的建议，将雇员股票期权计入劳动者报酬。目前，我国政府统计制度中还没有包括雇员股票期权统计指标，今后应增加相应统计指标，为将雇员股票期权纳入劳动者报酬提供基础资料。在记账时，可以参考 SNA2008 中的相关规定，即在金融资产的子类“金融衍生工具和雇员股票期权”中包括“雇员股票期权”。对于雇员来说，雇员股票期权的变动要作为雇员报酬和金融资产变化的一部分，分别记录在收入账户和金融账户的资产变动中；对于雇主来说，雇员股票期权要作为与雇员资产变化相对应的金融负债变化的一部分，记录在其金融账户；管理雇员股票期权的成本由雇主承担，作为雇主的中间消耗（“SNA 的修订与中国国民经济核算体系改革”课题组，2013）。还应指出的是，将雇员股票期权作为劳动者报酬的一部分，会一定程度影响收入分配，具体情况要看是针对初次分配还是再分配过程。

4. 土地承包经营权流转收入计入财产收入

“经济所有权”概念的引入将改变一些交易在我国国民经济核算体系中的记录方式，从而对国民经济核算中一些重要指标产生较大影响。例如，现阶段农村土地承包经营权流转的产权制度不明晰，严重影响土地所有者的权利和流转速度，许多由农民所有的土地实际由村镇干部行使支配权利，或为了招商引资而借流转之名，强迫农民低价出让经营权，并任意改变土地的农业用途（张敏，2011）。随着经济所有权概念的引入，土地承包经营权流转收入的属性将会随之发生变化。SNA2008 关于经济所有权所用的准则是：哪一个单位承担产品（或者资产）的经济风险和收益，哪一个单位就拥有产品（或资产）的经济所有权（“SNA 的修订与中国国民经济核算体系改革”课题组，2012）。虽然我国宪法规定农村的土地，除由法律规定属于国家所有的以外，属于集体所有，但是按照经济所有权

① 许宪春：《国家统计局独家详解：核算体系改革正在进行》，新华网，2013 年 11 月 18 日，http：//news. xinhuanet. com/ fortune/2013 – 11/18/c_ 125719525. htm。

原则，通过家庭承包取得土地承包经营权的农民成为土地的经济所有者。享有土地承包经营权的农民将土地承包经营权流转给其他个人或单位使用所获得的收入形成了SNA所定义的地租，从而构成居民财产收入的一部分。目前，土地承包经营权流转收入已成为我国农民收入的重要组成部分。经济所有权概念的引入，将增加农村居民的财产收入，提高财产性收入占居民收入的比重。

5. 改进城镇居民自有住房服务产出计算方法

在国民经济核算中，居民居住自己拥有的房屋也须计算住房服务价值。目前我国采用成本法计算城镇居民自有住房服务价值，即通过计算房屋的固定资产折旧，以及日常维护、修理、管理费用得到居民自有住房服务价值，其中的房屋固定资产折旧是利用房屋建造成本与折旧率（城镇居民自有住房折旧率为2%）计算的。该方法是在2004年第一次经济普查时确定的，由于当时房屋租赁市场不发达，房租数据很少，无法取得与自有住房条件类似的租赁房价数据（国家统计局，2007、2010），且房屋市场价值与建造成本之间差距不大，因此选取了适应当时情况，并且也是SNA推荐的一种方法，即成本法计算城镇居民自有住房服务价值。随着我国房地产市场的快速发展，房价和租金上涨很快，房屋建造成本明显低于房价。因此，国际上出现了不少针对我国自有住房服务核算方法的质疑（ADB，2007；Ahmad，2008；Zieschang，2009），我国统计部门也认为自有住房服务价值的核算是中国SNA无法回避的一大难题（Xu，2002；Liu，2008；Jin，2009）。此外，随着房屋租赁市场逐步成熟，房租资料越来越丰富，这种情况下，有必要改进现行核算方法，采用目前国际上广泛使用的市场租金法测算城镇居民自有住房服务价值。目前，国家统计局已经利用住户抽样调查得到的房屋租金、住房面积等数据以及人口统计数据，试算近年来城镇居民自有住房服务价值，得到了初步结果。

6. 改进中央银行产出计算方法

为了与国际标准衔接，在核算中央银行产出方面应该做到以下诸点：一是将中央银行市场产出和非市场产出划分依据由活动性质转为会计制度类型。由于基础数据资料来源缺口和央行职能的特殊性，完全依据服务活动的性质区分央行产出为市场产出和非市场产出比较困难，因此，现阶段我国中央银行在市场产出和非市场产出划分上既有依据服务活动的性质，也有依据会计活动的类型。具体地，《中国人民银行会计基本制度》第二条规定：人民银行所属企业、事业单位、社会团体和其他组织办理会计事务，执行国家相关的会计制度。因此，“SNA 的修订与中国国民经济核算体系改革”课题组（2013）认为，可以继续沿用现行方法，将执行企业会计制度的单位提供的产出视为市场产出，其他类型的单位提供的服务视为非市场产出。二是计算 FISIM 产出可以参照 SNA2008 推荐的参考利率法进行。SNA2008 给出的 FISIM 计算公式为：间接计算的金融中介服务总产出＝（贷款利率－参考利率）×贷款额＋（参考利率－存款利率）×存款额。其主要特点有：（1）参考利率不包括服务元素，能够反映风险和存贷款的期限结构；（2）FISIM 包括金融中介机构的所有存款和贷款，不仅仅是源于中介基金的存贷款（陈梦根，2011）。此外，当运用该方法进行计算时，还要考虑中央银行利率干预情形，“SNA 的修订与中国国民经济核算体系改革”课题组（2013）认为，利率干预对贷款影响不大，但对一些承诺再贷款（如支农再贷款）将会产生影响；对于存款而言，因为我国参考利率的计算是基于账面价值，当考虑隐含税收的影响后，存款利率将上升，从而参考利率也上升，这样不仅影响央行的 FISIM 计算结果，还将对其他金融中介产生影响。因此，在计算 FISIM 产出时，一方面要结合基础数据的可得性，另一方面还要考虑其在我国的适用性和现实约束。

7. 改进非寿险服务产出计算方法

非寿险服务是指除人寿保险以外的保险业务，主要包括财产损失保险、责任保险、信用保险、短期健康保险和意外伤害保险业务以及上述业务的再保险业务。为了与国际标准接轨，也为了防止产出的剧烈波动甚至“负”产出现象的出现，我国应该从以下方面予以改进：（1）SNA2008 建议用“调整后已生索赔”代替“实际赔付”，有其合理性（刘伟等，2014）①，鉴于我国是一个自然灾害频发的国家，也应该引入“调整后已生索赔”概念，改进非寿险服务产出原有的计算方法；（2）当采用新方法计算非寿险服务产出时，还要关注与其相关的项目在整个国民账户中的记录方法，如调整后的已生索赔与实际索赔之间会产生差额，该差额如何记录直接影响各机构部门可支配收入等重要指标（“SNA 的修订与中国国

---

① 《国民经济核算体系正发生大变革》，中国宏观经济信息网，2014 年 10 月 11 日，http：//www. macrochina. com. cn/xsfx/xspd/20141011109498. shtml。

民经济核算体系改革”课题组，2013）；（3）从理论上看，SNA2008 认为，还应对“追加保费”作出调整，但其波动性小于赔付，实践中可能不需要，然而，追加保费来自保险公司的投资收入，在资本市场剧烈震荡时，投资收入的波动性也会加大，联合国和欧洲央行在即将共同出版的《SNA 中的金融生产、流量与存量手册》中，将对此做出明确规定，即“在非寿险服务产出计算中，追加保费也像赔付那样根据历史数据做平滑调整”，因此，在我国投资市场还不成熟情况下，更应该积极引入“调整后追加保费”的概念。

8. 核算住户部门实际最终消费

住户部门实际最终消费有别于最终消费支出，实际最终消费是从获得的角度核算最终消费，反映了居民与政府实际得到的消费性货物和服务的价值；而最终消费支出是从支付的角度核算最终消费，反映了居民与政府购买消费性货物和服务的支出。SNA2008 规定了实际最终消费的三部分组成：（1）住户自己在消费性货物及服务上的支出；（2）政府单位以实物社会转移方式向住户提供的货物和服务的支出价值；（3）NPISH 以实物社会转移的方式向住户提供的货物和服务的价值（SNA2008，第 9.81 段）。就我国现状来说，目前还没有单设 NPISH 部门，实际最终消费仅包括通过自身支出形成的消费和由政府支付而由居民享受的消费，如政府为居民提供的教育、医疗服务等。而且，CSNA（2002）仅设置了最终消费支出指标（包括居民消费支出和政府消费支出），没有设置实际最终消费指标。因此，为了更全面反映我国居民总体消费状况，反映政府在改善民生方面发挥的重要作用，在新核算体系中应引入实物社会转移概念，设置实际最终消费指标，核算居民的实际最终消费。目前，国家统计局已经收集了政府在教育、卫生、社会保障等方面的支出资料，并对这些基础资料属性进行甄别，为计算居民实际最终消费和政府实际最终消费做了比较充分的准备，下一步应尽快付诸实施。

9. 健全服务业产值核算制度

长期以来，我国服务业产值存在被低估现象。为了减少偏差，提高数据质量，首先，要重视抽样调查和普查数据对服务业数据质量提升的关键作用。岳希明和张曙光（2002）认为，我国第三产业增加值核算存在的根本问题是缺少详细的原始资料，同时提出，抽样调查和普查是解决服务业统计资料薄弱的最有效手段，它不仅将从根本上解决核算范围不全的问题，同时对解决部分服务计价过低和劳动者报酬统计遗漏等问题也将起重大作用。其次，建立常规性服务业核算制度。常规性服务业统计对 GDP 数据的准确性和完整性能够产生重要影响，但尚未建立限额以下批发和零售业、住宿和餐饮业、物业管理和房地产中介服务业等企业财务统计的抽样调查制度。因此，在经济普查的基础上，应该建立起相关行业的抽样调查制度，为服务业产值核算输送常规数据。最后，完善服务业生产者价格指数和服务贸易价格指数的编制。现阶段，我国尚未编制该类指标，在实际操作中是以替代指标进行核算，即对于服务业生产者价格指数采用的是居民消费价格指数（CPI）中对应的服务项目的价格指数替代；对于服务贸易价格指数参考的是货物贸易价格指数和相关类服务的价格指数。因此，为完善有关服务业不变价生产和使用核算，要研究建立服务业生产者价格指数和服务贸易价格指数（许宪春，2004）。

10. 完善季度 GDP 核算制度

在季度 GDP 核算上，我国目前采用的方法是累计季度 GDP 使用核算。我们已经看到这种核算方法存在的弊端，因此在新核算体系中，应该考虑逐渐建立支出法季度 GDP 核算制度。国家统计局从 2000 年开始内部试算支出法季度 GDP，但由于数据缺口问题且生产与使用法在数据来源方面衔接程度不够，至今尚未对外公布支出法核算结果。对此，应建立专业和部门统计制度，提高数据质量，实现生产法和支出法核算资料的衔接一致。与此同时，鉴于分季度 GDP 核算数据对短期宏观经济分析和决策发挥的重要作用，应该考虑将现行季度 GDP 的累计核算转为分季度核算，主要是建立相应的分季度专业统计制度，尤其是固定资产投资和价格指数的分季度统计制度，然后再考虑建立分季度 GDP 统计制度。

11. 推进国家和地方资产负债表编制

从 1996 年，我国开始试编国家资产负债表，至今已编制了十多年，但绝大多数内容都未对外公布，目前该工作还停留在统计方法和数据层面，缺乏对政策含义的分析和对前瞻性的判断力（林忠华，2014）。编制国家和地方资产负债表有助于摸清“家底”，提高财政管理透明性；有利于分析政府资产与负债的结构分布、比例大小、期限长短，揭示政府部门面临的债务风险和预警。因此，为响应党的十八届三中全会的号召，也为了更加全面地监测国家和地方债务风险、财政风险，了解其抗风险能力，应该尽快推进国家和地方资产负债表编制工作。从我国实际看，主管该工作的部门应该是国家统计局国民经济核算司（王妹娥和程文琪，2014），辅助部门包括中央银行、商业银行、财政部等。编制基本单位应以县为起点，中央、省、市、县四级政府分别编制本级资产负债表，再汇总形成全国资产负债表。在大数据时代，数据规模巨大、类型繁多、处理技术复杂，各层级政府要逐步建立适应其编表的资产负债数据库。与此同时，还应关注各层级数据库的标准化和规范化建设，保证国家和地方资产负债表的协调性，增强其应用性。

以上对中国国民经济核算当中存在的一些主要问题做了简要剖析，提出了相应改革建议。除此之外，还应逐步规范 CSNA（2002）中的一些基本概念（如生产者价格）、基本分类（如非金融资产和金融资产分类），使其在反映我国现实情况的同时，与国际新标准相接轨。应该看到的是，SNA 发展至今仅经历四个版本的演进，每一次修订和再版都经过了漫长的时间，需要耗费大量人财物力资源，是世界各国改进和发展国民经济核算的实践指南。中国在参照 SNA2008 制定本国新国民经济核算体系时，应先制定一个总体方略和时间推进表，同时对需要进行修订的问题以清单的形式列示，并结合基础资料的可得性、资源约束等条件限制，确定重点改进的问题和实施的先后次序，通过跨越式发展大幅提高我国的国民经济核算能力，尽快赶上发达国家核算水平。

参考文献

[1]“SNA 的修订与中国国民经济核算体系改革”课题组：《SNA 的修订及对中国国民经济核算体系改革的启示》，《统计研究》2012 年第 6 期。

[2]“SNA 的修订与中国国民经济核算体系改革”课题组：《SNA 的修订与中国国民经济核算体系改革》，《统计研究》2013 年第 12 期。

[3]“SNA 的修订与中国国民经济核算体系改革”课题组：《SNA 关于非寿险服务产出测算方法的修订及中国有关核算的改革研究》，《统计研究》2013 年第 2 期。

[4]“SNA 的修订与中国国民经济核算体系改革”课题组：《SNA 关于雇员股票期权核算方法的研究及其对中国国民经济核算的影响》，《统计研究》2013 年第 7 期。

[5]“SNA 的修订与中国国民经济核算体系改革”课题组：《SNA 关于机构部门分类的修订与中国机构部门的调整研究》，《统计研究》2012

年第7期。
[6]“SNA的修订与中国国民经济核算体系改革”课题组：《SNA关于中央银行产出计算方法的修订与中国相应计算方法的改革研究》，《统计研究》2013年第10期。
[7]“SNA的修订与中国国民经济核算体系改革”课题组：《按经济所有权原则记录国际贸易对国民账户的影响》，《统计研究》2012年第9期。
[8]《国民经济核算体系正发生大变革》，中国宏观经济信息网。
[9]《我国推GDP新核算体系或致总量增加预计明年底推行》，《京华时报》2013年11月18日第044版。
[10]陈梦根：《2008SNA对金融核算的发展及尚存议题分析》，《财贸经济》2011年第11期。
[11]陈梦根：《2008SNA实施与国家统计发展战略》，《统计研究》2012年第3期。
[12]邓盛平：《现行国民经济核算存在的问题与完善途径》，中国国民经济核算研究会，http://www.stats.gov.cn/ztjc/tjzdgg/hsyjh1/yjhx-sjlh/hsll/200911/t20091130_ 69118.html，2005。
[13]樊雪志、董继华：《中国城镇居民住房现状、问题及对策研究》，《建筑经济》2007年第5期。
[14]高敏雪：《SNA－08的新面貌以及延伸讨论》，《统计研究》2013年第5期。
[15]耿建新、胡天雨、刘祝君：《我国国家资产负债表和自然资源资产负债表的编制与运用初探——以SNA2008和SEEA2012为线索的分析》，《中国会计学会环境会计专业委员会2014学术年会论文集》，2014年。
[16]国家统计局：《中国非经济普查年度国内生产总值核算方法》，中国统计出版社2010年版。
[17]国家统计局：《中国国民经济核算体系（2002）》，中国统计出版社2003年版。
[18]国家统计局：《中国经济普查年度国内生产总值核算方法》，中国统计出版社2007年版。
[19]何继票、邱琼：《中国投入产出核算的缺陷及其改进路径》，《经济理论与经济管理》2011年第6期。
[20]康志远：《中国居民自有住房虚拟租金的一个估算》，《统计与信息

论坛》2014 年第 5 期。
[21] 李海东：《SNA 的修订与中国非营利机构核算的改进》，《统计研究》2014 年第 5 期。
[22] 李洁：《GDP 核算中自有住房服务虚拟计算的中日比较》，《统计研究》2013 年第 11 期。
[23] 李金华：《中国国家资产负债表的逻辑思考》，《经济经纬》2014 年第 3 期。
[24] 李静萍：《SNA：宏观经济统计的核心》，《中国统计》2012 年第 4 期。
[25] 李强：《新中国政府统计调查制度的建立、发展和改革六十年》，《统计研究》2012 年第 8 期。
[26] 李强：《中国国民经济核算体系的建立、变化与完善》，《统计研究》1998 年第 4 期。
[27] 联合国等：《国民经济核算体系（1993）》，中国统计出版社 1995 年版。
[28] 联合国等：《国民经济核算体系（2008）》，中国国家统计局国民经济核算司、中国人民大学国民经济核算研究所译，中国统计出版社 2011 年版。
[29] 联合国经济和社会事务部统计司：《综合经济统计准则》，联合国出版物 2014 年版。
[30] 林忠华：《国家和政府资产负债表初探》，《兰州商学院学报》2014 年第 2 期。
[31] 刘晓忠：《美 GDP 新统计：演绎经济增长秘密的方法论变革》，《南方都市报》2013 年 8 月 15 日。
[32] 邱东：《国民经济核算史论》，《统计研究》1997 年第 4 期。
[33] 宋旭光：《国民经济核算更新方案：潜在影响及其应对》，《财贸经济》2013 年第 12 期。
[34] 王妹娥、程文琪：《自然资源资产负债表初探》，《现代工业经济和信息化》2014 年第 9 期。
[35] 邬云云：《中国国民经济核算体系（2002）的路径改进与内容完善研究——基于 SNA2008 的视角》，硕士学位论文，广东商学院，2013 年。

[36] 许宪春、郑京平：《主要统计指标解读》，中国统计出版社 2008 年版。
[37] 许宪春：《对我国季度国内生产总值核算的思考》，《中国统计》2006 年第 6 期。
[38] 许宪春：《国家统计局独家详解：核算体系改革正在进行》，新华网，2013 年 11 月 18 日，http：//news. xinhuanet. com/fortune/2013－11/18/c_ 125719525. htm。
[39] 许宪春：《中国当前重点统计领域的改革》，《经济研究》2013 年第 10 期。
[40] 许宪春：《中国服务业核算及其存在的问题研究》，《经济研究》2004 年第 3 期。
[41] 许宪春：《中国国民经济核算：发展·改革·挑战》，《统计研究》2008 年第 7 期。
[42] 许宪春：《中国国民经济核算的新发展和 SNA 修订的挑战》，《统计与信息论坛》2007 年第 1 期。
[43] 许宪春：《中国国民经济核算体系的建立、改革与发展》，《中国社会科学》2009 年第 6 期。
[44] 许宪春：《中国国民经济核算体系改革与发展》（修订版），经济科学出版社 1999 年版。
[45] 杨仲山：《SNA 的历史：历次版本和修订过程》，《财经问题研究》2008 年第 12 期。
[46] 殷凤、陈宪：《从经济普查看中国服务业》，《统计研究》2007 年第 10 期。
[47] 岳希明、张曙光：《我国服务业增加值的核算问题》，《经济研究》2002 年第 12 期。
[48] 张家平：《巨灾风险对非寿险产出核算影响的研究》，《统计研究》2009 年第 2 期。
[49] 张敏：《农村土地承包经营权流转的法律问题分析》，《农业经济》2011 年第 10 期。
[50] 张茉楠：《中国亟待建立新的国民经济核算体系》，《中国经济报告》2013 年第 9 期。
[51] 周清杰：《我国自有住房服务虚拟租金估算方法的优化：来自美国

经验的启示》，《宏观经济研究》2012 年第 6 期。

[52] 朱启贵：《国民经济核算体系构建的理念与变革——基于发展观演进历程的分析》，《人民论坛 · 学术前沿》2013 年第 1 期。

[53] 朱启贵：《中国国民经济核算的演进与应用》，《经济与管理战略研究》2012 年第 2 期。

[54] 朱启贵：《中国国民经济核算体系改革发展三十年回顾与展望》，《商业经济与管理》2009 年第 1 期。

[55] ADB, "The National Accounts of the People's Republic of China: Measurement Issues, Recent Developments, and the Way Forward - Highlights", Manila, 2007.

[56] Ahmad, Nadim, "Comments on 'Estimation of Owner Occupied Dwelling Service'", Paper Prepared for 12th OECD - NBS Workshop on the National Accounts, Paris, http://www.oecd.org/dataoecd/18/26/41551544.pdf, 2008.

[57] Jin, Hong, "The Overview of GDP Estimates and Related Issues in China", Paper Prepared for 13th NBS - OECD Workshop on the National Accounts, Haikou, China. http://www.oecd.org/dataoecd/54/48/44100235.doc, 2009.

[58] Liu, Nan, "Estimation of Owner Occupied Dwelling Service", Paper Prepared for 12th OECD - NBS Workshop on the National Accounts, Paris. http://www.oecd.org/dataoecd/40/8/41410420.pdf, 2008.

[59] Statistics Division, Department of Economic and Social Affairs, United Nations, "Guidelines on Integrated Economic Statistics", United Nations Publication, Printed at the United Nations, New York, 2013.

[60] Xu, Xianchun, "Study on Some Problems in Estimating China's Gross Domestic Product", *Review of Income and Wealth*, Series 48, Number 2, 2002.

[61] Zieschang, Kim, "The Overview of GDP Estimates and Related Issues in China", Paper Prepared for 13th OECD - NBS Workshop on National Accounts, Haikou, China. http://unstats.un.org/unsd/economic_stat/china/pgdp/19.20.pdf, 2009.

专题二　全球价值链理论与中国外贸统计改革

摘　要　全球价值链的不断深化和细分，使得各国政府越来越多地关注本国在价值链上的位置，以及本国可以从价值链中获取的价值。国际组织和学者们在对全球价值链理论进行研究基础上，转而将更多注意力放在贸易数据统计方法上，提出了与全球价值链更为契合的贸易增加值统计，避免了当前贸易统计中的"重复计算"问题，为政策制定者提供了改善本国外贸状况的新思路。本专题阐述了中国的外贸状况，分别从外贸依存度、出口贸易数据、OECD对中国出口数据的细分等方面进行说明，并对当前存在的问题提出改进建议，以期为中国外贸统计改革与发展提供参考。

关键词　全球价值链　贸易增加值　增加值统计　中国外贸依存度

2015年1月，中国海关总署公布2014年全年外贸进出口情况统计，2014年中国对外贸易顺差规模再创历史新高，达到2.35万亿元，扩大45.9%。虽然"中国制造"享誉世界，但是一直以来，中国的巨额贸易顺差饱受贸易伙伴诟病。随着全球经济一体化的不断深入，"中国制造"带给中国的贸易值含有水分，其中隐含多少价值并且说明什么问题值得探讨。我们以iPhones为例，说明中美之间的贸易差额（见表2－1）。

表2－1显示的是在iPhones制造上美国的贸易逆差。使用传统方法对该贸易额进行核算，在iPhones的生产链上只有美国与中国，并且美国对中国的贸易逆差超过19亿美元。然而，iPhones的生产链实际上并不仅仅只有中国，还涉及其他许多国家，例如日本、韩国等，可称其为"世界制造"。因此，改变核算方法——增加值核算——就可以看到iPhones生产链上的所

表2－1　　2009年美国在iPhone上的贸易差额　　单位：百万美元

	中国	日本	韩国	德国	世界其他地区	合计
传统核算	－1901.2	0	0	0	0	－1901.2
增加值核算	－73.5	－684.8	－259.4	－340.7	－542.8	－1901.2

资料来源：https：//www.wto.org/english/res_ e/statis_ e/miwi_ e/background_ paper_ e.htm#_ ftnref8。

有国家，同时也可以了解各个国家在该生产链上的贡献。从这一核算方法看，美国对中国的贸易逆差仅0.73亿美元（仅占传统核算方法的3.86%），而更多的贸易逆差出现在与制造iPhone相关的其他国家，例如，美国对日本的贸易逆差达到6.8亿美元，德国达3.4亿美元。

从iPhone这一具体例子中可以发现，一件最终产品的生产有可能会涉及多国，而各国对该产品的生产有不同的投入（无论是直接的还是间接的），从而引申出“全球价值链”（Global Value Chain，GVC）这一议题。

一　全球价值链理论发展

（一）全球价值链定义

全球价值链理论根源于20世纪80年代国际商业研究者提出和发展起来的价值链理论，其中波特的价值链（见图2－1）最为流行，不过，科格特（Kogut）的价值链理论对全球价值链理论的形成却更为重要（张辉，2004）。因为相对于波特的观点，科格特所强调的观点更能反映价值链在全球市场上的空间分离与再配置（熊英等，2010）。2000年后期“全球价值链”正式提出之前，大致经历了价值系统（Value system）、“商品链”（Commodity chains）（Hopkins and Wallerstein，1986）、“全球商品链”（Global commodity chains）（Gereffi，2001）等几个阶段。除了格里菲（Gereffi）曾经把它称为全球商品链条之外，还有人把它称为价值链条、行为链条、生产网络、价值网络和投入—产出关系。

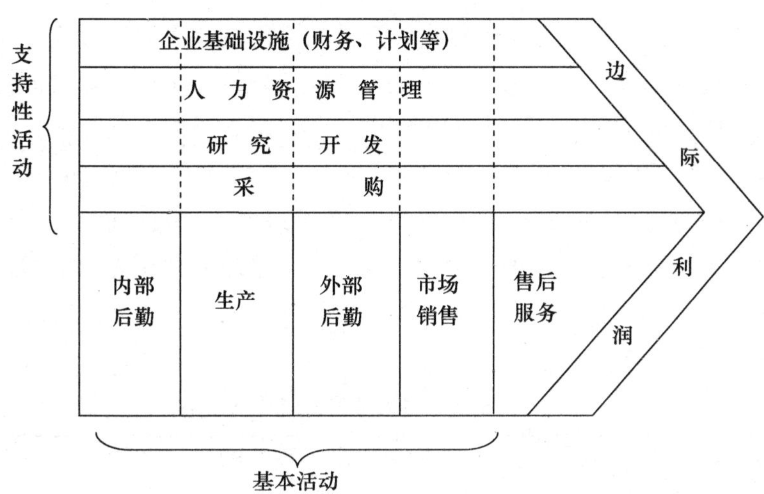

图2－1　波特价值链

全球价值链的定义很多，目前为止，最为人们接受的就是联合国工业发展组织（United Nations Industrial Development Organization，UNIDO）给出的定义。UNIDO在《2000—2003年度工业发展报告——通过创新和学习来参与竞争》中指出，全球价值链是指在全球范围内为实现商品或服务价值而连接生产、回收处理等过程的全球性跨企业网络组织，涉及从原料采集和运输，半成品和成品生产及分销，直至最终消费和回收处理的整个过程，包括所有参与者和生产销售等活动的组织与价值和利润分配。当前，散布于全球的、处于全球价值链上的企业进行着从设计、产品开发、生产制造、营销、出售、消费、售后服务到最后循环利用等的各种增值活动（张辉，2006；马海燕，2007）。

（二）全球价值链主要研究内容

全球价值链概念提出至今，虽仅有十几年时间，已经有不少学者对全球价值链进行研究与分析。研究的主要内容集中在以下方面：

1. 全球价值链的治理与升级

关于全球价值链的形成动力机制有多种观点，其中一种被普遍接受的观点是驱动力说，这种观点是Gereffi和Korzeniewicz（1994）提出的。他们将全球价值链分为生产者驱动型（Producer－driven）和采购者驱动型（Buyer－driven）两种。现今上述两者驱动力已经不足以解释越来越多具有两种驱动模式特征的案例，因而混合型驱动的概念应运而生。

价值链治理是指通过价值链来实现公司之间的关系和制度安排，进而实现价值链内部不同经济活动和不同环节间的协调。根据全球价值链行为主体之间协调能力的高低，全球价值链治理模式主要分为五种，即市场（Market）、模块型（Modular value chains）、关系型（Relational value chains）、领导型（Captive value chains）和层级型（Hierarchy）。五种治理模式中市场和层级型分别处于价值链中行为主体之间协调能力的最低端和最高端。

表 2－2　　五种价值链治理模式对比

价值链治理模式	交易的复杂程度	识别交易的能力	供应能力	协调和权力不对称程度
市场	低	高	高	低
模块型	高	高	高	
关系型	高	低	高	
领导型	高	高	低	
层级型	高	低	低	高

资料来源：池仁勇、邵小芬、吴宝：《全球价值链治理、驱动力和创新理论探析》，《外国经济与管理》2006 年第 3 期。

20 世纪 90 年代末产业升级概念被真正引入全球价值链分析框架中。UNIDO 在《2000—2003 年度工业发展报告——通过创新和学习来参与竞争》中这样描述全球价值链的产业升级机制：“全球价值链扩散功能和工艺流程为发展中国家企业提供了改善各种能力的机会。对于发展中国家的企业或企业集群而言，当务之急是将其融入更广泛的系统中去。这就要求有步骤地采取行动，使企业治理达到世界水准。另外，还必须通过有意识的创新和学习获得必要的技术能力。鉴于未来获得进入市场和先进技术的前景，上述努力是值得的。”

英国 Sussex 大学创新研究小组学者（Humphrey and Schmitz，2002）提出全球价值链中产业升级的四种模式：工艺流程升级（Process upgrading）、产品升级（Product upgrading）、功能升级（Functional upgrading）和链条升级（Chain upgrading），各升级模式的实践形式见表 2－3。就产业升级的四个层次而言，无论哪个层次，都意味着从劳动密集型价值环节转向资本和技术密集型价值环节，从劳动密集型价值链条转向资本和技术密集型价值链条。

表 2－3　　全球价值链各升级模式的实践形式

升级模式	实践形式
工艺流程升级	通过创新生产系统或引进先进技术，提高价值链中加工流程的效率
产品升级	通过引进新产品或改进已有产品比竞争对手更有效率，移向更先进的生产线（增加单位价值）
功能升级	重新组合价值链中的环节，以提高经济活动的附加值。获得新的功能或放弃已有的功能，增加经济活动的技术含量。例如，从生产环节向设计环节和营销等利润丰厚的环节跨越，改变企业自身在价值链中所处的位置
链条升级	从一条价值链跨越到一条新的、价值量高的相关产业的价值链，企业把在一产业获得的能力应用到另一个新的产业，或转向一个新的全球价值链中

资料来源：陈柳钦：《有关全球价值链理论的研究综述》，《重庆工商大学学报》（社会科学版）2009 年第 6 期。

2. 全球价值链中利润的产生与分配

在全球价值链研究文献中，租金是与企业竞争优势密切联系在一起并且是理解全球价值链不同环节形成不同价值分配的关键概念。Kaplinsky（2004）认为，参与全球价值链的行动者由于控制了特定资源从而能够利用和创造进入壁垒免于竞争，进而获得的超额利润就是“租金”（吴明，2012）。

根据与价值链的关系，租金可以广义地分为三大类：一是基于链内单个行动者构建的租金，它因要素（包括企业家精神）生产力不同和进入壁垒（即稀缺性）不同而在企业内拥有多种来源，包括技术、组织、技术和营销能力。蒂斯等（Teece et al.，1997）从企业层面，归纳出了三种类型的链内单个行动者租金：基于受到保护的市场力量而产生的垄断租金（Monopolistic rents）；凭借企业拥有独特资源产生的李嘉图租金（Ricardian rents）以及依靠企业动态能力的熊彼特租金（Schumpeterian rents）（刘林青等，2008）。二是基于链内行动者群构建的租金，它可能是由不同企业间的目的性行动引起的——这些与关系租金相关。戴尔和辛格（Dyer and Singh，1998）认为，关系租金是通过参与伙伴共同专属性投资而创造出超额利润，源于企业之间的交换关系。刘林青等（2008）补充了另外一种链内行动者群租金，即网络租金。三是外生于全球价值链的租金，包括政策租金、基础设施租金和财政租金（Kaplinsky and Morris，2001）。

理论上，并不是每个全球价值链环节所产生的利益都是等量的，同时由于生产网络的不断片段化，全球价值的分配更加不均衡。一个“微笑曲线”模型被广为引用（李平、狄辉，2006；文婷、曾刚，2004），用以描述全球价值链价值分配的基本规律，如图2－2所示。“微笑曲线”十分恰当地说明了全球价值链上的利润分配原则。“微笑曲线”表明，加工、组装制造环节位于曲线的最底端，利润率较低。企业如果要获得更多的附加值，就必须向价值链的两端延伸——要么向上游的标准、专利权、设计研究开发、系统集成等环节延伸，要么向下游的营销、售后服务及品牌运作等环节延伸。总体而言，越向两边延伸，企业获得的附加值越高。因此，企业应该根据自身技术水平与核心能力，寻找适合自己嵌入的价值链环节（马云俊，2010）。

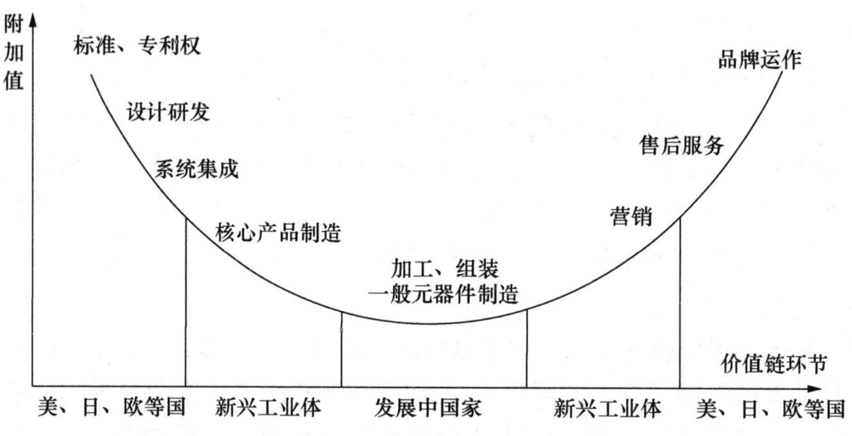

图2－2　全球价值链“微笑曲线”

3. 全球价值链与中国

中国是在20世纪80年代开始嵌入全球价值链的，通过积极承接由美国、日本等依次转移的劳动密集型产业，从低端嵌入全球价值链。低端嵌入是指跨国公司在全球配置资源、实现利润最大化过程中，发展中国家因缺乏资金以及核心技术，可以充分利用自身的劳动力优势、资源优势以及市场优势，承接发达国家的产业转移，大力吸引外资，采取诸如加工贸易、建立合资企业甚至被跨国公司并购方式，纳入它们的国际生产体系和销售体系，由此进入国际市场，嵌入全球价值链。在此过程中，发展中国家的企业一般处于价值链的最底端，即加工组装、生产制造阶段。

中国是加工贸易比重较高的国家（见表 2 - 4），20 世纪 90 年代起，出口加工贸易份额就占全国出口的 40% 以上，可见加工贸易对我国的外贸影响很大，某种程度上说，从加工贸易占比的角度多少说明中国在全球价值链中的参与程度。

表 2 - 4　　1981—2012 年中国出口贸易数据

年份	一般贸易		加工贸易		其他贸易	
	亿美元	比重（%）	亿美元	比重（%）	亿美元	比重（%）
1981	208.00	94.50	11.31	5.14	0.79	0.36
1982	206.69	92.60	15.77	7.07	0.74	0.33
1983	201.60	90.69	20.01	9.00	0.69	0.31
1984	231.62	88.61	29.29	11.21	0.49	0.19
1985	237.30	86.76	33.16	12.12	3.04	1.11
1986	250.95	81.11	51.41	16.62	7.04	2.28
1987	296.43	75.16	81.38	20.63	16.59	4.21
1988	325.96	68.59	128.33	27.01	20.91	4.40
1989	315.52	60.05	188.04	35.79	21.84	4.16
1990	354.60	57.11	254.20	40.94	12.10	1.95
1991	381.20	53.01	324.30	45.10	13.60	1.89
1992	436.80	51.42	396.07	46.63	16.53	1.95
1993	432.00	47.09	442.36	48.22	43.04	4.69
1994	615.60	50.87	569.80	47.09	24.70	2.04
1995	713.61	47.96	737.18	49.55	37.01	2.49
1996	628.24	41.59	843.27	55.83	38.99	2.58
1997	779.74	42.66	996.02	54.49	52.14	2.85
1998	742.35	40.41	1044.54	56.86	50.22	2.73
1999	791.35	40.60	1108.82	56.88	49.14	2.52
2000	1051.81	42.21	1376.52	55.24	63.70	2.56
2001	1118.81	42.05	1474.34	55.41	67.83	2.55
2002	1361.87	41.83	1799.27	55.26	94.82	2.91
2003	1820.34	41.54	2418.49	55.19	143.45	3.27

续表

年份	一般贸易		加工贸易		其他贸易	
	亿美元	比重（%）	亿美元	比重（%）	亿美元	比重（%）
2004	2436.06	41.06	3279.70	55.28	217.50	3.67
2005	3150.63	41.35	4164.67	54.66	304.23	3.99
2006	4162.33	42.96	5103.55	52.67	423.81	4.37
2007	5393.55	44.24	6175.60	50.65	623.20	5.11
2008	6628.62	46.33	6751.14	47.19	927.17	6.48
2009	5298.12	44.09	5868.62	48.84	849.37	7.07
2010	7206.12	45.67	7402.79	46.92	1168.63	7.41
2011	9170.34	48.31	8352.84	44.00	1460.64	7.69
2012	9878.99	48.22	8626.77	42.11	1981.38	9.67

资料来源：国家统计局贸易外经统计司：《中国贸易外经统计年鉴》（2013），中国统计出版社2014年版。

加工贸易是随着经济全球化进程的加快和国际外包的发展，一项产品被分散在不同国家完成制造加工装配而产生的一种生产模式。加工贸易的发展可能会扭曲一国真实的外贸情况：（1）由于进口的目的是为了出口，因此加工贸易与国内经济的联系程度可能不如一般贸易密切，并可能夸大一国的国际贸易竞争力；（2）由于加工贸易在从进口到出口之间发生了产品加工深度的变化，使得进口更加偏重于中上游产品，出口更加偏重于下游产品，但这并不能反映一个国家真实的对外贸易结构；（3）作为承接加工贸易的国家，从进口到出口的价差，自然会导致一国总体上的贸易顺差；（4）货物一进一出，其实际产生的价值并不一定很大，但是海关统计中的进出口数字有可能夸大一国外贸对国民经济的作用。

除表2－4中加工贸易的数据之外，也可通过外商直接投资数据从侧面了解全球价值链在中国的发展情况。外商直接投资（Foreign Direct Investment，FDI）是指一经济体的经济实体（直接投资者）对另一经济体的经济实体（直接投资企业）投入资金，以此对后者获取持久利益的行为。

表2－5展示的数据是我国2005—2013年实际利用外商直接投资分行业占比数据。占比最高的三个行业是制造业、房地产业、租赁和商务服务业。制造业比重逐年下降，而房地产业、租赁和商务服务业的占比基本逐年上升。这一特征说明，外商直接投资正从第二产业逐渐向第三产业转移，从

中也可以窥探到中国在全球价值链中的角色转移。在最先嵌入全球价值链时，中国只能依靠拥有劳动密集型特点的制造业，而随着国民经济的快速发展，中国有能力向更高附加值的方向努力，从而进行第二阶段的嵌入——中端嵌入，一个最为显著的例子就是联想收购 IBM 个人电脑事业部。

表 2－5　2005—2013 年分行业实际利用外商直接投资金额占比　单位：%

行业	2005 年	2006 年	2007 年	2008 年	2009 年	2010 年	2011 年	2012 年	2013 年
农、林、牧、渔业	1.19	0.95	1.24	1.29	1.59	1.81	1.73	1.85	1.53
采矿业	0.59	0.73	0.65	0.62	0.56	0.65	0.53	0.69	0.31
制造业	70.37	63.59	54.66	54	51.95	46.9	44.91	43.74	38.74
电力、燃气及水的生产和供应业	2.31	2.03	1.43	1.84	2.35	2.01	1.83	1.47	2.07
建筑业	0.81	1.09	0.58	1.18	0.77	1.38	0.79	1.06	1.04
交通运输、仓储和邮政业	3	3.15	2.68	3.09	2.81	2.12	2.75	3.11	3.59
信息传输、计算机服务和软件业	1.68	1.7	1.99	3	2.5	2.35	2.33	3.01	2.45
批发和零售业	1.72	2.84	3.58	4.8	5.99	6.24	7.26	8.47	9.79
住宿和餐饮业	0.93	1.31	1.39	1.02	0.94	0.88	0.73	0.63	0.66
金融业	0.36	0.47	0.34	0.62	0.51	1.06	1.65	1.9	1.98
房地产业	8.98	13.06	22.86	20.12	18.66	22.68	23.17	21.59	24.49
租赁和商务服务业	6.21	6.7	5.38	5.48	6.75	6.74	7.23	7.35	8.81
科学研究、技术服务和地质勘查业	0.56	0.8	1.23	1.63	1.86	1.86	2.12	2.77	2.34
水利、环境和公共设施管理业	0.23	0.31	0.36	0.37	0.62	0.86	0.74	0.76	0.88
居民服务和其他服务业	0.43	0.8	0.97	0.62	1.76	1.94	1.62	1.04	0.56
教育	0.03	0.05	0.04	0.04	0.01	0.01	0	0.03	0.02
卫生、社会保障和社会福利业	0.07	0.02	0.02	0.02	0.05	0.09	0.07	0.06	0.05
文化、体育和娱乐业	2005	2006	2007	2008	2009	2010	2011	2012	2013

说明：使用国家统计局网站中实际利用外商直接投资金额的分行业数据计算得到；行业“公共管理和社会组织”与“国际组织”由于数值太小或没有数据而未列入表中。

资料来源：国家统计局网站。

上述内容并没有将一国在全球价值链中的地位进行量化，因此不利于进行国际比较。通过定量方法反映一国在全球价值链上的位置，主要方法有两种：（1）利用企业层面数据，通过收集企业层面的微观数据，根据企业调查数据对单个产品进行研究，每一生产环节都生产增加值。例如，对芭比娃娃、Ipod 播放器等具体产品生产环节的研究，以及对 iPhones 的研究，表 2 -1 中数据即可反映各国在 iPhones 价值链中的地位。（2）利用反映国际生产分散化或垂直专业化等指标间接度量，指标有外贸依存度（在本专题第三部分中国外贸统计发展中进行说明，数据见表 2 -8）、垂直专业化率等。一般而言，使用第二种方法说明一国在全球价值链上的位置，就需要引入另一个议题，即贸易增加值。同时，对全球价值链各个环节价值创造与利益分配的测算问题，也使得增加值测算成为全球价值链研究中的热点（潘文卿、李跟强，2014）。

二　贸易增加值统计

（一）贸易增加值的提出

随着以生产的国际分割为特征的全球价值链向深度与广度的不断延伸，国际分工层次已逐渐从产品细化到生产环节，即各国专业化从事的不再是与自身比较优势相符的产品，而是与自身比较优势相符的生产环节。在这种分工背景下，那些主要出口劳动密集型商品的国家（比如中国），实际上出口的是在这些国家完成的劳动密集型生产环节中加工装配的产品。这一环节创造的价值增值少，却在传统的出口贸易统计中显示出了较大的出口额（见表 2 -1），即这些国家在仅获取少量加工费的同时却有着大量的贸易顺差，最终导致它们在新型国际分工体系下获得的贸易利益与贸易差额极不匹配。这种传统的贸易统计，既容易扭曲一国外贸状况，也会使人误读一国外贸对本国经济的拉动作用。在这一背景下，经济合作与发展组织（OECD）和世界贸易组织（WTO）提出了贸易增加值（Trade in value - added）概念，旨在全球价值链背景下，将传统的贸易统计理念引向一个更加符合“碎片化”（Fragmentization）国际分工的贸易利益统计上来。

WTO 是贸易增加值核算的提倡者和推动者。早在 2010 年，WTO 即开始披露其关于贸易增加值核算的意义和研究进展。拉米总干事数次指出，“现行贸易统计歪曲了国家间贸易不平衡，要考虑的不应是以进口和出口总值测度的不平衡，而应考虑有多少增加值在贸易流动中”。他还指出，“WTO正和其他组织合作开发用增加值测度贸易的方法”，“在今日的全球化世界上，用增加值测度贸易流量可以给人以更准确的生产和贸易如何进行的图景”。WTO经济研究和统计司主任Andreas Maurer和Christophe Degain 2010年6月撰文《全球化与贸易流量：所见并非所得》称：“贸易增加值的概念提出了谁为谁生产的问题，故而正引起更多的注意。”与个案研究法和中间产品法相比，国际投入产出表法将贸易和生产联系起来，估计出口中的进口成分，大有用处。文中披露，“就2008年美国对华贸易逆差而言，现行统计数据是2850亿美元，按增加值核算，并对中国加工贸易进行调整，该差额缩减为1650亿美元，只相当于传统数据的58%”（Maurer and Degain，2012）。

2012年年底，OECD和WTO共同开发出“贸易增加值统计体系”。该体系采用各国国内增加值取代进出口贸易总值作为衡量国际贸易的新标准。2013年1月，OECD和WTO联合推出全球贸易测算新方法——增加值测算法，并建立了新标准下“增加值统计”（Value－added Statistic）数据库（林玲等，2014）。

OECD和WTO共同推出的贸易增加值数据库（Trade in Value Added database，TiVA）① 是基于OECD的投入产出表，并且结合双边贸易数据库（Bilateral Trade Database in Goods by Industry and End－use Category，BTDIxE）、国际服务贸易统计和STAN产业数据库而完成的。由于投入产出表并不是每年都公布，目前在公布的TiVA中仅有5年的数据，即1995年、2000年、2005年、2008年以及2009年。它将出口总额分为两部分：一部分是出口中隐含的本国增加值（Domestic value added embodied in gross exports），其中，又分为本国直接增加值（Direct domestic industry value added content of gross exports）、本国间接增加值Indirect domestic content of gross exports（originating from domestic intermediates）、本国增加值再进口部分（Re－imported domestic value added content of gross exports）；另一部分就是出口中的国外增加值（Foreign value added content of gross exports）。除此之外，还可以了解分行业出口总额、对某一贸易对象的出口

① 贸易增加值数据库：http：//stats. oecd. org/index. aspx？queryid＝47807。

情况等。

（二）现有统计方法

目前基于全球生产链的增加值分解与统计法，主要有三种（徐清军，2013）：

1. 个案分析法

研究单个产品或单个行业的供应链，已有研究如芭比娃娃、诺基亚、惠普笔记本、iPhone 手机等，研究结果表明，中国在全球生产链中获得的增加值非常有限，而大部分增加值被美国、日本、韩国和中国台湾等发达国家和地区获得（在表 2 – 1 中美国关于 iPhones 生产链上的贸易逆差也可对其进行说明）。

2. HIY 法

美国学者哈默尔斯等（Hummels et al.，2001）利用投入产出表提出了系统测量一国参与国际分工水平的指标，即垂直专门化率（Vertical Specialization Share，VSS），并给出了两种计算垂直专门化率的方法，该统计方法常被称为 HIY 法。这种方法假定出口生产是垂直分工，统计每一生产环节所形成的增加值，将出口中所包含的国外增加值部分扣除，并从两个角度分析一国在全球价值链中的地位，即本国出口中本国增加值的比重、别国出口中本国增加值的比重。虽然，HIY 方法可用于分析一国在垂直一体化生产网络中的地位，但使用标准 HIY 法测算出口的国内增加值需要两个关键假设：一是对于以出口为目的及以满足国内最终需求为目的的货物生产，其进口投入的程度必须是相等的；二是所有的进口中间投入，必须 100% 是国外增加值。前一种假设不适用于以加工贸易出口为主的发展中国家，后一种假设不适用于通过第三方转口，且进口中包含极大的自身增加值份额的发达国家（李昕、徐滇庆，2013）。多丁（Daudin）等为解决 HIY 法的不足，提出了 DRS 法（Daudin et al.，2011），提出要测算进口品中包含经过国外加工又返还国外的国内增加值，即出口品中折返的国内增加值。

3. KPWW 法

KPWW 法是美国学者库普曼等（Koopman et al.，2010）研究开发的贸易增加值统计方法。该方法基于全球生产链和国民账户核算体系，根据区域间投入产出模型原理，将一国出口总值分解为国外增加值和国内增加值，国内增加值又分解为最终产品出口、由直接进口国吸收的中间产品出口、被转口到第三国的中间产品出口、返销本国的中间产品出口。KPWW建立在已有研究成果之上，相较而言更为完善。下面以三国 N 个部门为例，说明 KPWW 法。

X 表示总产出，Y 表示最终需求，A 表示投入产出系数，V 表示直接本国增加值，VAS（Value - added share）表示增加值份额，E 表示总出口。X 与 Y 为 $3N \times 1$ 向量，A 为 $3N \times 3N$ 矩阵，V 与 VAS 为 $3 \times 3N$ 矩阵，VAS_E 为 $3N \times 3$ 矩阵，VAS_E 为 3×3 矩阵。

$$X = AX + Y \tag{2-1}$$

$$X = (I - A)^{-1} Y = BY \tag{2-2}$$

（2-2）式由（2-1）式变换得到，其中 B 为列昂惕夫逆矩阵（Leontief inverse matrix），被视为总需求矩阵，表示为增加一单位的最终需求，所需要的总产出的数量。

$$VAS = VB \tag{2-3}$$

其中，VAS 矩阵中的 V_1B_{11} 表示由国内某一部门生产的产品中国内增加值的比重，V_2B_{21} 表示同一产品中国家 2 所占的增加值比重。VAS 矩阵将所需信息在部门层面区分为国内物品与进口物品比重。

$$VAS\_\ E = VBE \tag{2-4}$$

$$B_{11} = \Big\{ I - A_{11} - A_{12}[I - A_{22} - A_{23}(I - A_{33})^{-1}A_{32}]^{-1}[A_{21} + A_{23}(I - A_{33})^{-1}A_{31}] - A_{13}[I - A_{33} - A_{32}(I - A_{22})^{-1}A_{23}]^{-1}[A_{31} + A_{32}(I - A_{22})^{-1}A_{21}] \Big\}^{-1} \tag{2-5}$$

若想衡量国家 1 总出口中的本国增加值比例，需要对隐含在出口到国家 2 和国家 3 的中间产品中的增加值进行说明。这些出口的中间产品可用于进口国（国家 2 或国家 3）生产最终产品，并且出口回本国（国家 1，即从国家 1 出口，经过进口国（国家 2 或国家 3）加工，又成为国家 1 进口产品中的一部分）；或者这些出口的中间产品被用来生产中间产品出口到第三国（国家 3 或国家 2），用于生产之后，由第三国（国家 3 或国家 2）出口到本国（国家 1）。（2-5）式中的 $A_{23}(I - A_{33})^{-1}A_{31}$ 就是对国家 2 的中间产品出口的调整，这些中间产品出口到国家 3，国家 3 进行生产之后，出口到国家 1。$A_{23}(I - A_{33})^{-1}A_{32}$ 也是对国家 2 的中间产品出口的调整，这些中间产品出口到国家 3，国家 3 生产之后，出口到国家 2（即本国）。

$$VAS\_\ E = VBE = \begin{bmatrix} V_1B_{11}E_{1*} & V_1B_{12}E_{2*} & V_1B_{13}E_{3*} \\ V_2B_{21}E_{1*} & V_2B_{22}E_{2*} & V_2B_{23}E_{3*} \\ V_3B_{31}E_{1*} & V_3B_{32}E_{2*} & V_3B_{33}E_{3*} \end{bmatrix} \quad (2-6)$$

（2-6）式中某一列非主对角线元素之和就是来源于国外的隐含在一国总出口中的增加值，即（2-7）式，（2-7）式表示的是国家 r 的总出口中隐含的国外增加值。（2-6）式中某一行非主对角线元素之和就是隐含在第三国总出口中的中间产品的增加值。（2-6）式中主对角线上的元素表示一国总出口中的本国增加值，（2-9）式表示的即国家 r 总出口中本国增加值。

$$FV_r = \sum_{s \neq r} V_s B_{sr} E_{r*} \quad (2-7)$$

$$IV_r = \sum_{s \neq t} V_r B_{rs} E_{st} \quad (2-8)$$

$$DV_r = V_r B_{rr} E_{r*} \quad (2-9)$$

$$DV_r + FV_r = E_{r*} \quad (2-10)$$

$$\begin{aligned} E_{r*} &= DV_r + FV_r \\ &= \underbrace{V_r B_{rr} \sum_{s \neq r} Y_{rs}}_{(1)} + \underbrace{V_r B_{rr} \sum_{s \neq r} A_{rs} X_{ss}}_{(2)} + \underbrace{V_r B_{rr} \sum_{s \neq r} \sum_{t \neq r,s} A_{rs} X_{st}}_{(3)} + \underbrace{V_r B_{rr} \sum_{s \neq r} A_{rs} X_{sr}}_{(4)} + \underbrace{FV_r}_{(5)} \end{aligned} \quad (2-11)$$

（2-11）式表示一国总出口可粗略分为国内增加值部分和国外增加值部分，而国内增加值部分又可细分为四类。式中五项具体说明如下：

标注（1）隐含在由第二国直接进口商吸收的最终物品出口中的本国增加值；

标注（2）隐含在由第二国直接进口商用于生产第二国国内需求而投入的中间产品出口中的本国增加值；

标注（3）隐含在由第二国直接进口商用于为第三国生产物品而投入的中间产品出口中的本国增加值（即间接增加值出口）；

标注（4）隐含在由第二国直接进口商用于生产需要运回来源国（即本国）的物品而投入的中间产品出口中的本国增加值（反映了本国增加值，再进口）；

标注（5）隐含在出口中来源于国外的增加值。

基于贸易价值增值分解框架，库普曼等（2010）构建指标，分别衡量一国在特定部门全球价值链的地位以及一国对全球生产网络的参与程度。反映一国对全球价值链的参与程度指标如下：

$$GVC\_\ Participation_{ir} = \frac{IV_{ir}}{E_{ir}} + \frac{FV_{ir}}{E_{ir}} \tag{2-12}$$

其中，i 表示产业，r 表示国家，$GVC_\ Participation_{ir}$表示 r 国 i 部门对全球价值链的参与程度；IV_{ir}表示 r 国 i 部门间接附加值出口，该指标衡量的是有多少增加值被包含在 r 国 i 部门的中间产品出口中经一国加工后又出口给第三国，也即别国出口中包含的本国增加值；FV_{ir}则表示一国出口中包含的国外增加值；E_{ir}表示 r 国 i 部门总出口。该指标越大，表明一国 i 部门参与国际价值链的程度越高。又考虑到即使两国参与国际分工的程度相同，两国在全球价值链上的地位也会存在差异，库普曼等（2010）进一步构建了反映一国国际分工地位的指标：

$$GVC\_\ Position_{ir} = \ln\left(1 + \frac{IV_{ir}}{E_{ir}}\right) - \ln\left(1 + \frac{FV_{ir}}{E_{ir}}\right) \tag{2-13}$$

该指标基本思想是，一国特定产业在全球价值链分工中的国际分工地位反映在该产业作为中间品出口方与作为中间品进口方的相对重要性。如果一国处于上游环节，它会通过向其他国家提供原材料或者中间品，参与国际生产。对于这样的国家，其间接价值增值（IV）占总出口的比例就会高于国外价值增值（FV）的比例。相反，如果一国处于生产的下游环节，就会使用大量来自别国的中间品来生产最终产品，此时 IV 会小于 FV。该指标越大，表明一国在国际生产链上所处的位置就越高；该指标越小，则表明一国在国际价值链上的位置越靠近下游（王岚，2014）。

$$GVC\_\ TF_{ir} = \ln\left(\frac{IDV_{ir}}{E_{ir}}\right) - \ln\left(\frac{FV_{ir}}{E_{ir}}\right) \tag{2-14}$$

该指标衡量的是相对于国内直接出口部门拉动的国外中间品增加值出口而言，国内直接出口部门对本国中间品间接增加值出口的牵引力度。式中，IDV_{ir}是 r 国 i 部门全值出口额中由国内直接出口部门带动的国内中间品间接出口增加值。如果一国某行业的该指数值越高，则该国该产业在全球价值链分配中获得的利益就越多，上游产业链集聚的规模就越大，产业的整体国际竞争力就越强。

（三）国际投入产出数据库

贸易增加值核算方法是以投入产出矩阵为基础的，因此协调一致的国际投入产出表（International Input - Output，II - O）是核算中所需基本资料。目前，国际上主要有以下数据库：

1. OECD 和世界贸易组织的全球投入产出数据库

OECD 的研究起步早，处于领先地位，其数据库覆盖了 57 个国家和地区。2012 年 3 月，WTO 正式委托其开展贸易增加值核算研究。2013 年 5 月，OECD 和 WTO 最新发布的全球贸易增加值数据库报告中，发布成果从最初发布时的 40 个国家增至 57 个国家（其中 34 个 OECD 成员国；23 个非 OECD 成员国，包括金砖 5 国和印度尼西亚等；以及一个世界其余国家）的 18 个产业（农业、制造业和服务业）。

2. 欧盟世界投入产出数据库①（The World Input – Output Database, WIOD）

该数据库由欧盟 2009 年投入 400 万欧元建立，覆盖了 27 个欧盟成员和 13 个主要国家 1995—2011 年的投入产出序列，其中涵盖 35 个产业与 59 种产品。

3. 美国全球贸易分析数据库（Global Trade Analysis Project, GTAP）②

该数据库 1992 年由美国普渡大学（Purdue University）和 27 个国际机构参与开发。在整套 GTAP 系统中，最核心也最有价值的部分是 GTAP 定期提供的全球贸易资料库，该资料库包括双边的贸易资料、国际贸易往来所需的运输，以及各种形式的贸易保护政策资料，并以单个国家的投入产出表资料为基础，编制国家间投入产出表来呈现各部门与各区域间的联系。GTAP 的数据经过不断拓展，2012 年 3 月公布的 GTAP 数据库第 8 版已包括 129 个地区和 57 个产业。

4. 日本投入产出数据库

该数据库由日本亚洲经济研究所设立，覆盖 10 个亚洲国家和地区。根据统计结果，2011 年联合世界贸易组织出版了《东亚贸易模式和全球价值链》的报告，引起各方关注。

5. EORA（Lenzen et al., 2013）③

该数据库由 Lenzen 等学者建立，旨在构建包含所有国家及其详细部门的多区域投入产出表（Multi – Region IO, MRIO）账户，并且进行持续更新。目前该数据库提供 187 个国家配套的环境和社会卫星账户，共涉及

---

① 世界投入产出数据库：http://www.wiod.org/new_site/home.htm。

② 美国全球贸易分析数据库：https://www.gtap.agecon.purdue.edu/。

③ EORA 数据库：http://worldmrio.com/。

15909 个部门，时间序列从 1990—2011 年（卫星账户到 2010 年）。

6. 其他数据库

除前面提到的 5 个数据库之外，还有其他一些数据库也提供了 MRIO 表，例如 GRAM（Giljum et al.，2008），建立了以货币为核心的 MRIO 模型（将来自 OECD 的 IO 表和双边贸易数据联系在一起），旨在评估贸易产品的间接物质流（测算它们的原料当量），从而能够从全球视角计算和分析以物质流为基础的指标。另外，数据库 EXIOPOL/CREEA（Tukker et al.，2013）和 GLIO（Nansai et al.，2009）则是环境扩展的 MRIO。

（四）中国贸易增加值数据的国际比较研究

根据关于贸易增加值核算的统计方法与现有数据，不少学者对中国的增加值数据与国际比较展开了研究。

1. 中国的贸易增加值核算

中国贸易增加值核算主要可以分为两部分：（1）由商务部发起的官方研究，包括国际组织对中国出口增加值的核算（这一内容在“中国外贸统计发展”中进行说明）；（2）学者自行进行的以企业微观数据为基础的研究。

2011—2012 年两年之间，国际组织在中国召开了四次主题与国际贸易或是全球价值链相关的研讨会。① 中国作为世界第二大经济体和贸易大国，“全球化”没有中国的参与就称不上“全球化”，中国是全球价值链上的中心环节之一。由于中国与贸易伙伴之间的贸易数据差异，中国饱受对方对我国巨额顺差的指责，因而中国是对现行国际贸易统计最早发出批判声音和研究如何对之改进的国家之一。这说明，无论政府统计机构，还是统计与贸易学术界，全球价值链以及增加值统计早已受到重视，但是，目前大多数成果还仅停留在理论方面。

中国积极响应国际组织的号召，商务部政策研究室联合海关总署综合统计司、国家统计局国民经济核算司、国家外汇管理局国际收支司于

① 四次研讨会：（1）2011 年 9 月 24 日至 28 日，由联合国统计司和国家统计局联合召开的“国际贸易统计地区研讨会”；（2）2011 年 10 月 18 日在成都，由 WTO 和商务部联合召开“全球化背景下的制造与贸易：全球价值链及其影响”研讨会；（3）2012 年 5 月在北京，由 OECD 和商务部联合召开“全球价值链中服务贸易与服务贸易政策支持”研讨会；（4）2012 年 9 月 19 日至 20 日，中国商务部与 WTO、OECD 和联合国贸易与发展会议，在北京饭店联合举办“全球价值链国际研讨会”。

2012 年 5 月联合开展“全球价值链与国际贸易利益关系”课题研究。课题组的主要目标是通过分析比对相关国际组织和学术机构的相关数据库的经验，以数据综合处理展示平台建设方式，使全球价值链与贸易增加值研究更加快捷、更为直观，在教育和学术界推广国际贸易这一新的理论探索和实践应用。“全球价值链与中国贸易增加值核算数据库”先期在商务部政策研究室与海关总署综合统计司、国家统计局国民经济核算司、国家外汇管理局国际收支司等相关部门内共享使用，成熟运转后向高等院校、研究机构、社会公众等发布和宣传研究成果，并在适当时机考虑同步纳入 OECD/WTO 全球价值链与贸易增加值数据库（TiVA）。全球价值链下的国际贸易增加值核算方式对货物和服务在不同贸易伙伴之间的增加值进行跟踪，主要考虑贸易伙伴出口货物和服务中的国内贸易增加值部分，很大程度避免了重复计算。通过考察贸易增加值的进出口，可以重新评估贸易伙伴之间贸易失衡、与贸易相关的就业流向、与贸易相关的国际竞争力、与贸易相关的碳排放与转移、推动贸易自由化投资便利化以及促进国内经济结构调整与升级等问题，进而为多边贸易体制建设和双边贸易投资政策制订提供科学合理的改进建议。①

目前课题组已陆续撰写完成系列研究报告：全球价值链与中国出口增加值中期研究报告（2012 年 9 月）；全球价值链与贸易增加值核算初步报告（2013 年 6 月）；全球价值链与中国贸易增加值核算研究报告（2013 年度）（2013 年 9 月）；全球价值链与中国贸易增加值核算研究报告（2014 年度）（2014 年 9 月）。② 报告中主要以美国、欧盟、东盟、韩国、日本、印度 6 个经济体作为中国的主要贸易伙伴进行研究。因此，目前中国的增加值统计仅限于方法研究或是小范围学术成果讨论，在全国范围内推广还需要长时间的调整优化。

还有学者尝试通过中国企业的微观数据对中国出口贸易增加值进行核算，主要有高敏雪和葛金梅（2013）、郑丹青和于津平（2014）等学者。高敏雪和葛金梅（2013）试图从企业生产增加值出发，尝试在企业生产增加值与贸易增加值之间建立关联，并根据现有企业微观数据对中国出口贸易增加值进行核算。郑丹青和于津平（2014）在高敏雪和葛金梅

① 全球价值链与中国贸易增加值核算数据库，http：//gvc. mofcom. gov. cn/gvc/index. shtml。

② 《全球价值链与中国贸易增加值核算研究报告》（2014 年度）。

（2013）的基础之上，又结合库普曼等（2014）对一国总出口的分解方法来获得企业出口贸易增加值的数据，并且通过模型对中国出口贸易增加值率及其影响因素进行测算和分析。

2. 国际比较

根据使用的数据来源的不同，可将国际比较主要分为两类：（1）使用 OECD – WTO 数据；（2）使用 WIOD 数据库。OECD – WTO 数据库相较于 WIOD 使用并不是那么广泛，因此，基于 WIOD 数据库的研究更为丰富。

赵登峰等（2014）利用 OECD – WTO 数据库中 6 国 18 个行业两个年份的增加值数据计算了 $GVC\_Position_{ir}$ 以及 GVC_TF_{ir}，数据见表 2 – 6 与表 2 – 7。2005 年和 2009 年中国在全球价值链中的位置指数分别为 – 0.95 和 – 0.62，说明中国出口产业整体处于全球价值链的下游位置，但明显在向价值链上游攀升（2005—2009 年，该指标数值有所上升），并且超过了韩国与德国。美国和日本的位置指数均为正值，说明美日处于全球价值链上游，是全世界中间品出口的主要国家。韩国和墨西哥的位置指数为负值，与中国在全球价值链中的地位相似，是全球中间品的主要净进口国。需要说明的是，作为制造业大国的德国，其负的位置指数可能是由于德国在欧盟成员国内的大量内部贸易造成的。

表 2 – 6　　2005 年及 2009 年六国十八行业 $GVC\_Position_{ir}$

国家	中国		日本		韩国		德国		美国		墨西哥	
年份	2005	2009	2005	2009	2005	2009	2005	2009	2005	2009	2005	2009
合计	-0.95	-0.62	0.75	0.63	-0.53	-0.67	-0.7	-0.73	0.32	0.41	-0.89	-0.86
农业	-0.51	-0.27	1.47	1.35	-3.08	-3.25	-0.43	-0.61	0.22	0.04	-0.96	-1.11
采矿	-1.26	-1.1	1.01	0.94	-3.37	-3.36	-0.91	-0.25	0.56	0.4	-0.21	-0.22
食品和烟草	-2.43	-2.19	0.77	0.72	0.06	-0.38	-2.16	-2.31	-1.23	-1.61	-3.71	-3.86
纺织	-1.24	-0.94	1.27	1.3	0.12	0.05	-1.87	-1.72	-0.11	-1.06		
木材造纸印刷	-1.7	-1.37	1.23	1.15	0.18	0.12	-0.62	-0.73	0.27	0.13	-2.66	-2.71
化学和矿产	-1.07	-0.85	0.53	0.32	-0.91	-1.42	-1.01	-1.08	-0.16	-0.07	-0.63	-0.61
金属	-0.49	-0.17	0.79	0.49	-0.31	-0.44	-0.52	-0.7	0.63	0.77	-1.01	-1.02
设备制造	-1.06	-0.79	0.34	0.24	-1.16	-1.29	-1.08	-1.15	-0.53	0.14	-1.29	-1.3
电气器材	-1.89	-1.45	0.78	0.64	-0.66	-0.76	-0.45	-0.4	0.84	0.22	-2.3	-2.32

续表

国家	中国		日本		韩国		德国		美国		墨西哥	
年份	2005	2009	2005	2009	2005	2009	2005	2009	2005	2009	2005	2009
运输设备	-1.38	-1.1	-0.75	-0.8	-2.84	-2.93	-1.6	-1.75	-0.74	-0.54	-2.6	-2.46
其他工业和回收	-2.42	-2.02	-0.34	-0.46	-0.41	-0.52	-1.7	-1.56	-0.63	-1.24	-1.38	-1.36
能源及水供应	-2.45	-2.41			-1.86	-2.29	-0.51	-0.13	0.4	0.28	-2.92	-3.11
建筑	-3.13	-2.72			-0.86	-1.19	-0.33	-0.2	0.29	0.33	-2.86	
批发零售和餐饮	-1.1	-0.66	0.83	0.86	-0.4	-0.62	0.14	0.08	1.47	1.52	-2.01	-1.94
运输仓储通信	-2.15	-1.93	0.55	0.49	-1.75	-1.87	-0.79	-0.75	0.39	0.46	-2.18	-2.22
金融业	-1.12	-0.71	1.52	1.33	0.22	-0.11	-0.2	0.26	1.05	0.84	-1.86	-1.91
商务服务	-2.81	-2.17	1.15	1.16	-0.27	-0.43	0.23	0.36	1.26	1.32	-2	-2
其他服务	-2.1	-1.75	0.86	0.79	-0.41	-0.62	0.33	0.58	0.87	1	-1.87	-1.92

说明：表中空白处是因为OECD－WTO数据库中原始数据为0，下表同。

资料来源：赵登峰、牛芳和曹秋静：《中国出口产业在全球价值链中的地位——来自增加值贸易的证据》，《深圳大学学报》（人文社会科学版）2014年第6期。

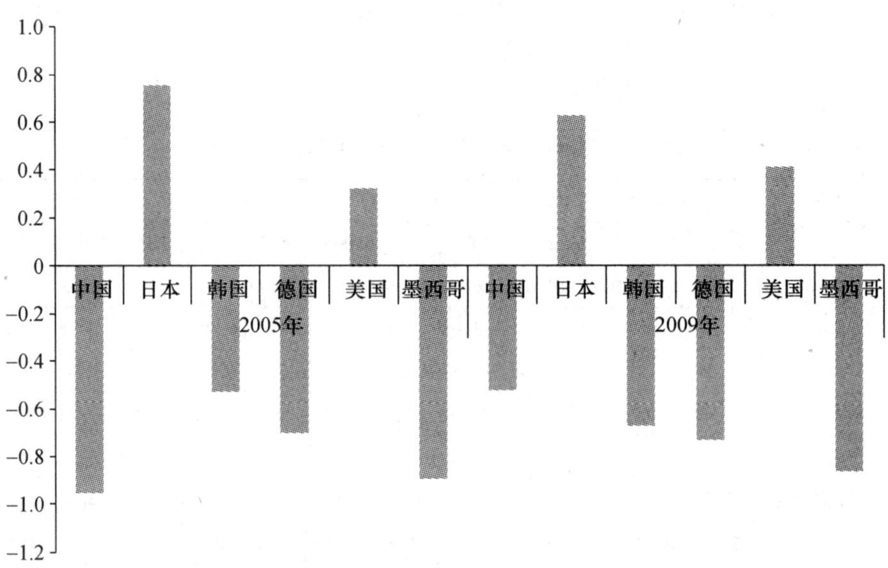

图2－3　2005年及2009年六国全部行业 $GVC\_Position_{ir}$

表2－7显示，从全部行业看，中国、日本、德国和美国的 GVC_TF_{ir} 均为正值，表明中国、日本、德国、美国四国直接出口部门对本国的中间品出口拉动超过了对国外中间品出口拉动，其中美国和日本的国内拉动作用最大，德国和中国次之，而韩国和墨西哥的情况正好相反。说明，相较而言，美国和日本两国在全球价值链分配中获得的利益最多，而韩国和墨西哥最少。

表2－7　　　　2005年及2009年六国十八行业 GVC_TF_{ir}

国家	中国		日本		韩国		德国		美国		墨西哥	
年份	2005	2009	2005	2009	2005	2009	2005	2009	2005	2009	2005	2009
合计	0.15	0.52	1.29	1.17	−0.11	−0.19	0.38	0.43	1.23	1.23	−0.21	−0.12
农业	0.3	0.58	1.69	1.58	0.91	0.63	0.96	0.77	1.32	1.41	0.99	0.85
采矿	−0.42	−0.27	1.5	1.54	0.56	0.36	0.64	1.09	1.43	1.31	0.8	0.76
食品和烟草	0.87	1.14	1.72	1.65	0.93	0.69	0.89	0.83	1.61	1.66	1.13	1
纺织	1.15	1.47	1.3	1.24	0.22	0.2	0.08	0.36	1.31	0.77	0.25	0.41
木材造纸印刷	0.19	0.57	1.7	1.64	0.62	0.54	0.81	0.76	1.67	1.76	0.61	0.56
化学和矿产	−0.12	0.15	0.95	0.76	−0.63	−0.92	−0.04	0	0.83	0.69	0.91	0.97
金属	0.13	0.49	1.12	0.9	−0.07	−0.14	0.07	−0.01	1.17	1.26	0.34	0.34
设备制造	0.11	0.42	1.49	1.4	0.43	0.35	0.54	0.54	1.06	1.11	−0.13	−0.16
电气器材	−0.36	0.13	1.09	1	−0.36	−0.34	0.31	0.5	1.21	0.95	−1.1	−1.07
运输设备	0.2	0.5	1.45	1.37	0.27	0.13	0.39	0.34	0.86	1.02	−0.38	−0.18
其他工业和回收	0.81	1.19	1.34	1.24	0.37	0.34	0.5	0.56	1.31	1.29	−0.14	−0.15
能源及水供应	0	0.04			−0.65	−0.87	0.58	1.21	1.02	0.54	0.86	0.7
建筑	−0.73	−0.18			0.75	0.55	0.99	1.16	1.37	1.4	0.65	
批发零售和餐饮	0.96	1.45	1.71	1.71	1.06	0.85	1.13	1.12	2.05	1.98	0.73	0.81
运输仓储通信	0.02	0.3	1.61	1.55	−0.43	−0.68	0.49	0.63	1.28	1.32	0.95	0.95
金融业	0.47	0.95	2.29	2.25	1.54	1.26	1.09	1.73	2.11	1.96	1.21	1.24
商务服务	−0.28	0.33	2.13	2.11	0.93	0.72	1.13	1.31	2.04	2.01	0.84	0.86
其他服务	−0.07	0.37	1.79	1.68	1.02	0.78	1.05	1.43	1.72	1.86	0.91	0.87

资料来源：赵登峰、牛芳和曹秋静：《中国出口产业在全球价值链中的地位——来自增加值贸易的证据》，《深圳大学学报》（人文社会科学版）2014年第6期。

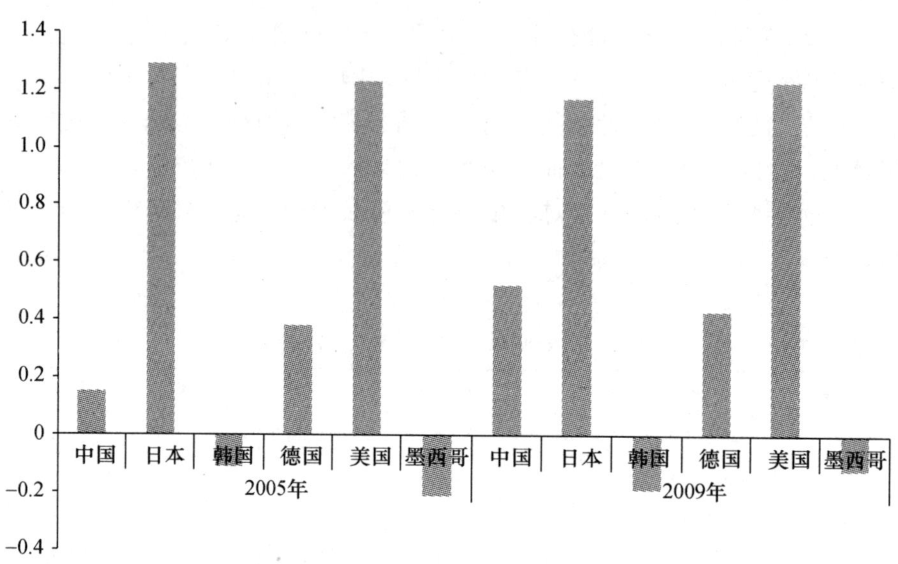

图 2－4　2005 年及 2009 年六国全部行业 GVC_TF_{ir}

除赵登峰等（2014）利用 OECD－WTO 数据库中数据对中国情况进行分析之外，王岚（2014）使用 WIOD 中的投入产出数据和贸易数据测算了 2000 年和 2009 年中国制造业全球价值链参与度与国家分工地位，其测算结果显示，中国制造业整体处于下游位置，但表现出微弱的上升趋势（由－0.05 提升到－0.02）。从制造业各行业看，在中国制造业出口的主导行业中，除了运输设备行业外，其他所有行业都处在全球价值链分工的下游。而且对于电子和光学产品、机械以及运输设备等技术水平较高的产品，我国出现了明显下游化趋势。与之相反，中国传统的出口优势产品，纺织服装以及皮革鞋类的国际分工地位稳步提升，逐渐靠近上游位置。在其他资源型（煤炭炼油、木材、橡胶等）制造业部门中，中国则处在国际价值链分工中的上游位置，而且上游化趋势明显。这说明，在制造业中中国逐渐开始成为原材料的提供国。

闫云凤（2015）使用 WIOD 数据对中国、日本、韩国三国从增加值贸易角度测算和比较了贸易趋势与结构特征，以了解三国在全球价值链中的地位和作用。研究结果表明，中国增加值贸易在全球贸易中的地位逐年上升，而日本逐渐下降，韩国趋势稳定。中国和韩国进口大量中间品加工后再出口，出口中属于本国的增加值较少，而日本出口中的本国增加值较多。并且，根据数据对2011年三国35个部门的增加值出口和海关出口进行分析，结果表明，三国的“电气和光学设备制造业”以及日韩两国的“运输设备制造业”是重点出口行业，但增加值出口占比远小于海关出口，说明这两个行业的中间品贸易占有很大比例，出口中包含了大量的国外增加值。

上述分析表明，中国在全球价值链中的位置正在向价值链的上游转移。虽然加工业并未从我国大规模撤出，但是对其加工产品进行考察可以发现，加工的产品正逐渐在向附加值较高、技术含量较高的产品转移。

三　中国外贸统计发展

随着全球经济一体化进程的不断深入，一国想要更好地了解本国国际贸易现实，传统的外贸统计法已经不能满足各部门需求，促使国际组织和各国政府采纳新的贸易统计方法——增加值统计，从而更好地展现一国的外贸状况，以了解本国在全球价值链中的地位，以及今后发展的方向。接下来，我们将对中国目前外贸统计的发展状况进行梳理，进而为中国引入新体系提供合理的参考。

对外贸易统计是中国国民经济统计的重要组成部分（国家统计局贸易外经司，2002）。由于特定的历史条件，我国新中国成立后曾经形成两种平行的外贸统计体系：海关统计和外贸业务统计（贾怀勤，1986）。

海关统计（Customs statistics）是由中国海关收集和编制的中国进出口货物贸易统计，是中国国民经济统计的组成部分，也是研究中国对外经济贸易发展及国际经济贸易关系的重要资料（海关总署综合统计司，2002）。海关统计客观反映了我国对外贸易和海关依法行政过程和结果。①

外贸业务统计是对外贸业务活动情况进行统计调查和统计分析，准确、及时、全面地反映外贸的实际情况，监督和检查计划执行情况，为各级领导和有关单位了解情况、制定政策、指导工作、编制计划和加强经营管理提供统计资料。外贸业务统计，是新中国学习苏联外贸经营管理体制的经验建立的（贾怀勤，1986），说明外贸业务统计具有为计划经济服务的特性。

① 中国海关统计介绍，http：//www. customs. gov. cn/Default. aspx? tabid＝3806。

（一）中国外贸统计发展历程

从海关统计建立至今，我国的外贸统计是一个从海关统计转向外贸业务统计，最后重新回到海关统计的过程。因此，将其分为三个阶段：（1）新中国建立之前；（2）1949—1979 年；（3）1980 年至今。

1. 新中国建立之前

我国近代海关始于 1859 年，采用西方海关管理方法管理海关，并进行外贸统计（贾怀勤，1986）。至新中国成立前夕，中国海关已有近百年进出口货物的完整统计资料（海关总署综合统计司，2002）。

2. 1949—1979 年

新中国成立后，海关统计经过改革延续下来，中央人民政府成立海关总署，由海关总署统计处负责具体工作。最初几年，国家发布的外贸统计数字都是由海关提供的（贾怀勤，1986）。

1953 年，鉴于我国当时的外贸状况，开始建立外贸业务统计。由于外贸业务统计更为适合我国这一时期高度集中的外贸计划体制和外贸经营管理体制，外贸业务统计成为制订外贸计划的基本依据和监督、检查计划执行情况的工具。而海关统计的作用逐渐不显著，在“文化大革命”期间，被以同外贸业务统计重复为由停止编制（国家统计局贸易外经司，2002；海关总署综合统计司，2002）。

3. 1980 年至今

1980 年，国家统计局和对外贸易部联合颁布的《中华人民共和国海关统计制度》及其实施细则开始执行，恢复了海关进出口统计。与此同时，经国务院批准，自 1981 年起，中国对外正式公布年度进出口贸易数据使用海关数字，从而海关统计成为我国的官方统计。1982 年，国家统计局同意海关总署定期公布海关进出口统计资料（国家统计局贸易外经司，2002；海关总署综合统计司，2002）。

此后的十多年时间仍保留了外贸业务统计，形成了外贸业务统计与海关进出口统计并存公布的格局。由于两套数据差异很大，1986 年和 1989 年，国务院两次明确全国进出口数据以海关统计为宜；1995 年起，外经贸部虽仍保持其外贸进出口业务统计，但停止对外公布其数据（国家统计局贸易外经司，2002）。随着外贸业务统计局限性的日益明显，1998 年，国务院决定取消外贸业务统计，我国的货物贸易统计由此专注于采用更加客观、准确和符合国际惯例的海关统计制度，进出口统计实现双轨并一，从而二者并存的格局被打破。

目前，海关数据可获取的途径较多。海关总署按月通过新闻媒介发布中国对外贸易基本统计数据，月度初步数字在月后 10 日发布，月度详细数字可在月后 21 日后提供，法定节假日顺延。统计刊物有《中国海关统计》月刊、《中国海关统计年鉴》、《中国对外贸易指数》月刊、《进出口贸易动态分析》季刊等。[①] 此外，还可通过国家统计局公布的相关资料获取有关数据，如国家统计局网站、《中国统计年鉴》、《中国贸易外经统计年鉴》等。

（二）中国外贸现状

一国的对外贸易可分为货物贸易和服务贸易[②]（本专题重点在货物贸易），货物的进出口数额（见表 2－8）是最直接反映外贸现状的数据。然而若想衡量一个国家（或地区）国民经济外向程度大小，衡量一国贸易开放程度，同时反映一国与国际市场联系程度，则需要另一个指标，即外贸依存度（孟镶，2008）。

外贸依存度（Ratio of Dependence on Foreign Trade，RDFT），又称外贸系数、外贸率、外贸贡献度和经济开放度，是用一国进出口贸易总额在其国内生产总值中所占比重来表示一国国民经济对进出口贸易的依赖程度（张素芳、房剑，2006）。货物贸易分为进出口，外贸依存度也分为进口依存度与出口依存度。

普遍认可的外贸依存度公式为：

$$\text{外贸依存度}=\frac{\text{进出口总额}}{\text{GDP}}\times 100\% \tag{2-15}$$

$$\text{出口外贸依存度}=\frac{\text{出口总额}}{\text{GDP}}\times 100\% \tag{2-16}$$

$$\text{进口外贸依存度}=\frac{\text{进口总额}}{\text{GDP}}\times 100\% \tag{2-17}$$

外贸依存度 = 出口外贸依存度 + 进口外贸依存度

在实际工作中，人们更为重视出口外贸依存度，因为出口额比进口额更能如实反映一国经济发展的水平和参与国际分工的程度，而且可以避免

① 中国海关统计介绍，http：//www. customs. gov. cn/ Default. aspx？ tabid = 3806。

② 2010 年 8 月 1 日新版《国际服务贸易统计制度》在我国正式实施，但我国服务贸易的统计远没有货物贸易完善，服务贸易严重依赖申报制度。

进出口贸易值的重复计算。出口外贸依存度更强调对经济发展的带动作用（孟镶，2008；隆国强，2000）。

使用公认的外贸依存度计算公式（2－15）式、（2－16）式、（2－17）式，计算中国自1978—2013年的外贸依存度、进口外贸依存度、出口外贸依存度，结果见表2－8。表中数据显示，中国的外贸依存度在2006年达到了顶峰，外贸依存度为64.77%（出口依存度35.65%，进口依存度29.12%），当年中国的外贸出口对拉动国民经济的贡献率达到35.65%。其后至2013年，外贸依存度虽有所下降，但数值仍较高。此外，我国的贸易顺差在2008年达到峰值（20868.41亿元），虽然至2011年间有所回落，2012—2013年贸易顺差又出现明显的增大。

表2－8　　1978—2013年中国进出口数额及外贸依存度　　单位：亿元、%

年份	进出口总额	出口总额	进口总额	进出口差额	外贸依存度	出口外贸依存度	进口外贸依存度
1978	355.00	167.60	187.40	－19.80	9.73	4.59	5.13
1979	454.60	211.70	242.90	－31.20	11.18	5.20	5.97
1980	570.00	271.20	298.80	－27.60	12.52	5.96	6.56
1981	735.30	367.60	367.70	－0.10	15.01	7.50	7.51
1982	771.30	413.80	357.50	56.30	14.46	7.76	6.70
1983	860.10	438.30	421.80	16.50	14.39	7.33	7.06
1984	1201.00	580.50	620.50	－40.00	16.62	8.03	8.59
1985	2066.70	808.90	1257.80	－448.90	22.86	8.95	13.91
1986	2580.40	1082.10	1498.30	－416.20	25.03	10.50	14.53
1987	3084.20	1470.00	1614.20	－144.20	25.48	12.15	13.34
1988	3821.80	1766.70	2055.10	－288.40	25.31	11.70	13.61
1989	4155.90	1956.10	2199.90	－243.80	24.32	11.45	12.87
1990	5560.10	2985.80	2574.30	411.50	29.62	15.90	13.71
1991	7225.80	3827.10	3398.70	428.40	33.00	17.48	15.52
1992	9119.60	4676.30	4443.30	233.00	33.69	17.28	16.42
1993	11271.00	5284.80	5986.20	－701.40	31.73	14.88	16.85
1994	20381.90	10421.80	9960.10	461.70	42.06	21.51	20.55

续表

年份	进出口总额	出口总额	进口总额	进出口差额	外贸依存度	出口外贸依存度	进口外贸依存度
1995	23499.90	12451.80	11048.10	1403.70	38.44	20.37	18.07
1996	24133.80	12576.40	11557.40	1019.00	33.72	17.57	16.15
1997	26967.20	15160.70	11806.50	3354.20	33.95	19.09	14.86
1998	26849.70	15223.60	11626.10	3597.50	31.63	17.93	13.70
1999	29896.20	16159.80	13736.40	2423.40	33.15	17.92	15.23
2000	39273.20	20634.40	18638.80	1995.60	39.36	20.68	18.68
2001	42183.60	22024.40	20159.20	1865.20	38.25	19.97	18.28
2002	51378.20	26947.90	24430.30	2517.60	42.46	22.27	20.19
2003	70483.50	36287.90	34195.60	2092.30	51.61	26.57	25.04
2004	95539.10	49103.30	46435.80	2667.50	59.45	30.55	28.89
2005	116921.80	62648.10	54273.70	8374.40	62.90	33.70	29.20
2006	140974.00	77597.20	63376.86	14220.30	64.77	35.65	29.12
2007	166863.70	93563.60	73300.10	20263.50	62.26	34.91	27.35
2008	179921.47	100394.94	79526.53	20868.41	56.80	31.70	25.11
2009	150648.06	82029.69	68618.37	13411.32	43.59	23.73	19.85
2010	201722.15	107022.84	94699.30	12323.54	49.33	26.17	23.16
2011	236401.99	123240.60	113161.40	10079.20	48.83	25.46	23.37
2012	244160.21	129359.25	114800.96	14558.29	45.71	24.22	21.49
2013	258168.89	137131.43	121037.46	16093.98	43.90	23.32	20.58

说明：进出口数据来源于海关总署；1978 年为外贸业务统计数；1980 年起为海关进出口统计数。

资料来源：国家统计局网站。

中国外贸依存度的高比例引起学者们的关注。早在 2001 年 10 月，中国社会科学院召开的经济形势分析与预测座谈会上，刘国光教授就提出，不可一味追求过高的外贸依存度，应适当降低中国的外贸依存度（沈利生，2003）。可见，刘国光教授认为这一比例过高且弊大于利。吴念鲁（2002）、隆国强（2000）则从另一角度出发，认为中国的外贸依存度并不高，并且指出若干可能影响外贸依存度高估的因素，但并没有给出中国的外贸依存度究竟是多少。傅钧文（2004）从外贸依存度出发，分析了中国外贸中存在的结构性问题。

还有不少学者开始质疑外贸依存度计算公式中分子分母的合理性，并且试着通过对分子分母内容的修正，重新估算外贸依存度。沈利生（2003）考虑的是对分母的修正，用以“总产出 + 进口”① 为定义的经济活动总量代替 GDP，经济活动总量的内涵是国内产品的活动量与进口产品（即国外产品）的活动量之和。由此，改变（2 – 15）式中的分母后，所求得的含义就变为经济活动中与外贸有关的部分有多大。许统生和黄彦（2003）对公式的修正较为复杂，在引入服务贸易之后，还考虑了经济规模、贸易形势和汇率，使用购买力平价法计算的 GDP 作为分母，对外贸依存度进行比率修正。张素芳和房剑（2006）在研究前期成果基础上，对修正比率进行改进，将比率中的 GDP 替换为总活动，同样考虑服务贸易，从而得到有别于许统生和黄彦（2003）修正的外贸依存度。

表 2 –9 中展示了两种修正方法计算的外贸依存度以及原外贸依存度，通过对比发现两者之间拥有相似的变化趋势，但是就数值来看，修正后的外贸依存度小很多。两种修正方法计算出来的外贸依存度也存在一定的差异。可见，对外贸依存度数值问题，各位学者仁者见仁，智者见智，但是有一点是可以明确的，现今不少学者并不认为我国实际外贸依存度过高。

表 2 –9　修正后的外贸依存度与原外贸依存度的对比　单位:%

年份	修正后的外贸依存度 1	修正后的外贸依存度 2	原外贸依存度
1987	11. 3	15. 22	25. 48
1988	10. 5	15. 13	25. 31
1989	9. 9	14. 85	24. 32
1990	12. 4	17. 06	29. 62
1991	12. 6	18. 89	33. 00
1992	12. 5	17. 76	33. 69
1993	11. 8	16. 42	31. 73
1994	15. 5	20. 68	42. 06
1995	14. 4	18. 63	38. 44
1996	12. 7	16. 40	33. 72

① 总产出 + 进口 = 国内产品中间投入 + 消费 + 投资 + 出口 + 进口。

续表

年份	修正后的外贸依存度1	修正后的外贸依存度2	原外贸依存度
1997	12.7	16.82	33.95
1998	12.2	16.10	31.63
1999	12.8	16.95	33.15
2000	15.2	20.10	39.36
2001	15.1	19.57	38.25
2002		21.32	42.46
2003		24.56	51.61
2004		26.75	59.45

说明：原文中给出了货物外贸依存度、服务外贸依存度和整体依存度，由于此外只涉及货物外贸依存度，因此只选用货物外贸依存度数据。

资料来源：修正后的外贸依存度1来自沈利生（2003）；修正后的外贸依存度2来自张素芳和房剑（2006）；原外贸依存度见表2-8。

（三）国际组织（OECD）对中国出口数据的细分

OECD对贸易增加值的研究起步较早，表2-10和表2-11给出了1995年、2000年、2005年、2008年以及2009年5个年份中中国向世界各地出口总额的具体细分。通过两表数据分析可以发现，国外增加值部分在2008年之前基本可以判断是逐年增长的。目前的数据中，2005年国外增加值在出口中的占比高达36.39%，根据当时中国的经济状况以及外贸出口状况，这一占比在2006—2007年间只会更高而不会降低。之后，2008年全球金融危机，使得中国整个外贸出口状况惨淡，即使如此，国外增加值仍然占三成以上。由此可以看出，直接使用外贸进出口数据作为衡量中国外贸状况以及对外贸易的不平衡是不合理的，为了改进这一问题，增加值统计有必要尽快引入贸易统计。

表2-10　　1995—2009年中国出口总额细分1　　单位：百万美元

年份	出口总额	隐含的本国增加值	本国直接增加值	本国间接增加值	本国增加值再进口	国外增加值
1995	141474.70	124687.80	49075.20	75432.80	179.80	16786.80
2000	268465.80	217957.00	80588.00	136761.20	607.80	50508.80
2005	804375.30	511702.50	192928.90	311820.80	6952.80	292672.80

续表

年份	出口总额	隐含的本国增加值	本国直接增加值	本国间接增加值	本国增加值再进口	国外增加值
2008	1525635.60	1018081.00	376264.30	624537.80	17278.80	507554.70
2009	1283964.20	864983.60	305542.50	545354.70	14086.40	418980.60

资料来源：OECD 数据库，http：//stats. oecd. org/Index. aspx? DataSetCode = TIVA_ OECD_ WTO#。

表 2-11　　1995—2009 年中国出口总额细分 2　　单位：%

年份	出口总额	隐含的本国增加值	本国直接增加值	本国间接增加值	本国增加值再进口	国外增加值
1995	100.00	88.13	34.69	53.32	0.13	11.87
2000	100.00	81.19	30.02	50.94	0.23	18.81
2005	100.00	63.61	23.98	38.77	0.86	36.39
2008	100.00	66.73	24.66	40.94	1.13	33.27
2009	100.00	67.37	23.80	42.47	1.10	32.63

资料来源：OECD 数据库，http：//stats. oecd. org/Index. aspx? DataSetCode = TIVA_ OECD_ WTO#。

（四）中国外贸统计存在的问题

20 世纪 80 年代，在海关统计和外贸业务统计并存局面下，学者们的关注重点大多集中在两者的比较，如程达才（1984）、贾怀勤（1986）、王三谦（1987）等；至 90 年代，外贸业务统计的不足逐渐凸显，学者们的研究重点放在探讨外贸统计的改革。贾怀勤（1996）从职能定位和工作配合提出实现通关数据互享，为外贸统计分析服务，并且提出两个转变："以调查为主向以分析为主的转变"和"由注重规模向注重效益转变"。

经过二三十年的发展，之前的外贸统计中存在的问题有些已经彻底解决（如不存在"数出多头"的现象），有些还未解决（国际可比性仍存在部分问题）。当前，在全球化大背景下，外贸统计问题依然广受关注，并且在新的经济形势和国际环境下涌现了一些新问题，主要集中在以下几个方面：

1. “原产地”规则问题

进出口贸易货物的原产地，是指作为商品而加入国际贸易流通的货物来源地，即商品的生产地（通常是指国家、地区）。各国对于原产地问题予以高度重视，是因为原产地在国际贸易管理中具有十分重要的地位和作用。这主要表现在：（1）原产地是实行差别关税待遇的基础；（2）原产地是实行贸易歧视的重要工具；（3）原产地是执行双边、多边贸易条约、协定的客观要求；（4）为执行歧视性的政府采购政策提供依据。薛荣久等（1998）曾指出，原产地规则对当时中国外贸发展的真实情况进行了扭曲，使得在全球化的背景下，中国对外贸易的发展没有得到真实的反映。

2. 跨境交易问题

跨境交易问题的本质就是属地原则，即以是否跨越关境作为衡量国内和国际贸易的标准（李成钢，2008）。外商直接投资（Foreign Direct Investment，FDI）的发展、中间交易的增加以及加工贸易的出现，对以是否跨越关境作为衡量国内和国际贸易的标准提出了挑战。

3. 统计口径问题

中美贸易失衡问题一直都是国内外经济学者关注的焦点。Fung（1998）、Fung 和 Lau（1998、2001、2003）、Fung 等（2006）以及 Feenstra 等（1998）研究发现，中国统计出口时采用离岸价格（Free on Board，FOB）[①]、进口采用到岸价格（Cost Insurance and Freight，CIF）[②]，而美国统计出口时采用 FAS（Free Alongside Ship）价格[③]、进口采用 FOB 价格，两国统计口径的不一致对贸易失衡有重大影响。并且，两国对转口贸易的不同处理也导致了中美之间贸易失衡问题（林玲等，2014）。

4. 统计方法问题

在对统计口径进行一致调整情况下，还需要对统计方法进行合理的调整，这是一个综合性的问题。现阶段的全值统计已经不能满足当前对国家外贸状况的了解，尤其在加工贸易、转口贸易等不断发展的情况下，出口

① FOB 价格 = 生产/采购成本价 + 国内费用 + 净利润。

② CIF 价格 = FOB 价格 + 国外运费 + 国外保险费。

③ FAS（Free Alongside Ship）是国际贸易术语之一，对其规定如下：“船边交货（……指定装运港）”是指卖方在指定的装运港将货物交到船边，即完成交货。买方必须承担自那时起货物灭失或损坏的一切风险。

的产品可能是最终产品也可能是中间产品，并且还有可能作为中间产品重新被进口，这一系列情况均对我国现阶段的外贸统计方法提出了挑战。

（五）改善中国外贸统计的建议

中国外贸统计中存在的问题在国际上大部分国家均存在，理论上看，需要通过国际组织统一协调，在实际操作中各国有关部门密切配合，才可能真正实现。

1. 调整对现有统计体系

在中国，货物贸易数据的采集、整理和发布由海关系统实施，其本身趋于完善，对国际组织每一次指导文件的修订都能较为及时地跟进。海关统计作为货物贸易统计的基础数据，其使用方式分为两种：一种是将其直接作为投入品生产，进行经贸规律研究和政策制订与评估，其使用者可能是不同层次的政府机构、大学和研究机构、企业与金融机构；另一种是将其作为原产品进一步加工成不同口径的贸易统计数据，这类工作由中央政府的其他部委来做，如国家外汇管理局使用海关数据编制国际收支平衡表，商务部对海关数据做进一步整理后向有关政府使用者和国际组织提供，等等。因此，我们所要做的是对现行统计体系做进一步的调整与修正，而不应该直接抛弃。

首先，大力完善我国原产地规则。具体涉及：（1）统一国家出口原产地管理机构；（2）修订原产地规则，在提高自产部分比率的同时，制订标准更高、有利于我国外贸发展的原产地规则，防止外国企业利用来华直接投资规避我国原产地规则；（3）严格执行原产地规则，规范对出口货物原产地证的发放等管理，加强对出口原产地证书查验，避免含中国原材料成分很低的产品以“中国原产”出口而全额计入中国出口额，人为地扩大贸易顺差。

其次，加强中国海关与港澳地区、美欧国家海关及相关部门的协作，解决统计口径不一致的问题。一方面，建议特区政府统计处在条件允许的情况下增设一些有助于了解中国大陆、中国香港和美国转口贸易的统计指标。另一方面，针对转口贸易等第三方贸易导致的统计偏差，加强与美国、欧盟海关的协调，争取建立双边或多边贸易统计协调机制。

最后，为避免加工贸易、货物再出口或再进口等极易扭曲一国外贸状况的情况，海关统计中应推动增加值统计。对货物的进出口登记不再仅是登记其价值，而需要对货物的来源、去向等均进行登记，海关应在《中华人民共和国海关进出口货物报关单填制规范》中明确要求各个企业提供过关物品相关的详细资料，从而便于海关对相关数据的整理。

2. 建立辅助体系

李月芬（2006）、姚枝仲和刘仕国（2006）、贾怀勤（2006）等学者均提出，中国应建立以所有权为基础的贸易差额统计体系。但是我们认为，现有体系不可抛弃，可另建立以所有权为基础用以反映资本跨国流动的统计体系，作为现有外贸统计体系的补充。这样，跨境交易问题即从“属地”原则转向“属权”原则。

整体来看，完善外贸统计体系应该从两方面着手：一方面保留现有海关统计的货物贸易部分内容；另一方面，补充以所有权为基础的外贸统计体系。具体来说：

（1）确立以属权为中心的核算规则；

（2）统计上由各国间相互合作，进行以属权为中心的数据核算；

（3）统计方面外资和外贸完全独立；

（4）剔除加工贸易作为货物贸易的统计项目，计入服务贸易项目。

参考文献

[1] Daudin, G., Rifflart, C. and Schweisguth, D., "Who Produces for Whom in the World Economy?". *Canadian Journal of Economics/Revue Canadienne D'économique*, Vol. 44, No. 4, 2011, pp. 1403 – 1437.

[2] Feenstra, R. C., Hai, W., Woo, W. T. and Yao, S., "The US – China Bilateral Trade Balance: Its Size and Determinants". NBER Working Paper, 1998.

[3] Fung, K. C., "Accounting for Chinese trade: some national and regional considerations". *Geography and ownership as bases for economic accounting*. Chicago: University of Chicago Press, 1998, pp. 173 – 204.

[4] Fung, K. C. and Lau, L. J., "The China – United States Bilateral Trade Balance: How Big is It Really?". *Pacific Economic Review*, Vol. 3, No. 1, 1998, pp. 33 – 47.

[5] Fung, K. C., Lau, L. J. and Xiong, Y., "Adjusted Estimates of United States – China Bilateral Trade Balances: An Update". *Pacific Economic Review*, Vol. 11, No. 3, 2006, pp. 299 – 314.

[6] Fung, K. and Lau, L. J., "New Estimates of the United States - China Bilateral Trade Balances". *Journal of the Japanese and International Economies*, Vol. 15, No. 1, 2001, pp. 102 - 130.

[7] Fung, K. and Lau, L. J., "Adjusted Estimates of United States - China Bilateral Trade Balances: 1995—2002". *Journal of Asian Economics*, Vol. 14, No. 3, 2003, pp. 489 - 496.

[8] Gereffi, G., "Beyond the Producer - driven/Buyer - driven Dichotomy the Evolution of Global Value Chains in the Internet Era". *IDS Bulletin*, Vol. 32, No. 3, 2001, pp. 30 - 40.

[9] Gereffi, G. and Korzeniewicz, M., *Commodity Chains and Global Capitalism.* ABC - CLIO, 1994.

[10] Giljum, S., Lutz, C. and Jungnitz, A., "The Global Resource Accounting Model (GRAM). A Methodological Concept Paper". Vienna, Austria: Sustainable Europe Research Institute (SERI), 2008.

[11] Hummels, D., Ishii, J. and Yi, K., "The Nature and Growth of Vertical Specialization in World Trade". *Journal of International Economics*, Vol. 54, No. 1, 2001, pp. 75 - 96.

[12] Humphrey, J. and Schmitz, H., "How Does Insertion in Global Value Chains Affect Upgrading in Industrial Clusters?". *Regional Studies*, Vol. 36, No. 9, 2002, pp. 1017 - 1027.

[13] Kaplinsky, R. and Morris, M., *A Handbook for Value Chain Research.* IDRC Canada, 2001, 113.

[14] Koopman, R., Powers, W., Wang, Z. and Wei, S., "Give Credit Where Credit is Due: Tracing Value Added in Global Production Chains". NBER Working Paper, 2010.

[15] Koopman, R., Wang, Z. and Wei, S., "Tracing Value - Added and Double Counting in Gross Exports". *The American Economic Review*, Vol. 104, No. 2, 2014, pp. 459 - 494.

[16] Lenzen, M., Moran, D., Kanemoto, K. and Geschke, A., "Building EORA: A Global Multi - Region Input - Output Database at High Country and Sector Resolution". *Economic Systems Research*, Vol. 25, No. 1, 2013, pp. 20 - 49.

[17] Maurer, A. and Degain, C., "Globalization and Trade Flows: What You See is Not What You Get!". *Journal of International Commerce, Economics and Policy*, Vol. 3, No. 03, 2012.

[18] Nansai, K., Kagawa, S., Kondo, Y., Suh, S., Inaba, R. and Nakajima, K., "Improving the Completeness of Product Carbon Footprints Using a Global Link Input - Output Model: The Case of Japan". *Economic Systems Research*, Vol. 21, No. 3, pp. 267 - 290, 2009.

[19] Teece, D. J., Pisano, G. and Shuen, A., "Dynamic Capabilities and Strategic Management". *Strategic Management Journal*, Vol. 18, No. 7, 1997, pp. 509 - 533.

[20] Tukker, A., de Koning, A., Wood, R., Hawkins, T., Lutter, S., Acosta, J., Rueda Cantuche, J. M., Bouwmeester, M., Oosterhaven, J., Drosdowski, T. and Kuenen, J., "EXIOPOL - Development and Illustrative Analysis of a Detailed Global MR EE SUT/IOT". *Economic Systems Research*, Vol. 25, No. 1, 2013, pp. 50 - 70.

[21] United Nations Industrial Development Organization, *Industrial Development Report 2002/2003: Competing through Innovation and Learning*. UNIDO publication, 2002.

[22] 陈柳钦：《有关全球价值链理论的研究综述》，《重庆工商大学学报》（社会科学版）2009 年第 6 期。

[23] 程达才：《海关统计与外贸业务统计有什么区别》，《统计》1984 年第 5 期。

[24] 池仁勇、邵小芬、吴宝：《全球价值链治理、驱动力和创新理论探析》，《外国经济与管理》2006 年第 3 期。

[25] 傅钧文：《外贸依存度国际比较与中国外贸的结构型风险分析》，《世界经济研究》2004 年第 4 期。

[26] 高敏雪、葛金梅：《出口贸易增加值测算的微观基础》，《统计研究》2013 年第 10 期。

[27] 国家统计局贸易外经司：《贸易统计五十年》，《中国统计》2002 年第 10 期。

[28] 海关总署综合统计司：《中国海关统计 50 年》，《统计研究》2002 年第 7 期。

［29］贾怀勤：《海关统计和外贸业务统计——两种平行存在的外贸统计体系》，《国际贸易问题》1986 年第 5 期。

［30］贾怀勤：《在地贸易统计还是属权贸易统计？——FDI 对传统贸易统计的颠覆及其对策》，《统计研究》2006 年第 2 期。

［31］李成钢：《全球化背景下完善外贸统计规则的思考》，《北方经济》2009 年第 17 期。

［32］李平、狄辉：《产业价值链模块化重构的价值决定研究》，《中国工业经济》2006 年第 9 期。

［33］李昕、徐滇庆：《中国外贸依存度和失衡度的重新估算——全球生产链中的增加值贸易》，《中国社会科学》2013 年第 1 期。

［34］李月芬：《中国亟待建立一个以所有权为基础的贸易差额统计体系》，《国际经济评论》2006 年第 1 期。

［35］林玲、葛明、赵素萍：《属权贸易统计与中美贸易差额重估》，《国际贸易问题》2014 年第 6 期。

［36］刘林青、谭力文、施冠群：《租金、力量和绩效——全球价值链背景下对竞争优势的思考》，《中国工业经济》2008 年第 1 期。

［37］隆国强：《如何看待我国的外贸依存度?》，《国际贸易问题》2000 年第 11 期。

［38］马海燕：《全球价值链理论研究述评》，《华中农业大学学报》（社会科学版）2007 年第 5 期。

［39］马云俊：《产业转移、全球价值链与产业升级研究》，《技术经济与管理研究》2010 年第 4 期。

［40］孟辕：《中国外贸依存度问题研究》，硕士学位论文，北京林业大学，2008 年。

［41］潘文卿、李跟强：《垂直专业化、贸易增加值与增加值贸易核算——全球价值链背景下基于国家（地区）间投入产出模型方法综述》，《经济学报》2014 年第 4 期。

［42］沈利生：《中国外贸依存度的测算》，《数量经济技术经济研究》2003 年第 4 期。

［43］王岚：《融入全球价值链对中国制造业国际分工地位的影响》，《统计研究》2014 年第 5 期。

［44］王三谦：《外贸统计与海关统计的比较研究》，《财经研究》1987 年

第 6 期。

[45] 文婷、曾刚：《嵌入全球价值链的地方产业集群发展——地方建筑陶瓷产业集群研究》，《中国工业经济》2004 年第 6 期。

[46] 吴明：《全球价值链空间分布测度及中国位置：基于国际投入产出模型的研究》，博士学位论文，云南大学，2012 年。

[47] 熊英、马海燕、刘义胜：《全球价值链、租金来源与解释局限——全球价值链理论新近发展的研究综述》，《管理评论》2010 年第 12 期。

[48] 徐清军：《贸易增加值统计方法改革研究》，《国际贸易》2013 年第 5 期。

[49] 许统生、黄彦：《我国外贸依存度分析》，《当代财经》2003 年第 4 期。

[50] 薛荣久、贾怀勤、赵宇辉、徐进亮：《经济全球化与原产地统计问题——兼论中美贸易的统计差异》，《国际贸易问题》1998 年第 7 期。

[51] 闫云凤：《中日韩在全球价值链中的地位和作用——基于贸易增加值的测度与比较》，《世界经济研究》2015 年第 1 期。

[52] 姚枝仲、刘仕国：《中国国民对外贸易差额》，《国际经济评论》2006 年第 5 期。

[53] 张辉：《全球价值链理论与我国产业发展研究》，《中国工业经济》2004 年第 5 期。

[54] 张辉：《全球价值链下地方产业集群转型和升级》，经济科学出版社 2006 年版。

[55] 张磊、徐琳：《全球价值链分工下国际贸易统计研究》，《世界经济研究》2006 年第 2 期。

[56] 张素芳、房剑：《外贸依存度测算方法的改进及对中国外贸依存度的重新估计》，《数量经济技术经济研究》2006 年第 6 期。

[57] 赵登峰、牛芳、曹秋静：《中国出口产业在全球价值链中的地位——来自增加值贸易的证据》，《深圳大学学报》（人文社会科学版）2014 年第 6 期。

[58] 郑丹青、于津平：《中国出口贸易增加值的微观核算及影响因素研究》，《国际贸易问题》2014 年第 8 期。

专题三　中国税收统计发展现状与演进

摘　要　税收统计的目的是为税收监管部门以及国民经济运行提供完整的税收信息，属于财政收入统计的重要组成部分。税收统计标准体系的建立和发展是与财政统计体系发展相伴随的。本专题在对税收统计发展的中外历史进程回顾的同时，梳理了国际税收标准统计体系 GFSM 的最新进展。在此基础上，对世界主要国家的税制基础和 GFSM 实施情况进行国际比较，然后考察我国税收统计体系发展现状，以及税收税负的实际情况与问题，提出相应对策建议。

关键词　税务统计　国际比较　GFSM　税负

税收统计是财政收入统计的重要组成部分，它提供一国或地区的税收统计信息，为税源管理、税收征管及相关政策制定提供支持。本专题将分析中国税收统计的发展历程与现状，并与其他国家税收统计实践进行比较，为中国改革和发展税收统计提供借鉴。

一　税收统计发展历程

（一）西方国家税收统计发展回顾

1. 西方国家税收统计的萌芽

税务统计实践活动萌芽于奴隶社会，西方远古国家政府为了赋税、徭役、征兵的需要，就有了某些必要的税务调查登记活动和税收统计工作。据《世界通史》记载：公元前3000 至公元前2700 年，古埃及在第一、第二王朝时期，法老每两年派人清查一次全国人口、土地、牲畜和一切财富，以确定租税数额[①]。显然，这是西方国家对经济税源最早进行统计调查的记载。公元前594年，雅典政治家索伦（Soln）根据民众财产多少和小麦产量的预计收入，将民众分为四个阶级，以确定他们对国家纳税的等级；对外国人，则课以人丁税。索伦在这里运用了统计分组法，以揭示纳税人的类型及其特征。中古时期，对于赋税、兵役、关税等都有了税收统计性质的调查和记录。英国、法国等国修道院的“册据”、“领地清册”都是地主为课税需要而对人口、土地和财产进行的税收统计调查。

由于当时的国家政府职能范围较小，政府在征收税种、税款的征收对象、课税数量、税收规模方面比较有限，在税务机构的设置、人员配备等方面规模也小，所以，简单的税务统计方法便能够满足政府预算管理和税务统计经济活动的要求。

2. 西方国家税收统计的现代化发展

税收统计在资本主义社会以前，由于封建割据和自然经济关系束缚生产力的发展，税务统计只在有限的范围内做一些调查登记和简单计算，主要目的是为国家政治服务。随着资本主义经济的发展，17世纪英国爆发了资产阶级革命，为了适应财政管理需要，英国正式建立起了政府预算制度，使得税收逐步取代传统土地收入和特权收入，成为具有普遍性、常规性的财政收入。政府预算制度的确立，为税务统计奠定了坚实的核算基础。资产阶级革命后，资本主义国家为适应国内外竞争和对外扩张的需要，包括税务统计工作在内的政府统计工作得到了迅速的发展。在欧美，随着资本主义生产力的迅速提高，统计科学的形式以及数理统计方法的发展和统计信息资料的大量增多，税务统计发展很快。主要表现在：

（1）税收被纳入国民收入和生产账户核算体系（SNA）。

（2）对税捐进行详细的统计分类。税捐的统计归类有：a. 财产的课税；b. 所得的课税；c. 商品和劳务的课税。从目前国际统计组织对各国中央政府财政收入分类看，也通常采用以课税类别为主的财政收入类型划分。即：a. 对纯收入及利润的课税（个人税、公司税）；b. 社会保险税；c. 雇主的在职人员税；d. 财产税；e. 货物和服务的课税；f. 国际贸易的课税；g. 其他税捐；h. 非课税收入。

（3）西方经济学说运用统计方法反映税收与经济方面的数量关系，

① 吴于廑主编：《世界通史》（上古部分），人民出版社1972年版。

在一定程度上促进了税务统计的发展。比如，供应学派根据拉弗曲线所表明的税收与税率之间的函数关系，得出必须实行减税政策的结论。西方税收理论界根据福利经济学派“帕累托效应”认为，最佳税收是超额税负最小的税制，等等。

（4）税务统计分析进入定量分析阶段。比如，英国在实施一个税种时，十分重视“赋税乘数”的考察与税负统计分析，赋税乘数是税务统计分析的一个重要内容。当代西方经济学认为，税收的变动对国民收入也有加倍扩大或收缩的作用，称为税收乘数。乘数值的大小依赖边际消费倾向的大小，即税负乘数 K = MPC/MPS，式中 MPC 和 MPS 分别表示边际消费倾向和边际储蓄倾向。

（5）将概率论引进税务管理。除了赋税乘数这些定量分析外，西方经济学家还重视统计学中随机因素对税收数量关系与经济行为的影响。比如，美国一些经济学家发现美国居民往往不按照“常规”行动，比如，美国 1968 年增加了联邦税，减少了消费者收入，但消费者的支出却维持不变。1970 年美国政府降低了税收而使消费者保留了较多的收入，但消费者却不增加购买。理论上看，税收中不确定性的研究发展了税务统计。

（6）税务统计工作现代化成为社会经济现代化的基础。随着科技进步，经济结构和劳动分工的变化，以及部门间经济技术联系更加密切，特别是计算机技术和网络技术的进步，大大改进了税务统计收集、整理、分析、存储、传输以及出版各个环节的方法。不论是统计组织、统计方法、分类标准、信息加工都发生了根本的变化。税务统计工作现代化已成为社会经济现代化的基础，税务统计成为现代科学中活力强盛的一个专业领域。

（二）中国税收统计发展回顾

1. 我国古代税收统计的萌芽

税收统计是为适应国家管理需要而产生和发展的，我国早在奴隶社会就出现了税务统计的萌芽。大约在纪元三千年以前，禹平水土定九州之后，就“徙居众民，乃定万国为治”，并且“乃行相地宜，所有以贡”[①]，“贡”就是夏代的赋税制度。如《孟子》上有“夏后氏五十为贡”，还有

① 赵生群：《史记·夏本记》（卷二），中华书局 2014 年版。

朱熹注说："夏时一夫授田五十亩，而每夫计其五亩之入以为贡"。并且，贡有一定的比率，所谓"贡者较数岁之中以为常"，即按平均数抽取一定的比例。可见，当时的统治者为征兵课税的需要，就已经进行人口、土地和定垦的土地数目的税收统计。"夏后氏五十而贡"表明夏代的赋税制是什一之税①，这已经在税收统计中应用了相对指标和平均指标。

在三千多年前的周代，齐国政治家管仲曾经说过："不明于计政而欲举大事，犹无舟揖而经于水险也。"他曾按每户平均人口数推算食盐及税收款项，并且列出了他认为应该进行调查的有关社会、政治、经济、课税等方面的69个问题。实际上这种分析已经形成了一个较为全面的调查税务统计的提纲。②

唐朝君主为了巩固自己的统治，实行均田法。均田法是课税服役的基础，除根据户籍人口年龄区分外，还要依身份官职的不同，确定是否作为征收服役的对象。税收统计分组法在该时期得到了进一步应用和发展。宋朝统治者为了保证赋税的征收和徭役的摊派，已经开始对计账与报表的编报时间做出具体统一的规定。明朝时期，宰相张居正在清查全国土地的基础上，进行赋役制度的改革，税务统计核算的标的已经由实物单位向货币单位转变。清朝时期，税收统计核算更臻完善，开始采用以康熙五十年的人丁数为征收丁税的固定数，大大简化了繁杂的统计过程。

综上所述，税收统计是随着社会政治经济的发展而产生与发展起来的，这一时期的税务统计还比较简单，没有形成一个完整、统一的框架体系，但对研究我国税务统计的产生与发展历程很有价值。

2. 我国税收统计的现代化发展

社会主义税收统计，一方面，要适应社会经济发展，特别是改革开放以来的新情况，为国家宏观调控的需要和建立健全新的国民经济核算体系服务；另一方面，又要适应社会主义市场经济的要求，税收统计要在为工商企业服务中，发挥组织、管理、核算、评估的调节经济、促产增收作用。新中国成立以来，在社会主义条件下，税务统计有更加广阔的发展前景，尤其是自20世纪80年代起税务统计发展很快。其主要标志与特点是：

① 我国古代农民中最多的是自耕农，他们每家大约占有田地百亩，有五到八口人，男耕女织，农民向官府缴纳的土地税约为亩产量的十分之一，叫作"什一之税"。

② 李山：《管子》（卷九），中华书局2009年版。

（1）建立了税务统计队伍和税务统计制度。1949 年 11 月，在北京召开首届全国税务会议，制定了《全国税政实施要则》，统一全国的税收政策、制度、管理体制和组织机构。1950 年 1 月，成立国家税务总局。

（2）建立了税务统计的报表制度。它由国家税务总局制订，报国家统计局备案后执行。税务统计报表，主要分为税收、税源和税政三部分，约有 30 种统计报表。

（3）建立与健全税务统计指标体系。1953 年的税务统计，除关税和农业税外，所有工商税的税种都进行了统计。当时，为反映社会主义经济的发展和对私改造情况，在税收、税源统计中设置了不同经济类型的指标。指标的设置，一般都是从征收对象的纳税依据开始，到计税数量，而后到税额，各种指标分类比较详细。时至今日，税务的征、管、查各项指标已经建立起来，可以说在科学的指标体系建设方面日臻完善。

（4）在税务统计调查上，实行税务统计调查项目的计划化和分工合理化。在此基础上，编制税务统计调查方案。在统计调查方法上把定期全面统计报表，重点调查、典型调查、抽样调查等多种方法科学地结合起来，做到灵活运用，相互补充。

（5）专业统计学科已经建立，为强化税务管理和发挥税收职能作用提供了理论基础与方法指导，使得在税收计算中广泛使用统计学方法。例如，运用平均数法、相对数法、动态分析法和指数法来计算计税价格、应纳税额等，并逐步扩大数理统计方法在税务管理中的应用领域。

（6）税务统计基础工作规范化。各级税务部门已经建立起以税收的征、管、查为中心的原始记录制度和统计台账，从原始资料的收集、整理，直至报表各个环节，建立严格的工作细则和数字质量检验办法，为税务统计报表制度以及税务征、管、查提供可靠的第一手资料。

（7）计算机技术和网络技术在税务统计的信息处理、编码、分析中得到广泛运用，进一步做到数字准确、资料丰富、信息灵通，以适应现代化税务统计工作的要求。

（8）加强了税收统计人员的统计教育工作，使税务干部的统计思想与统计方法应用水平得到全面提高，从而也使税收计划、统计、会计、业务核算逐步协调与统一。

二　税收统计体系的国际标准

面对日益复杂的经济运行活动，人们趋于构建不同的宏观经济核算体系去反映经济生活的某个侧面，这些体系在各国统计实践中不断积累和成熟，逐渐发展成为世界各国进行国际比较的共同语言和通用规范。政府财政统计体系（GFSM）就是在这样的背景下产生的，GFSM 的科学性和严谨性为完善中国税收统计体系提供了良好的借鉴。

税收统计的目的是为税收监管部门以及国民经济运行提供完整的税收信息，属于财政收入统计的一部分。对于财政统计体系而言，它主要由财政收入和财政支出两部分构成，而税收统计是财政收入统计的主要部分。因此，税收统计标准体系的建立与发展是与 GFSM 体系相伴随的。

（一）早期工作（MGFS1974）

有关编制政府财政统计国际标准的工作始于 20 世纪 70 年代，最初的指南为 1974 年 6 月 IMF 编制的《关于政府财政统计的手册（草稿）》（MGFS1974），包括英文、法文、西班牙文三个文本，向各国政府、中央银行、统计部门、国际组织征求意见，并多次在地区性会议上讨论。该手册草案主要用于指导 IMF 政府财政统计年鉴的数据编制，标志着政府财政统计作为一个经济核算体系初步创立。1977 年 IMF 出版第一本《政府财政统计年鉴》，汇集了各国政府财政统计实践的经验与结果，此后该年鉴每年出版发行。

（二）标准诞生（GFSM1986）

1986 年，基于专家评论与各国应用经验反馈，IMF 对早期文本 MGFS1974 进行修改完善后形成《政府财政统计手册》（GFSM1986）并正式出版。GFSM1986 提供了政府财政统计的编制指南，为财政分析奠定了基础性框架，标志着政府财政统计国际标准的正式诞生。GFSM1986 从研究到正式颁布历经十余年，一经推出即成为最具权威性、各国公认的政府财政统计实践规范。

然而，该手册与其他宏观经济统计标准或体系并未直接做到协调一致，GFSM1986 主要遵循 1968SNA，但 GFSM1986 交易记录采用现金收付制，即交易在收到或支出现金时记录，二者协调程度较低。特别地，1994

年墨西哥金融危机和1997年亚洲金融危机在几乎没有可识别的征兆下接踵而至，对世界经济发展产生了巨大的冲击和损害，IMF及有关国家由此意识到该体系存在一些重大缺陷，致使其不能及时发现经济或金融危机的苗头。于是，IMF启动了对GFSM1986的修订与更新工作。

（三）首次修订（GFSM2001）

首次修订的结果是IMF于2001年发布了新版的《政府财政统计手册》（GFSM2001），总结危机的经验教训，对政府财政统计的理论方法体系做出革命性变革。GFSM2001在财政统计核心领域所做的变革与创新主要体现在：（1）核算范围，GFSM1986的涵盖范围是在职能基础上界定的，GFSM2001侧重于1993SNA定义的广义政府部门；（2）核算规则，GFSM2001记录经济事件的基础采用权责发生制，意味着非货币交易完全纳入政府财政统计体系，而GFSM1986中交易采用现金收付制，前后两个版本手册中交易和其他经济流量记录的时间发生重大变化；（3）统计内容，GFSM2001中财政统计包括影响资产、负债、收入或开支的全部经济事件，而GFSM1986仅有选择地统计部分实物交易，作为备忘项目；（4）定值方法，GFSM2001中流量和资产、负债、净值按当期市场价格计值，债券名义价值记为备忘项目，GFSM198规定债券按到期时政府有支付义务的数额计值；（5）流量与存量的统一，GFSM2001全面记录交易和其他经济流量，包括完整的资产负债表，流量和存量可以完全统一，使期初和期末资产负债表之间的差异可以协调，而GFSM1986只包括某些债务的存量，无法做到这种协调；（6）分析框架，GFSM1986分析框架重点在于单一的平衡项目即总赤字/盈余，而GFSM2001采用多个新的平衡项目（如净运行余额、净贷款/借款等）；（7）核心概念，GFSM2001重新定义财政收支的概念，并以“开支”一词取代GFSM1986的“支出”。

GFSM2001与原体系相比有明显改进，对政府财政统计影响巨大：第一，GFSM2001在记录基础方面的改革是最重要的变化之一，使得政府财政统计在经济事件记录范围和时间上需要做出根本性的调整；第二，GFSM2001首次将综合资产负债表方法引入政府财政统计，形成流量存量的闭合分析框架，可以更准确地反映政府活动的收入、支出、赤字、盈余、存量及其变动状况；第三，GFSM2001增加了财政分析指标，更能及时发现政府财政运行的脆弱性根源；第四，GFSM2001与其他国际经济统计体系更加协调，包括SNA1993、BPM5和《货币与金融统计手册》等，有利于更好开展财政分析。

（四）最新修订（GFSM2014）

随着社会经济的发展，GFSM2001 在各国财政统计实践中也逐渐暴露出一些问题与不足，特别是 2008 年国际金融危机的爆发，对政府财政统计的透明性与数据质量提出了新的要求。此外，宏观经济统计的基础性框架 2008SNA 和 BPM6 等正式修订出版，出于一致性的要求，IMF 再次启动对 GFSM2001 的修订工作。2014 年 3 月 IMF 正式发布最新修订的《政府财政统计手册》（GFSM2014）。

GFSM2014 在很大程度上与 2008SNA 的新修订保持一致，从财政分析的角度对政府财政统计记录和处理方法做了系统改进。GFSM2014 所做修订主要包括三类：（1）基于 SNA2008 及 BPM6 的主要变化，对原体系概念分类做出调整及由此引发的财政统计方法修订；（2）对原体系中部分表述进行修订；（3）对原体系文本结构与编辑方面做出修订。此次修订考虑了国际经济领域的新发展、新现象和新情况，在基本概念、定义和惯例方面与国民核算账户体系、货币金融统计体系、国际收支统计体系等的一致性进一步增强。

（五）GFSM2014 及其主要修订

总体上看，IMF 此次修订主要有如下特点：

第一，此次修订所涉内容广泛而细致，但在政府财政统计理论与方法体系上并没有革命性的变革。GFSM2014 基本内容实际上主要包括两部分：一是财政统计概念体系；二是财政统计所用分类体系，并介绍每一类别所包括经济流量或存量的种类。新框架保持了原手册的方法体系与分析框架，在理论与方法上的创新不多，IMF 此次系统修订更多的是对 GFSM2001 的完善与优化，纳入社会经济领域的新发展和特殊事件的处理方法，以及对过去被认为是统计难点或复杂问题的最新研究进展，以更好地满足财政统计编制者和使用者的新要求。因此，从方法论的角度看，GFSM2014 是对 GFSM2001 的改良而非革命。

第二，GFSM2014 以政府财政统计框架（Government finance statistics framework）的提法代替政府财政统计体系（Government finance statistics system），以便区别于《2008 年国民账户体系》（SNA2008）。虽然一词之变看似并不起眼，但深刻地揭示了 SNA 在宏观经济统计准则体系中的基础性地位，也充分证明 IMF 此次修订的主旨重在澄清、说明、完善与优化，尽可能减少易混淆及模糊之处。

第三，GFSM2014 对照 GFSM1986 和 GFSM2001，在内容结构上略有调整。从三个版本手册内容和章节框架比较来看，主要有如下四个显著特点：（1）GFSM1986 共 6 章，而 GFSM2001 共 10 章，内容框架做了大幅修订，二者差异较大，由此也能从侧面反映出 GFSM2001 与 GFSM1986 相比在统计理论方法与体系结构上所做的巨大变革；（2）GFSM2014 和 GFSM2001 一样，也是 10 章，此次修订中标题做出调整的仅第二章，GFSM2001 第二章为“政府财政统计体系的涵盖范围”，而修订后新手册第二章为“机构单位和部门”，对常住性、机构单位、机构部门，以及公共部门的机构范围、部门划分和划分原则等做出说明，两个版本中其余各章名称完全一致；（3）GFSM2014 与 GFSM2001 相比，第一、第三至第九章在节的安排上均有所调整，主要是内容有所增加；（4）GFSM2014 与 GFSM2001 第十章都分三节，二者节名也一致，即导言、持有收益、资产数量的其他变化。

第四，进一步增强 GFSM2014 与其他经济统计体系的协调性。从一致性角度看，GFSM1986 主要遵循 SNA1968，但因 GFSM1986 采用现金收付制，两者协调的程度要低得多。GFSM2001 遵循 SNA1993，与其他国际宏观经济统计体系的协调性明显增强，但 GFSM2001 和与之相互协调的宏观经济统计体系之间仍存在一些差异，主要在于所采用分类以及随之而来的平衡项目，例如，GFSM2001 的税收分类和 SNA1993 有较大不同，尽管两个体系的税收定义相同；GFSM2001 对退休计划和外商直接投资收益再投资的处理不同于 SNA1993，结果使得两个体系的净贷款/借款不同；由于涵盖范围不同，部分项目即使定义相同，但内涵范围不同，如雇员报酬的内涵在政府财政统计体系中与 SNA1993 相比更小。GFSM2014 遵循 SNA2008，此次修订之后，政府财政统计框架与其他国际统计标准或其最新修订的协调性进一步增强，包括《2008 年国民账户体系》（SNA2008）、《国际收支和国际投资手册》（BPM6）、《货币与金融统计手册（修订中）》、《公共部门债务统计：编制者与用户指南》（PSDS2011）和新版《外债统计编制者与用户指南》（EDS2013）等。

第五，对术语进一步协调与规范。为了与 SNA2008、BPM6 等其他统计体系保持一致，或出于规范化和准确性的要求，此次修订对 GFSM2001 中的诸多术语做了修订与调整，例如，“存量”改为“存量头寸”，“政府运营表”改称“运营表”，“无形固定资产”改为“知识产权产品”，“流量”（Flows）改为“经济流量”（Economic flows），“非金融资产净获得”改为“非金融资产净投资”，“净贷款/借款”改为“净贷款/净借款”，“非股份证券”改为“债务证券”，“股份与其他权益”改为“权益和投资基金份额”，“保险技术准备”改为“保险、养老金和标准化担保计划”，“实体”（Entity）用于指货物、服务、非金融资产等时改为“资源”（Resource），等等。

归纳起来，GFSM2014 的关键变化体现在五大领域：概念与分类、经济事件记录时间、分析框架、财政收支统计、存量与流量处理等。

（1）概念与分类。GFSM2014 遵循 SNA2008 的相关变化，基于财政统计的目的与特征对基本概念与分类做了修订。主要包括：一是详细介绍常住性（Residence）概念；二是澄清广义政府和公共部门机构单位的概念；三是厘清广义政府机构和公共公司的边界；四是给出详细的金融公司部门与非金融公司部门的定义与识别方法；五是提供了对政府控制的判断指标；六是给出公共部门单位的部门分类详细指南，如准公司、重组机构、特殊目的实体（SPE）、公积金（Provident funds）、主权财富基金（SWF）、合资企业（Joint venture）、偿债基金（Sinking funds）、养老金计划、市场监管机构等；七是给出合并的定义，对部门内合并和部门间合并做出区分。

（2）经济事件记录时间。记录时间是经济统计与国民核算的重要问题，GFSM1986 采用现金收付制，而 GFSM2001 采用权责发生制，GF-SM2014 还原了在一个综合统计框架中权责发生制和现金收付制统计信息重要性的平衡，阐明在权责发生制与现金收付制下流量的各自记录时间。特别地，GFSM2014 提供了《现金来源与使用表》中有关现金收付制下的记录指南，并且澄清了收入、开支等诸多项目的记录时间问题。

（3）分析框架。新修订对分析框架所做调整是此次修订的关键变化之一，具体包括：a. GFSM2014 新增两个报表：《净值总额变动表》与《显性或有负债和未来社保福利净隐性负债汇总表》，扩展了财政统计框架的分析目标；b. 支出概念重新复原为《政府运营表》和《现金来源与使用表》的总量指标；c. GFSM2014 采用《运营表》代替《政府运营表》，以便其既可用于政府单位，也可用于公共部门单位；d. 新准则扩展了对资产负债表的描述，并探讨了净值（Net worth）概念对公共公司的使用问题；e. 正如《现金来源与使用表》所述，新手册澄清了库存现金变动净额的构成。

（4）财政收支统计。财政收入与财政开支是政府财政统计的核心指标之一，GFSM2014 对收入与开支的定义与 GFSM2001 一致，即交易造成的净值变化，但此次修订增加了对收入与开支定义的原理说明，给出了收入、开支分类的依据和说明。对部分和收入或开支相关项目的概念、分类及处理做出澄清和说明，如消费税、金融和资本交易的征税、对商品使用和对使用商品或提供服务许可的征税、退税与减税、补贴、利息、租金、赠与、金融服务隐性费用、固定资本消耗等。总体来看，修订之后新手册对财政收支统计的指南更为细致和完善。

（5）存量与流量处理。GFSM2014 对存量流量统计做了大量修订，主要包括以下几个方面：一是引入经济所有权概念，与 SNA2008 的变化一致，区分了法律所有权与经济所有权；二是澄清了资产的边界，不包括或有资产和负债；三是介绍了货币和非货币交易的差别；四是说明所有权转让成本的处理，包括非金融资产与金融资产/负债，既包括流量也包括存量；五是明确了货币黄金和特别提款权（SDR）的负债属性，GFSM2001 仅记录其资产属性；六是详细说明非金融资产交易的估值方法；七是澄清特定类型资产的持有收益，如存货、贵重物品等；八是对众多项目的分类或处理做出澄清或说明，如武器设备系统、培育生物资源、金融衍生产品、公共纪念物、存货增加和提取等，此类修订内容丰富而细致，分布较为零散，涉及资产负债表、非金融资产交易、金融资产/负债交易、其他经济流量等各个部分。此外，新修订还介绍了债务交易及相应金融资产按期限的分类，扩展了资产负债表中金融资产/负债出现或消失的情形。

三　税收统计体系的国际比较

（一）税制的国际比较

按照税收负担能否转嫁的标准，税收分为直接税和间接税。消费税和个人所得税分别是目前各国普遍采用的主要间接税税种和直接税税种，这里以此为例，对二者进行国际比较分析。

1. 消费税制的国际比较

（1）课税范围比较。首先，发达国家消费税课税范围更广泛。以美国为例，其国内收入法典将消费税分为39个税目，涵盖了如环境税、外国保险、拖车卡车挂车多种车辆、烟草、赌博、酒类、港口税等多个税目。每个税目还包含众多子目，有几百种征税项目。韩国特别消费税主要征税范围包括奢侈品、高档消费品、限制性消费品和奢侈性活动，共有33种产品和7种场所。韩国对日用生活品的课税范围比中国更广泛，甚至对糖类和饮料也征税。

其次，发达国家课征范围更能体现消费税的调节作用，也更为合理。美国的消费税按作用可分为三类：一是以受益为征收原则的消费税，即政府特定服务的受益者必须交纳相关税金，负担政府部分费用；二是目的为限制特定消费行为的消费税，包括麻药、枪支及赌博等不利于社会安定的物品或行为；三是节约性消费税，例如提高香烟消费税，以抑制香烟消费保护公众健康。韩国将奢侈活动场所如赛马场、赌场、夜总会以及如桌球等娱乐器材也纳入征税范围，这样可调节高收入阶层的消费，更好地引导居民消费方向。目前，我国并未对高档奢侈的活动场所和娱乐器材征收消费税。

（2）计税方式比较。发达国家和地区的消费税大多采用透明、公开的价外税形式。日本税法规定，销售给普通消费者的商品必须标出商品的含税价格。美国也实行公开、民主的价外税，消费者无论是购买或接受服务付款时，发票上都会分别标明价款和承担相当于售价3%—9%的税款，负担税额一目了然。价内税为我国消费税的计税方式，消费者购买货物或接受服务时，支付了“无形的税金”。我国公民的纳税意识本就不强，加上价内税的隐蔽性强，更不利于树立民众的税收法律意识。

（3）税率比较。我国消费税税率相差幅度较小，对消费的引导调节作用不明显。相比之下，发达国家消费税税率引导作用明显，功能性强。英国为了节能减排，限制高排放车辆的使用，根据车辆碳排放指标分段征收车辆消费税，将车辆分为A－M13个等级。A级为二氧化碳排放量在每公里100克以下的车辆，可免征消费税。中国台湾地区对价格和属性差异大的产品实行多档次有差别的税率，税率档次多且税率高，这种多档次高税率的税制起到了较好的调节消费和筹集税收收入作用。

我国消费税税率的设定存在结构性问题，一些本该高税率征收的产品或行为，实际税率并不高，如奢侈品、污染品以及不可再生的稀缺性资源品，却对一些必需品和生产资料设定了高税率。韩国对奢侈品、高档娱乐场所和活动、资源类产品等征收较高的税率，如珠宝首饰为60%，赛马场为50%，赌博为3000韩元/人次，毛皮及其产品为60%，汽油为100%；此外，对进口的外国酒课以重税，如威士忌为200%，白兰地为150%。

（4）征收环节比较。发达国家的消费税都在零售环节征收，一方面体现消费税重在调节消费的意图；另一方面可减少流通环节中占用的资金，有助减轻生产经营者的负担，还可防范纳税人利用转让定价避税。我国消费税采用单一环节征收，除金银首饰、钻石及钻石饰品在零售环节征收，卷烟在批发环节加征之外，其他应税消费品都在生产、委托加工或进口环节课征。

2. 个人所得税制的国际比较

（1）英国。1799年，英国开征世界上最早的个人所得税，称为皮特（Pitt）“所得税”。该税制要求纳税人在其税务申报表中分门别类地申报各类所得，这可能是在所得税的历史上第一次使用“分类”这一词语。20世纪初，英国作为世界强国，国民生产总值和出口总额分别位居世界第二位、第一位。在国家工业化、信息化、法治化程度相当高的背景下，受德国综合所得税制的影响，1909年，英国改革个人所得税，将各类所得汇总计算，综合征收，从而使实行一百多年的分类税制逐步转向了综合所得税制直至现在。其做法是，采用标准税和附加税相结合形式，即先征收比例税率的标准税，再对较高所得征收累进税率的附加税。纳税人分为居民和非居民，对居民就其来源于国内外的一切所得征税，对非居民仅就其来源于英国的所得征税。在应税项目的列举上，采用“正列举”形式。计税依据是所得税分类表规定的各种源泉所得，各自扣除允许扣除的必要费用后加以汇总，再统一扣除生计费用后的余额。允许扣除的生计费用包括基础扣除、抚养扣除、劳动所得扣除、老年人扣除、病残者扣除、寡妇（鳏夫）扣除和捐款扣除等。在征收方法上，个人所得税采用源泉扣缴和查实征收两种方法，前者主要适用于对工资、薪金、利息所得的征税，后者主要适用于对其他各项所得的征税。

（2）美国。19世纪80年代以后，美国经济发展迅猛，到1910年时其GNP达1178亿美元，成为世界头号经济强国。在这样的经济政治背景下，美国现代意义上的个人所得税应运而生，1913 年 10 月通过了美国历史上第一部个人所得税法，实行综合税制。现行个税课税模式主要是依据 1986 年美国国内收入法个人所得税综合征收模式。美国个人所得税征收具有以下特点：一是个人所得税有灵活、及时、直接的特点。因为建立在完善的信用制度基础上的个人所得账户能及时显示个人收入流量，并按照收入状况实行累进税，所以高收入者多纳税，对不确定的临时性收入可及时征税。二是美国个人所得税有大量不予计征的应税所得（Taxable Income）项目。这一特点使税收全面介入再生产过程，对不同的经济活动起到调节作用。如美国个人所得税在确定应税所得时，允许一定的扣除项目和个人宽免额。三是实行超额累进税率并逐年降低边际税率。现行个税有四个基本税率档次，即 10%、15%、25%、28% 和两个高税率档次 33%、35%。四是为了减少通货膨胀对税收的影响，从 1981 年开始，美国实行税收指数化调整，以实现自动消除通货膨胀对实际应纳税额的影响，现行个人所得税中的个人宽免额、标准扣除、税基档次和个人劳动所得税收抵免等都实行指数化。五是在纳税申报上，以夫妻合并申报为主，每年 4 月 15 日前向联邦税务局填报纳税表格。

（3）德国。1871 年，德意志帝国成立，其财政原则规定，帝国收取邦国的间接税，而直接税以及国营收入则归各邦国。1891 年，由米奎尔引入的普鲁士一般所得税挣脱了普鲁士税收双元性最后的羁绊：通过合并不同领域纳税人的两种税为统一标准的所得税。由此，世界上最早的综合型个人所得税课税模式诞生，当时被称为“一般所得税”或“一般综合所得税”。

德国现代意义上的综合税制正是在普鲁士模式基础上发展起来的，于 1920 年在全国推广实行。在做法上，德国税制的鲜明特点是重点盯住高收入者。德国个人所得税的纳税人分为无限制纳税人和限制纳税人，在德国境内拥有住所的称为无限制纳税人，就其国内外的全部所得缴纳所得税，不在德国定居者称为限制纳税人，仅就自己来源于德国境内的所得缴纳个人所得税。德国个人所得征税对象包括 7 种所得：农业、林业所得；营业所得；独立劳动所得，主要是自由职业所得；非独立劳动所得，包括工资、退休金等；资产所得，包括利息、分红等；租赁所得；其他所得（指终身劳保津贴、投机行为所得、出租动产所得）。德国个人所得税采用超额累进税率，在征收方法上，德国个人所得税的纳税年度为历年制

（5 月 31 日前），采用夫妻合并申报法，但对工资、股息等所得采用源泉课征法，纳税人在每年 3 月、6 月、9 月和 12 月的 10 日前预缴所得税，年终汇算清缴。

为加强税源管理，德国对一些高收入的“名人”进行重点监控，而对于普通百姓则进行随机抽查。德国法律还赋予税收部门刑事侦查权和拘捕权，增强税收制度威慑力。对于依法按时纳税者，德国税务部门则奖励纳税信用等级分。纳税信用等级分直接关系到纳税人工作机会和消费信誉。这样奖惩分明的机制，使德国人形成了纳税光荣的风气。

（4）墨西哥。20 世纪 70 年代，墨西哥靠举借外债实现了“石油”繁荣，但也因此导致 1982 年的债务危机，此后墨西哥经济连续多年保持中低速增长，社会贫富悬殊严重，贫困人口占总人口的 43%，是一个典型的发展中国家。尽管如此，墨西哥的税收改革并没有止步。个人所得税方面，墨西哥实行综合所得税制，其税制颇具特色：①在免征额上，墨西哥规定个人所得税的起征点为 0.01 比索（约合 0.00092 美元），即所有人的全部收入都需要交纳所得税，但是凡月收入在 32700 比索（约合 3008.13 美元）以下的人都能享受到国家财政提供的纳税补贴。②在申报上，以个人为单位，个人可选择按月申报或按年申报，同时也有很多机构负责代缴。③在计征时，墨西哥实行纳税补贴，这种补贴制度切实保护了低收入阶层的利益。④在税率上，墨西哥实行累进税率，每一级还对应一个固定的纳税数额，两项相加之和就是实际纳税总额。⑤在税收法治上，墨西哥的税法对于违法行为都做出了明确的处罚规定，严重的逃税行为将被处以刑事处罚。⑥在税收信息化方面，墨西哥税务部门不断加快税收电子化改造。2002 年在全国推出类似银行卡的“纳税卡”，上面记载着纳税人的姓名、税号等信息，可在全国范围使用，给纳税人带来极大的方便，也大幅降低了税务部门的工作量和差错率，并有效地避免了纳税过程中的腐败现象。目前，墨西哥已有近 90% 的纳税人用上了这种“纳税卡”。另外，网上纳税系统也已在墨西哥得到了广泛使用，墨西哥税法规定，所有法人以及年收入超过 175 万比索的自然人必须通过网上纳税系统纳税，当然其他自然人也可以选择使用该系统。

（5）马来西亚。马来西亚独立后，其制造业、建筑业和服务业发展迅速。自 1987 年以来，年均国民经济增长率一直保持在 8% 以上，成为亚洲地区引人注目的新兴工业国之一。在个人所得税方面，第二次世界大战后马来西亚采用综合税制。居民在马来西亚取得的收入和由马来西亚境外汇入国内的收入，以及非居民在马来西亚工作期间取得的收入均应缴纳个人所得税。对于居民个人而言，个人应税所得为其所得总额减除个人免税额，税率采用0—30%的累进税率，对符合相关规定的，可予以减免。如夫妻合并申报的，给予一定免税额，以鼓励夫妻合并申报。对于非马来西亚居民而来自马来西亚境内的所得，须依所得性质逐一课税，所得税率为29%。除对在马来西亚短期逗留和在马来西亚工作不满60天的非居民取得的收入可予免税外，非居民的其他收入不享有减免优惠，但下列收入须预先交纳特定的所得税，包括因提供专利所得预先缴纳的税率为10%；银行存款利息所得预先缴纳的税率为15%；大众演出所得预先缴纳的税率为15%等。

（二）GFSM在各国的实施情况

1. 澳大利亚GFSM实施情况

（1）澳大利亚GFSM的统计分类体系。澳大利亚GFSM在构建分类体系基础上，从不同角度构建了经济性质、政府目标、税收和收费及罚款、固定资产四套统计分类方法。另外，在四套统计分类方法基础上，还有专项统计分类，比如直接税、间接税分类等，总的来说，澳大利亚的统计分类方法基本符合IMF的分类标准。

（2）澳大利亚GFSM的编制。数据来源方面，澳大利亚有严格的法律作保障，包括预算内和预算外单位数据。预算编码体系方面，计算机应用和自动化程度相当高，包括从原始数据收集到数据分类加工整理整个过程都是通过计算机自动化完成，而且在澳大利亚的州、地方政府都建立了计算机联网系统，政府之间完全通过计算机联网处理数据。数据使用与保密方面，就澳大利亚GFSM实用性而言，能够满足不同层次用户的基本需要，提供所有预算单位和非预算外单位的全面财政状况，还能提供预算单位和非预算单位的单项统计资料，同时与国民经济核算体系实现了全面衔接，与GFSM2001实现了全面接轨，并可以进行相互转换。另外，GFSM可以用来评价政府部门的绩效和进行预测分析。

2. 加拿大GFSM实施情况

（1）加拿大的财政统计机构和数据来源范围。加拿大财政统计机构主要包括加拿大统计局和财税部门。财政数据统计工作由统计局负责，其主要从联邦政府部门、省（州）及地区政府部门、地方政府、公共公司等四个渠道收集数据，与 GFSF 核算范围具有一致性。主要数据来源于加拿大税收部门收集整理的纳税情况报告以及各级政府财政部门提供的预算及补充资料等。

（2）加拿大的财政收支统计分类体系。加拿大结合本国国情建立了较为全面、细致的政府收支分类体系 FMS，主要包括三个特点：一是兼顾政府收支分类科目的全面规范与财政数据的历史衔接；二是引入合并概念；三是政府收支分类体系是基于经过修整的收付实现制建立的，包括收入分类体系和支出功能分类体系，这为全面准确地进行财政统计创造了良好条件。加拿大政府于 2012 年度全面采用 IMF 的 2001 版 GFSM 替代现有的财政统计核算体系 FMS。

3. 日本 GFSM 实施情况

（1）日本的财政统计范围。1978 年日本开始采用联合国 SNA，并逐步进行改革，与此同时，财政统计也不断向 GFSM 靠拢。日本政府将公共部门分为一般政府和公共企业，一般政府指政府本身以及作为代理政府的机关单位，公共企业则指政府控制相对弱且主要是作为独立主体进行自主经营的机构、单位和企业。日本实行复式预算制度，中央预算分为一般会计预算、特别会计预算和政府关联机构预算三大类。一般会计预算是管理中央政府的一般性财政收支的，以税收、国债收入等为财源，为中央政府的行政管理、社会保障、教育、公共投资等活动提供财力保障。

（2）日本的财政收支分类体系。在收入方面，日本中央政府一般会计预算收入分为税收、专卖收入、国有企业利润和国营事业收入、资产处理收入、杂项收入、上年度结转收入和公债 7 大类。其中，税收和公债是主要收入来源。支出方面，中央一般会计预算支出按政府部门、政策目的、经济性质进行分类。政策目的分类具体将中央财政支出分为国家机关费、地方财政费、防卫关系费、对外处理费、国土保全及开发费、产业经济费、教育文化费、社会保障关系费、抚恤费、国债费和预备费。经济性质分类是根据最终支出对象的性质进行的分类，将财政支出分为人员经费、差旅费、购置费、设施费、补贴/委托费、转入其他预算和其他 7 项。

4. 匈牙利 GFSM 实施情况

作为前东欧社会主义国家的匈牙利，经历了东欧剧变的一段徘徊期后，政府借鉴国际经验进行各项改革，其中政府收支分类改革取得了比较大的成功。匈牙利政府收支分类体系包括支出功能分类，支出经济分类以及收入经济分类。收入经济分类是根据收入不同经济性质进行的分类。匈牙利的财政收入经济分类主要分为税收收入、非税收收入和债务收入三项。

其中税收收入分为：（1）商品（劳务）方面的税收，包括增值税、消费税；（2）所得方面的税收，包括个人所得税、公司所得税、社会保险税；（3）国际商品贸易方面的税收，包括关税、进口附加税等；（4）其他税收，包括房产税、地皮税、财产税、遗产税、赠与税、车辆牌照税。非税收入包括：（1）国有财产收入，主要包括政府通过开发和经营国有土地、森林、矿山、水利资源等国有自然资源取得的收入；政府以道路、海港、机场、图书馆等公产提供服务取得的收入，以及政府所持有的债券、储金、基金、资金等取得的利息或股息收入等。（2）私有化收入，主要包括国家资产管理机构出售国有资产取得的收入。（3）行政收入，主要包括各种收费、特许金、罚款和赔偿收入。此外，债务收入分为内债和外债。

国际比较对中国税收统计体系改革带来一些启示，总的来说，就是在遵循国际标准的同时，必须结合本国实际情况进行改革，构建具有中国特色的政府财税统计体系。发达国家的成功做法和实践表明，在推进中国政府财税统计体系改革过程中，需要注意把握以下几个问题：一是改革时间，要采取循序渐进的方式，不搞一步到位，比如在政府会计核算原则方面，不能一步到位采取权责发生制，而是需要一定时期的过渡，才最终实行以权责发生制为基础的政府会计核算准则。二是基础数据来源，需要制定严格的法律保障措施，保障数据的可得性和真实性，具体包括预算内和预算外数据，当前，尤其是要加强预算外财政收支数据的统计核算，保证数据的真实性。三是健全中国政府财务报告体系，提高财政信息透明度，建立包括政府年度财务报表、政府其他财务状况信息、财务报告研究分析和绩效报告等内容为主的政府财务报告体系。四是加快计算机自动化和网络化建设，尽早建立自动化程度高的计算机网络系统，包括原始数据的收集、数据的分类整理、数据的发布，整个过程都尽可能地通过计算机自动化来完成，而且政府之间应完全通过计算机联网处理数据。

四　中国税收统计发展现状

（一）中国税收统计体系发展现状

1. 税源统计体系现状

税源信息采集是税源信息资源管理系统的基础环节，准确、完整地采集纳税人的经济税源信息是税源信息资源管理顺利运行的基本前提，税源信息采集的质和量在根本上决定了税源信息资源管理系统的各项功能能否实现或是否有效益。在一定程度上可以说，税源信息采集能力决定了税源信息资源管理的能力和水平。由于税源信息采集贯穿了税收管理的全过程，受社会信用体系不健全、依法诚信纳税意识差、政府部门信息共享度低等外部环境的制约，涉及意识和社会、技术和管理、体制和机制等诸多方面的因素，相比于信息的加工分析和处理应用，信息采集的工作量大、难度高、情况复杂，是构建税源信息资源管理系统需要解决的最大难题。发达国家成功监管税源的关键因素首先在于依托信息技术全面、便利地获取和共享来自各方面的涉税信息。因此，税源信息采集必须借助现有的税源管理活动，并通过税收业务活动和信息技术的有机结合，形成包含信息采集方式、渠道、途径、方法等在内的系统完备的税源信息采集机制。

目前税务系统的主要数据来源包括：一是税收征管信息系统（CTAIS），在全国国税系统基本实现了数据省级集中，地税系统的征管软件尚未统一；二是会计统计报表共有26张报表，其中会计表12张，统计表14张，包括各会计核算科目、分税种、分行业、分企业类型等统计指标；三是重点税源监控管理系统（TRAS），采集的数据由税务机关认定的重点税源纳税人按月逐级上报，汇总到总局收入规划核算司；四是税收调查资料，每年采集一次，同样汇总到总局收入规划核算司。目前各级税务部门仅仅从税收征管信息系统（CTAIS）、税收会计统计报表、重点税源系统、税收资料调查系统中抽取企业经营和纳税指标，粗略地反映部分行业或部分税种的税源情况，缺乏深层次的分析。最终发布的模式是国家税务总局及各级税务部门通过门户网站或报纸、电视等新闻媒体定期或不定期发布汇总税收统计数据。

（1）纳税人基本信息。纳税人是社会产品价值的生产者，是社会财富的创造者，是税款的缴纳者和承担者。不掌握纳税主体，也就无从发现和监控税源，必然导致税收流失。最大限度地掌控纳税主体信息，是全面掌控税源的基本前提。

纳税主体信息在范围上分为发生纳税义务的法人和自然人，具体包括：

①各级工商行政管理机关审批成立的企业法人，具体包括公司、非公司制企业法人。

②国务院机构编制管理机关和县级以上地方各级人民政府机构编制管理机关审批成立的取得应税所得的事业单位法人。包括各级党委、政府直属事业单位；党中央、国务院直属事业单位举办的事业单位；各级人大、政协机关、人民法院、人民检察院和各民主党派机关举办的事业单位；各级党委部门和政府部门举办的事业单位；使用财政性经费的社会团体举办的事业单位；国有企业及其他组织利用国有资产举办的事业单位；依照法律或有关规定，应当由各级登记管理机关登记的其他事业单位等。

③国务院民政部门和县级以上各级人民政府民政部门审批成立的取得应税所得的社会团体法人，包括学术性社团，如各类学会、研究会等；行业性社团，如各类协会、商会等；专业性社团，如各类从事专业业务的促进会等；联合性社团，如各类联合会、联谊会（同学会、校友会）等；各类基金会；其他群众团体，如工会、共青团等。

④国务院民政部门和县级以上地方各级人民政府、民政部门审批成立的取得应税所得的其他法人，包括居民委员会村民委员会以及民办非企业单位。

⑤取得应税所得或支付个人所得的机关法人，包括县级以上各级中国共产党委员会及其所属各工作部门；县级以上各级人民代表大会机关；县级以上各级人民政府及其所属各工作部门；县级以上各级政治协商会议机关；县级以上各级人民法院、检察院机关；县级以上各民主党派机关；乡、镇中国共产党委员会和人民政府，以及街道办事处等。

⑥各种法人分支机构，包括企业法人分支机构或经营单位；机关法人、事业单位法人和社会团体法人的分支机构、派出机构或代表机构等。

⑦各级工商行政管理机关审批成立的独资合伙企业，包括个人独资企业、合伙企业。

⑧各种个体经营户，包括各级工商行政管理机关审批成立的个体工商

户，国务院民政部门和县级以上地方各级人民政府民政部门审批成立的合伙性质民办非企业单位、个人性质民办非企业单位。

⑨自然人，包括依法可独立享受民事权利并承担民事义务的公民个人，在我国居住的外国人和无国籍人。

纳税人信息在国家税务总局信息中心集中存储电子数据中有记录，数据可以从综合征管系统导出。相关纳税人信息数据分为纳税人基本信息、纳税人状态变更信息和纳税人基本信息扩展三类，纳税人的相关信息都可以在总局综合征管系统中查询。

纳税人基本信息有 Ctais1.1 和 Ctais2.0 两个版本。Ctais1.1 版本的信息有：纳税人识别号、纳税人名称、法定代表人、法人证件类型代码、证件号码、生产经营地、邮编、行业、隶属关系、登记注册类型、生产经营地址、电话号码（业主电话）、办税员名称、注册类型、纳税人状态、税务登记类型、编号日期、文书凭证序号、主管税务机构代码、纳税人征收机构代码、纳税人稽查机构代码、纳税人税务机关代码、修改人税务机关代码、录入人、录入日期、修改人、修改日期、街道乡镇、税务登记证号码。Ctais2.0 版本增加了以下信息：电子档案号、文书凭证序号、纳税人编码、税务核准登记日期、企业会计制度、增值税纳税人类型、工商业类别代码、行政区划预算分配比例代码、海关代码。

纳税人状态变更信息也有 Ctais1.1 和 Ctais2.0 两个版本，主要记录纳税人状态发生改变时的相关信息。

纳税人基本信息扩展也有 Ctais1.1 和 Ctais2.0 两个版本。以 Ctais2.0 版本为例，包括电子档案号、纳税人名称英文、工商户标志、法人标志、注册地址、注册地址邮编、生产经营地邮编、电子邮件地址、工商开业日期核算形式（预留）、办税人证件类型、办税人证件号码、技术监督局代码（组织机构代码）、工商登记机关名称、执照类别代码、工商登记证字号、工商登记证有效期起、工商登记证有效期止、主营、兼营、生产经营期限起、生产经营期限止、工商发证日期、注册资本、注册币种代码、投资总额、投资币种代码、从业人数、外籍人数、业主住址、主管单位、经营服务单位、总机构业别、批准机关、批准文号、批准日期、在华资产情况、筹建期起、筹建期止、商品货物存放地址、货物存放面积、财务负责人名称、固定资产折旧方式、低值易耗品摊销方法、会计年度、记账本位币、建账类别、记账方式、企业结账日期（预留）、税务登记证发证日期、纳税人税务机构代码、修改人税务机关代码、录入人、录入日期、修改人、修改日期、行业明细代码。

（2）增值税申报表。增值税是就增值税纳税人从事的销售货物或提供加工、修理修配劳务及进口货物的增加值征税。所以，前文将增值税税源定义为纳税人从事应税行为过程中所产生的增加值。

我国增值税征收实行凭专用发票抵扣税款的制度，但是考虑大量的会计核算尚不健全的小企业和个人，这部分纳税人还不具备用发票抵扣税款的条件，为了既简化增值税计算和征收，也有利于减少税收征管漏洞，将增值税纳税人按会计核算水平和经营规模分为一般纳税人和小规模纳税人两类，分别采用不同的增值税计税方法。一般纳税人是凭专用发票抵扣，所纳税额为其销项税额减进项税额；小规模纳税人缴纳增值税为销售额乘3%的征收率。所以，增值税税源的核算也需要根据纳税人分类，分为一般纳税人和小规模纳税人核算。

我国一般纳税人增值税征收是以销项税额减进项税额确定应纳增值税额。《2003 增值税一般纳税人申报表》Ctais 2.0 版本项目包括凭证序号、申报序号、纳税人识别号、申报日期、填表日期、所属时期起、所属时期止、行业代码、申报表列、按适用税率征税货物和劳务销售额应税货物销售额、应税劳务销售额、纳税检查调整的销售额、按简易征收办法征税货物销售额、纳税检查调整的销售额（免、抵、退办法出口货物销售额）、免税货物及劳务销售额、免税货物销售额、免税劳务销售额、销项税额、进项税额、上期留抵税额、进项税额转出、免抵退货物应退税额、按适用税率计算的纳税检查应补缴税额、应抵扣税额合计实际抵扣税额、应纳税额、期末留抵税额、简易征收办法计算的应纳税额、按简易征收办法计算的纳税检查应补缴税额、应纳税额减征额、应纳税额合计（期末未缴税额，多缴为负数）（其中欠缴税额≥0）、实际出口开具专用缴款书退税额、本期已缴税额、分次预缴税额、出口开具专用缴款书预缴税额、本期缴纳上期应纳税额、本期缴纳欠缴税额、期末未缴税额（多缴为负数）（其中欠缴税额≥0）、本期应补（退）税额、即征即退实际退税额、期初未缴查补税额、本期入库查补税额、期末未缴查补税额、有效标志、纳税人税务机构代码、税务机构代码、录入人、录入日期、修改人、修改日期。由此可见，一般纳税人增值税纳税申报表只登记应纳税销售额、销项税额和进项税额，无计算增加值的数据资料。税收会计统计报表数据只有分行业、分类型等分类汇总表，没有微观纳税人数据。税收调查资料数据只有1994—2004年数据，而重点税源调查表中有财务报表，其数据年份从1999年1月至今，所以增值税税源核算可先在重点税源范围内试点核算，根据数据资料特点，运用生产法核算：增值税税源 = 总产出 - 中间投入。

表3-1　　2011年季度重点税源企业财务信息（季报）表

财务季报表										重点税源B3表
企业名称:				企业主代码:						单位:万元
项目	1	2011年（累计）	2010年（累计）	项目	1	2011年		2010年		
	2				2	年初	期末	年初	期末	
一、营业收入	3			一、资产总计	3					
其中：主营业务收入	4			其中：流动资产合计	4					
其他业务收入	5			其中：货币资金	5					
减：营业成本	6			交易性金融资产	6					
其中：主营业务成本	7			应收票据	7					
其他业务成本	8			应收账款	8					
减：营业税金及附加	9			预付账款	9					
销售费用	10			其他应收款	10					
管理费用	11			存货	11					
财务费用	12			其中：原材料	12					
资产减值损失	13			库存商品	13					
加：公允价值变动收益	14			其中：非流动资产合计（14=3-4）	14					
投资收益	15			其中：可供出售的金融资产	15					
二、营业利润	16			投资性房地产	16					
加：营业外收入	17			长期股权投资	17					
其中：补贴收入	18			固定资产	18					
减：营业外支出	19			二、负债合计	19					

续表

财务季报表								重点税源B3表	
企业名称：				企业主代码：				单位：万元	
三、利润总额	20			其中：流动负债合计	20				
减：所得税费用	21			其中：交易性金融负债	21				
四、净利润	22			应付票据	22				
附：工业总产值	23			应付账款	23				
工业增加值	24			预收账款	24				
本年固定资产投资完成额	25			其他应付款	25				
本年新增的固定资产	26			其中：非流动负债合计（26＝19－20）	26				
平均职工人数（单位：人）	27			其中：长期借款	27				
本年累计为职工支付的薪酬（含社保基金）	28			三、所有者权益（股东权益）合计（28＝3－19）	28				
其中：实际支付给职工的工资	29			其中：实收资本（或股本）	29				
本年累计计提折旧	30			资本公积	30				
备用字段	31			未分配利润	31				
备用字段	32			备用字段	32				
备用字段	33			备用字段	33				
备用字段	34			备用字段	34				

小规模纳税人申报增值税时，填报《增值税小规模纳税人申报表》，Ctais2.0版本内容包括凭证序号、申报序号、纳税人电子档案号、征收品目代码、申报日期、填表日期、所属时期起、所属时期止、销售额、核定

销售额、征收率、本期应纳税额、核定应纳税额、减免税额、已缴纳税额、其中预缴税额、其中多缴税额、应征税额、应补退税额、有效标志、纳税人税务机关代码、税务机构代码、录入人代码、录入日期、修改人代码、修改日期、地产地销减免额。由此可见，小规模纳税人从事应税行为过程中的增加值计算没有相关数据，只有应税销售额数据。我国小规模纳税人数量众多，其会计核算水平不够健全，取得其全面的增加值计算数据十分不易。这里可以按照小规模纳税人所纳增值税额按照17%的税率推算出小规模纳税人的增加值，从而可以和一般纳税人的增加值加总。

（3）消费税申报表。消费税是对在我国境内从事生产、委托加工和进口应税消费品的单位和个人征税的一种流转税，是对特定消费品和消费行为征收的一种流转税。现行消费税共有14个税目，包括烟、酒及酒精、化妆品、贵重首饰及珠宝玉石、鞭炮和焰火、汽车轮胎、摩托车、小汽车、高尔夫及球具、高档手表、游艇、木制一次性筷子、实木地板、成品油。消费税税源为各应税消费品销售额。消费税征收中有从价定率计征、从量定额计征和复合计征三种形式。税源核算中从价定率计征类别即计算销售额；从量定额计征、复合计征类别的也计算消费品销售额，因为从国民经济核算角度来看其消费税税收收入最终来源是该类消费品的销售额。

《消费税申报表》Ctais2.0版本的项目包括凭证序号、纳税人电子档案号、申报日期、填表日期、所属时期起、所属时期止、本期应纳税额、本期应纳消费税额累计、减免税额、本期应纳消费税税额、本期已缴纳消费税税额累计、当期扣除已纳税额、当期准予扣除委托加工应税消费品已纳税款、期初库存委托加工应税消费品已纳税款、当期收回委托加工应税消费品已纳税款、期末库存委托加工应税消费品已纳税款、本期应补（退）税金额、上期结算税额、补交本年度欠税、补交以前年度欠税、截至上年底累计欠税额、本期新增欠税额、本年度新增欠税额累计、预缴税额、多缴税额、应征税额、有效标志、纳税人税务机关代码、操作员税务机关代码、录入人代码、录入日期、修改人代码、修改日期。可见，消费税申报表中关于税源核算的指标只有本期应纳税额指标一项，但是全国企业税收调查表（货物劳务表）有关于销售额的资料。

表 3－2　2009 年度全国企业税收调查表（货物劳务表）

2009 税调 02 表　　　　金额单位：千元

一、货物劳务代码	计量单位	二、产品产量、销量和价格							三、增值税有关指标						四、消费税有关指标									
		年初产品库存量	产品产量	产品销量（3 = 4 + 5）	其中：内销产品销量	其中：出口产品销量	年末产品库存量（6 = 1 + 2 − 3）	产品平均销售价格（元）	本年内销货物计征增值税的销售额	本年内销货物免征增值税的销售额	本年出口货物销售额	本年销项税额	其中：适用17%税率的销项税额	适用13%税率的销项税额	本年按简易征收办法计算的应纳税额	本年内销货物计征消费税的销售额	本年内销货物免征消费税的销售额	本年出口货物免征消费税的销售额	消费税单位税额	消费税税率	按规定税率（税额）计算的应交消费税额（20 = 15 × 19 + 4 × 18）	本年因外购或委托加工消费品应扣除的消费税额	本年按政策规定减征的消费税额	本年应交消费税额（23 = 20 − 21 − 22）
		仅限于左列“计量单位”栏有计量单位的货物、劳务填写							千元	千元	千元	千元	千元	千元	千元	千元	千元	千元	元	%	千元	千元	千元	千元
0		1	2	3	4	5	6	7	8	9	10	11	12	13	14	15	16	17	18	19	20	21	22	23
合计		0	0	0	0	0	0	0	0	0	0	0	0	0	0	0	0	0	0.00	0.00	0	0	0	0

（4）营业税申报表。营业税是指在我国境内《营业税暂行条例》规定的应税劳务、转让无形资产或销售不动产的单位和个人，就其取得的营业额的征税。营业税税源为纳税人从事经营活动的营业额（销售额）。营业税的征税范围包括提供应税劳务、转让无形资产或者销售不动产的行为。营业额为纳税人提供应税劳务、转让无形资产或者销售不动产收取的全部价款和价外费用。这里的营业额一般包括三个部分：营业额、转让额和销售额。营业额是指从事交通运输业、建筑业、金融保险业、邮电通信业、文化体育业、娱乐业和服务业取得的营业收入；转让额是指转让无形资产取得的收入；销售额是指销售不动产取得的收入。根据行业不同，营业额计算也有所不同，但在营业税申报表中登记有应税营业额一项，所以在核算营业税税源时可用该项进行计算。

《营业税申报表》Ctais2.0 版本包括以下项目：凭证序号、申报序号、纳税人电子档案号、征收品目、申报日期、填表日期、所属时期起、所属时期止、全部收入、不征税项目、减除项目、减免税项目、应税营业额、税率、应纳税额、减免税额、已缴纳税额、其中预缴、其中多缴、应征税额、应补退税额、有效标志、纳税人税务机关代码、税务机关代码、录入人代码、录入日期、修改人代码、修改日期。

（5）企业所得税申报表。企业所得税是对企业生产经营所得和其他所得征收的一种税。企业所得税征税对象是企业取得的所得，包括销售货物所得、提供劳务所得、转让财产所得、股息红利等权益性投资所得、利息所得、租金所得、特许使用费所得、接受捐赠所得和其他所得。

企业所得税的计税依据是企业应纳税所得额，指企业每一纳税年度的收入总额，减除不征税收入、免税收入、各项扣除以及允许弥补的以前年度亏损后余额。企业应纳税所得额的计算以权责发生制为原则，按照权责发生制要求，当期已经实现的收入和已经发生或者应当负担的费用，不论款项是否收付，均作为当期的收入和费用；不属于当期的收入和费用，即使款项已在当期收付，也不作为当期的收入和费用。

显然，企业所得税税源即为企业取得的所得，在进行核算时，以企业应纳税所得额进行记录。应当注意的是，在计算应纳税所得额时准予从收入额中扣除与取得应纳税收入有关的所有必要和正常的成本、费用、税金、损失和其他支出，企业在中国境外取得的所得已在境外缴纳的所得税税额，可以从当期应纳税额中抵免。

《企业所得税年度申报表》Ctais2.0版本项目包括凭证序号、纳税人电子档案号、所属时期起、所属时期止、申报日期、填表日期、销售（营业）收入、销售退回、折扣与折让、销售（营业）收入、免税的销售收入、特许权使用费收益、投资收益、投资转让净收益、租赁净收益、汇兑净收益、资产盘盈净收益、补贴收入、其他收入、收入总额合计、销售（营业）成本、销售（营业）税金及附加、期间费用合计、期间费用工资薪金、期间费用工资福利、期间费用固定资产折旧（期间费用无形资产、递延资产摊销）、期间费用研究开发费用、期间费用利息净支出、期间费用汇兑净损失、期间费用租金净支出、期间费用上缴总机构管理费、期间费用业务招待费、期间费用税金、期间费用坏账损失、期间费用增提的坏账准备金（期间费用资产盘亏、毁损和报废净损失）、期间费用投资转让净损失、期间费用社会保险缴款、期间费用劳动保护费、期间费用广告支出、期间费用捐赠支出（期间费用审计、咨询、诉讼费）、期间费用差旅费、期间费用会议费、期间费用销售费用、期间费用矿产资源补偿费、期间费用其他扣除费、纳税调整前所得、纳税调整增加额、纳税调整增加额工资薪金、纳税调整增加额职工费、纳税调整增加额利息支出、纳税调整增加额业务招待费、纳税调整增加额广告支出、纳税调整增加额赞助支出、纳税调整增加额捐赠支出（纳税调整增加额折旧、摊销）、纳税调整增加额坏账损失、纳税调整增加额坏账准备（纳税调整增加额罚款、罚金或滞纳金）、纳税调整增加额存货跌价准备金、纳税调整增加额短期投资跌价准备金、纳税调整增加额长期投资减值准备、纳税调整增加额其他、纳税调整减少额、纳税调整减少额研究开发费用附加扣除额、纳税调整减少额其他、纳税调整后所得、弥补以前年度亏损、免税所得、免税所得国债利息、免税所得补贴收入（免税所得基金、收费、附加）、免税所得免于补税的投资收益、免税所得技术转让收益、免税所得治理“三废”收益、免税所得其他、应纳税所得额、适用税率、应缴所得税额、期初多缴所得税额、已预缴的所得税额、应补税的境内投资收益的抵免税额、应补税的境外投资收益的抵免税额、减免所得税额、应补（退）的所得税额、有效标志、纳税人税务机关代码、税务机关代码、录入人代码、录入日期、修改人代码、修改日期。可见，企业所得税税源指标可以直接取自纳税人企业所得税年度申报表中的应纳税所得额。

（6）个人所得税申报表。个人所得税是对个人取得的应税所得征收的一种税。个人所得税征税对象为个人取得的各项所得，包括工资薪金所得，个体工商户的生产经营所得，对企事业单位的承包经营、承租经营所得，劳务报酬所得，稿酬所得，特许权使用费所得，利息、股息、红利所得，财产租赁所得，财产转让所得和偶然所得，其他所得共 11 大类。

个人所得税的税源即为个人取得的所得，核算时也以应纳税所得额记录。我国个人所得税实行分类课征制，不同应税所得项目采取不同方法计算应纳税额。应纳税所得额的确定，以某项应税项目的收入额减去税法规定的该项费用减除标准后的余额，为该项所得项目的应纳税所得额。个人所得的形式，包括现金、实物、有价证券和其他形式的经济利益。所得为实物的，应当按照取得的凭证上所注明的价格计算应纳税所得额；无凭证的实物或者凭证上所注明的价格明显偏低的，参照市场价格核定应纳税所得额。所得为有价证券的，根据票面价格和市场价格核定应纳税所得额。所得为其他形式的经济利益的，参照市场价格核定应纳税所得额。虽然我国个人所得税实行分类课征制，不同应税所得项目采取不同方法计算应纳税额，但是在个人所得税核算中可以只核算个人所得总额，按所得类别核算税源实际意义不大。

《个人所得税申报表》Ctais2.0 版本的项目包括凭证序号、纳税人电子档案号、申报日期、所属时期起、所属时期止、储蓄存款机构代码、本期结付利息额人民币、本期结付利息额外币折合人民币、本期结付利息额合计、税率、扣缴所得税额、扣缴税款人次（笔数）、本期期末储蓄存款余额人民币、本期期末储蓄存款余额外币折合人民币、本期期末储蓄存款余额合计、有效标志、纳税人税务机关代码、税务机关代码、录入人代码、录入日期、修改人代码、修改日期。

2. 税收统计体系现状

（1）中国税收收入分类标准。根据财政部制定的《2014 年政府收支分类科目》，政府收入分类包括四个层级，分别是类、款、项和目。我国税收收入分为 20 款，其中，05 款“企业所得税退税”实质上是收入的负项，反映财政部门按“先征后退”政策审批退库的企业所得税，税收收入分类如表 3－3 所示。

表 3-3　　　　中国税收收入分类科目表

科目编码		科目名称	说明
类	款		
101	01	增值税	增值税是以单位和个人生产经营过程中取得的增值额为课税对象征收的税种
	02	消费税	消费税是对我国境内从事生产、委托加工和进口应税消费品的单位和个人，就其销售额或销售数量，在特定环节征收的一种税
	03	营业税	营业税是对在我国境内提供应税劳务，转让无形资产或销售不动产的单位和个人所取得的营业额征收的一种商品与劳务税
	04	企业所得税	企业所得税是对我国境内的企业和其他取得收入的组织的生产经营所得和其他所得征收的所得税
	05	企业所得税退税	反映财政部门按"先征后退"政策审批退库的企业所得税
	06	个人所得税	个人所得税是以个人（自然人）取得的各项应税所得作为征税对象所征收的一种税
	07	资源税	资源税是以部分自然资源为课税对象，对在我国境内开采应税矿产品及生产盐的单位和个人，就其应税产品销售数量或自用数量为计税依据而征收的一种税
	09	城市维护建设税	城市维护建设税是以纳税人实际缴纳的增值税、消费税和营业税税额为依据所征收的一种税
	10	房产税	房产税是以房产为征税对象，以房产的计税余值或出租房产取得的租金收入为计税依据，向房屋产权所有人征收的一种税
	11	印花税	印花税是对经济活动和经济交往中书立、领受、使用的应税经济凭证所征收的一种税
	12	城镇土地使用税	城镇土地使用税（以下简称土地使用税）是对使用应税土地的单位和个人，以其实际占用的土地面积为计税依据，按照固定税额计算征收的一种税
	13	土地增值税	土地增值税是对有偿转让国有土地使用权、地上建筑物及其他附着物，并取得增值收益的单位和个人征收的一种税
	14	车船税	车船税是对行驶于我国公共道路，航行于国内河流、湖泊或领海口岸的车船，按其种类实行定额征收的一种税
	15	船舶吨税	船舶吨税是海关代表国家交通管理部门在设关的口岸对进出我国国境的船舶征收的用于航道设施建设的一种使用税

续表

科目编码		科目名称	说明
类	款		
101	16	车辆购置税	车辆购置税是以在中国境内购置规定的车辆为课税对象、在特定的环节向车辆购置者征收的一种税
	17	关税	关税是指进出口商品在经过一国关境时，由政府设置的海关向进出口国所征收的一种税
	18	耕地占用税	耕地占用税是对占用耕地建房或从事其他非农业建设的单位和个人，就其实际占用的耕地面积征收的一种税
	19	契税	契税是以所有权发生转移的不动产为征税对象，向产权承受人征收的一种财产税
	20	烟叶税	烟叶税是以纳税人收购烟叶的收购金额为计税依据征收的一种税
	99	其他税收收入	反映除上述项目以外其他税收收入，包括有关已停征税种的尾欠等

资料来源：《2014 年政府收支分类科目》。

（2）我国税收收入标准与 SNA 税收分类比较。将我国税收收入分类标准与 SNA2008 进行比较，可以发现，相对 SNA 而言，我国对税收分类的处理比较简化，一方面是由于基础统计报表中缺少详细税收项目，另一方面也缺少税收项目分类所对应的标准（见表 3－4）。

表 3－4　　　我国税收科目与 SNA 分类的对应关系

科目编码		科目名称	SNA 对应分类
类	款		
101	01	增值税	D211 增值税
	02	消费税	D21 产品税
	03	营业税	D214 除增值税、进出口税以外的产品税
	04	企业所得税	所得税
	05	企业所得税退税	所得税
	06	个人所得税	所得税
	07	资源税	财产收入（地下资产地租）
	09	城市维护建设税	视同产品税

续表

科目编码		科目名称	SNA 对应分类
类	款		
101	10	房产税	大部分是 D29 其他生产税
	11	印花税	部分属于 D214，部分属于 D29 其他生产税
	12	城镇土地使用税	D29 其他生产税
	13	土地增值税	D214 除增值税、进出口税以外的产品税
	14	车船税	D29 其他生产税或其他经常税
	15	船舶吨税	D2122 除增值税和关税外的进口税
	16	车辆购置税	D29 其他生产税或所得税、财产税等经常税
	17	关税	D2121 进口关税
	18	耕地占用税	D29 其他生产税
	19	契税	D29 其他生产税
	20	烟叶税	D214 除增值税、进出口税以外的产品税
	99	其他税收收入	

资料来源：许宪春：《SNA 关于政府发放许可收费的处理及中国税费核算的梳理》，《统计研究》2013 年第 1 期。

（二）中国税收收入发展状况分析

1. 税收收入的增长与结构分析

改革开放以来，我国 GDP 从 1978 年的 3645.2 亿元上升到 2012 年的 56.9 万亿元，呈现快速增长态势，经济总量居世界位次稳步提升，从 1978 年的第十位上升到目前第二位，成为仅次于美国的世界第二大经济体。中国社会科学院发布的《新兴经济体蓝皮书》指出，2020 年，预计我国经济总量将超越美国，位居世界第一。

税收来源于经济，得益于经济发展的良好形势，我国税收收入也表现出迅猛增长的态势。全国税收收入从 1978 年的 519.28 亿元上升到 2013 年的 11.1 万亿元，占 GDP 的比例从 14.2% 上升到 19.4%，约占当年国民收入的 1/5。表 3－5 显示，除个别年份（1986 年、1987 年、1990—1992 年）外，我国税收收入增速一直高于 GDP 的增长率。

表 3 - 5　　税收与 GDP 增长情况（1986—2013 年）　　单位:%

年份	1986	1987	1988	1989	1990	1991	1992	1993	1994	1995	1996	1997	1998	1999
税收	2.5	2.4	11.7	14.1	3.5	6.0	10.3	29.1	20.5	17.8	14.4	19.2	12.5	15.3
GDP	8.8	11.6	11.3	4.1	3.8	9.2	14.2	14.0	13.1	10.9	10.0	9.3	7.8	7.6
年份	2000	2001	2002	2003	2004	2005	2006	2007	2008	2009	2010	2011	2012	2013
税收	17.8	21.6	15.3	13.5	20.7	19.1	20.9	31.1	18.9	9.8	23.0	22.6	12.1	9.9
GDP	8.4	8.3	9.1	10.0	10.1	11.3	12.7	14.2	9.6	9.2	10.4	9.3	7.8	7.7

资料来源：有关年份《中国统计年鉴》。

与税收收入超经济增长相伴随的是我国税负水平的不断提高。税负反映的是纳税人或者征税对象对于政府课税的承受状况，通常用一定时期内税收总收入占 GDP 的比重表示。1978 年以来，我国宏观税负的变迁过程大致经历了三个阶段：（1）1985 年之前，宏观税负基本维持在 13% 的水平上下浮动；（2）1985—1996 年，税收收入在国民经济中的比重不断下降；（3）1997—2013 年，税负走势发生反转，税收收入在 GDP 中的比重持续拉升直至接近 20%。

表 3 - 6　　历年税负变化情况（1978—2013 年）　　单位:%

年份	1978	1979	1980	1981	1982	1983	1984	1985	1986	1987	1988	1989
税负	14.25	13.24	12.58	12.88	13.15	13.01	13.14	22.64	20.35	17.75	15.89	16.05
年份	1990	1991	1992	1993	1994	1995	1996	1997	1998	1999	2000	2001
税负	15.12	13.73	12.25	12.04	10.64	9.93	9.71	10.43	10.97	11.91	12.68	13.95
年份	2002	2003	2004	2005	2006	2007	2008	2009	2010	2011	2012	2013
税负	14.66	14.74	15.12	15.56	16.09	17.16	17.27	17.46	18.23	18.97	19.37	19.43

资料来源：根据《中国统计年鉴》加工整理。

新中国成立以来，我国税收制度的建立与变迁大体经历了六个阶段：（1）1950 年《全国税政实施要则》规定了全国除农业税外，统一开征货物税、工商业税、关税、薪给报酬所得税、印花税、遗产税、交易税、屠宰税、房产税等 14 个税种；（2）1953 年，对工商税制进行了包括统一商品流通税在内的若干修正；（3）1958 年，建立工商所得税，我国税制结构开始出现了以流转税为主体的格局；（4）从1973年通过合并简化税种将税目由原来的108个减少为44个；（5）1979年之后，健全了涉外税收制度，并进行增值税改革试点工作；（6）1994年，按照事权与财权相结合的原则，将税收划分为中央税、地方税和中央地方共享税，建立了以增值税为核心流转税体系，并统一了内资企业所得税，我国现行的税收制度就是1994年分税制改革后确立的，目前有19个税种，按征税对象可以分为五大类（见表3－7）。

表3－7　　我国税种按征税对象分类情况

税类	包含税种
流转税	增值税、消费税、营业税和关税
所得税	企业所得税、个人所得税
财产和行为税	房产税、车船税、印花税、契税
资源税	资源税、土地增值税、城镇土地使用税
特定目的税	城市维护建设税、车辆购置税、耕地占用税、烟叶税

由于现行税收结构主要基于1994年的税制改革，考虑税收数据的可得性与可比性，下面的数据时间跨度均为1994—2013年。

表3－8　　我国各税种税收收入变化情况（1994—2013年）　　单位：亿元

年份	税收合计	增值税	消费税	营业税	企业所得税	个人所得税	关　税
1994	5127	2308	487	670	708	—	273
1995	6038	2602	541	866	878	—	292
1996	6910	2963	620	1053	968	—	302
1997	8234	3284	679	1324	963	—	319
1998	9263	3628	815	1575	926	—	313
1999	10683	3882	821	1669	811	414	562
2000	12582	4553	858	1869	1000	660	750
2001	15301	5357	930	2064	2631	995	841
2002	17636	6178	1046	2450	3083	1212	704
2003	20017	7237	1182	2844	2920	1418	923
2004	24166	9018	1502	3582	3957	1737	1044

续表

年份	税收合计	增值税	消费税	营业税	企业所得税	个人所得税	关　税
2005	28779	10792	1634	4232	5344	2095	1066
2006	34804	12785	1886	5129	7040	2454	1142
2007	45622	15470	2207	6582	8779	3186	1433
2008	54224	17997	2568	7626	11176	3722	1770
2009	59522	18481	4761	9014	11537	3949	1484
2010	73211	21093	6072	11158	12844	4837	2028
2011	89738	24267	6936	13679	16770	6054	2559
2012	100614	26416	7876	15748	19655	5820	2784
2013	110531	28810	8231	17233	22427	6532	2631

资料来源：历年《中国统计年鉴》。

从各类税总量变化情况来看，1994—2013 年我国各类税的税收绝对量明显增加，宏观税负稳步提高。其中流转税从 3738.44 亿元增加到 56905.08 亿元，所得税从 708.49 亿元增加到 28958.73 亿元，其他税从 679.95 亿元增加到 110530.7 亿元，这与我国的经济发展水平呈正相关。其中流转税总量最高，所得税其次，两者是税收总收入的主要来源。

流转税总量逐年增加，增长比较平稳，2002 年流转税总量首次突破万亿元，之后增长迅速，2013 年达到 56905.08 亿元，是 1994 年的 15 倍。所得税整体增幅明显，尤其是 2001 年以后，随着国家对所得税重视程度的提高，所得税增长更为迅速。1994 年所得税总量仅为 708.49 亿元，2007 年首次突破万亿元，2013 年达到 28958.73 亿元，是分税制改革初的 41 倍，表明我国所得税调节力度不断加大。财产税从总量上相对较低，从 1994 年到 2002 年财产税总量一直处于低位徘徊阶段，大部分年份都不到千亿元。随着国家对房地产行业调节力度的加大，从 2003 年开始财产税总量明显增加，2007 年更为突出，达到 5155.39 亿元，是上一年的 4 倍。之后处于高位增长阶段，2011 年财产税总额达到 15137.06 亿元，财产税总量的变化表明国家对居民财产分配调节力度的增大。

2. 影响我国税收收入的主要因素

以上分析不难发现，我国税负的超经济增长现象是一个持续性的过程，在不发生重大经济波动和政策制度调整条件下，这种趋势短期内很难发生逆转。究其原因，主要有以下几点：

（1）经济发展为动力。理论上来说，在税制不变、管理稳定前提下，经济发展水平的提高意味着政府可运用的资源日益丰富，自然会导致税收收入的迅速增长。改革开放以来我国社会生产力不断提高，使得国民经济一直保持着良好发展势头，所以经济发展带来的政府收入增加直接体现为税收收入的快速增长。从结构来看，三大产业对税收收入增长的贡献程度不同。农业税取消之后，第一产业对税收总收入的贡献甚微。而在小微企业和劳动力高度集中的服务业，以缴纳营业税为主，占宏观税收总收入过半以上的增值税并不主要来自服务业，再加上税收征管困难，使服务业对税收总收入贡献十分有限。与之截然相反，第二产业尤其是制造业一直是税收增长的核心动力，事实上也正是近年来制造业引擎的启动才带来了税收超经济总量增长现象的出现。

（2）税收改革为源泉。由于制度具有激励和约束功能，所以制度改进能够优化资源配置，推动效率改善，促进经济增长。就税制改革而言，1994 年的分税制改革协调了国家与企业、个人之间和中央与地方之间的分配关系，调动起各级政府依法组织收入的积极性，建立了财政收入稳定增长机制。1994 年之后，我国财政实力不断壮大，财政收入保持了较快增长势头。其中，税收政策的作用也至关重要。例如，自 2007 年 5 月 30 日起，证券交易印花税由原来的 1‰调整为 3‰，即对买卖、继承、赠与所树立的 A 股、B 股股权转让书据，由立据双方当事人分别按 3‰的税率缴纳证券交易印花税。仅此一项，2007 年，全国证券交易印花税累计收入 2005.31 亿元，比上年同期增长 10.17 倍，增收 1825.84 亿元。

（3）税收监管为保障。过去一段时间，我国税收征管工作存在着税源管理覆盖不全，监控不力，偷税逃税等违法现象较多的问题，造成税款大量流失，给国家财政带来巨大损失。自 1994 年 8 月 1 日起，国家税务总局实施了“金税工程”，在现代化、信息化征管方式下，税务机关运用稽核系统，可以及时地对税收入库数据进行纳税评估分析，适时地采取征税措施，将相互独立的一般纳税人纳入系统管理，形成一个有机的整体，基本实现了对一般纳税人经营情况的全程监控。金税工程运行后，促进了我国税收征管体制的变革，不仅有效堵塞了税收漏洞，抑制了偷税、漏税和骗税现象，也有力地确保了国家税款的及时足额入库，使我国税收收入规模实现了跨越式增长。

（4）税制漏洞未完全解决。应该说任何税收制度都不能完全避免重复征税问题，1994年的税制改革是以1993年宏观经济紧缩政策为背景设计的，没有充分考虑重复征税对经济运行的影响。以流转税为例，由于过去一直实行生产性增值税，购进固定资产所包含的进项税额不允许抵扣，形成重复征税。对于小规模纳税人而言，应缴增值税按增值率计算，购进货物也得不到抵扣。另外，当增值税纳税人购买营业税纳税人货物时，由于无法取得相应部分的增值税发票，所以也有重复征税现象存在。随着新一轮税制改革的启动，增值税由生产型转向消费型，增值税扩围等税收政策的变革，这些新的政策措施会一定程度减轻纳税人负担，减轻重复征税现象，但仍会有一部分重复课税进入财政，推高税收收入。

（三）税收收入及税收政策的国际比较

1. OECD国家的税收分析

（1）所得税为主体。1980年以来，主要OECD国家所得税占税收收入的比重最高为1985年的36.9%，最低为2010年的33.1%，变化幅度为3.8个百分点。发达国家以所得税为主体的税制结构未发生大的变化，所得税中公司所得税占税收收入比重最高为2007年10.6%，最低为1985年的7.9%，变化幅度为2.7个百分点。金融危机初期，公司所得税有较大幅度的下降，2009年仅为8.4%，较2007年最高点的10.6%下降2.2个百分点。公司所得税改革特点仍为“降低税率、拓宽税基”。2000—2010年，法定企业所得税最高税率的平均值从32.6%大幅降至25.4%，其中较为突出的是欧盟公司所得税税率从2000年的27%逐年下降到2012年的21%，日本2011年由40%下降到35%，2012年进一步下降为30%。个人所得税占税收收入比重最高为1985年的29.7%，最低为2010年的23.8%，变化幅度为5.9个百分点。

（2）流转税呈上升趋势。流转税占税收收入比重最高为1995年的32.1%，最低为2007年的30.2%，变化幅度为1个百分点。金融危机后，流转税比重呈上升趋势，2008—2010年分别为30.2%、30.6%和31.3%。流转税中增值税占税收收入比重最高为2010年的20.5%，最低为1985年的15.8%，变化幅度为4.7个百分点，呈上升趋势。消费税占税收收入的比重最高为1985年的16.2%，最低为2007年的10.4%，变化幅度为5.8个百分点，呈下降趋势。这一时期增值税的一个显著特点是向现代型转化，增值税征收范围越来越广，免税范围越来越窄。欧盟对货物和劳务广泛征收增值税，几乎适用于所有在欧盟内部购买与销售的货物和劳务以及进口货物。2010 年，欧盟委员会发布了《增值税的未来：面向一个更加简化、稳健和高效的增值税制度》绿皮书，进一步调整和扩大增值税的征收范围，涉及对公共机构和控股企业交易的增值税处理。澳大利亚和新西兰除对极特殊的行业以免税形式不征收增值税外，最大限度地把所有商品和劳务纳入增值税的征收范围，不仅对经济实体提供的货物与劳务征税，对政府机关提供的货物和劳务同样征收增值税。

（3）社会保障税呈上升趋势。社会保障税占税收收入的比重最高为 2009 年的 26.6%，最低为 1985 年的 2.1%，变化幅度为 4.5 个百分点，社会保障税呈上升趋势。日本 2011 年社会保障税占税收收入比重为 41.4%，社会保障税成为第一大税种，欧盟为 33.5%，与所得税和流转税比重相当，各占全部税收收入的 1/3。

（4）环境税和银行税受到广泛重视。面对财政恶化、债务高筑，同时反思经济的可持续发展，发达国家把目光投向了环保税，重视税收对环境保护的重要作用，因此修改、开征或酝酿开征各种形式环保税。例如，澳大利亚 2011 年通过碳税法案，对 500 家从事煤矿、铁矿业的公司征收每吨 23 澳元的碳排放税。美国 2011 年将国际航班的消费税由 16.1 美元提高到 16.3 美元。日本 2012 年分三阶段开征环境税，征收对象是石油、天然气等化石燃料，征收标准为每千升石油或每吨天然气、煤炭 250 日元、260 日元、220 日元。

瑞典于 2009 年率先在国内征收银行稳定税（Bank stability fee），对银行资产负债表中的负债按照 0.036% 的税率课税。匈牙利于 2010 年 7 月通过一揽子经济法案，明确规定自 2010 年 9 月起向金融机构征收为期三年的金融机构税，课税对象为所有信贷机构包括保险公司、基金管理公司、证券交易所、证券经纪人在内的其他金融性机构，实行累进税率（资产负债表中负债规模 500 亿福林以上部分适用 0.5%，以下部分适用 0.15%）。继 2010 年匈牙利开征银行税之后，欧盟范围内广泛推广银行税，英国、德国、法国、荷兰等国加入开征银行税行列，但各国在银行税的具体规定上差异很大。

2. 金砖国家的税收政策分析

（1）流转税为主体。发展中国家流转税比重占税收收入比重保持在 60% 左右，但呈缓慢下降趋势。各国普遍推动增值税改革，相关举措包括：一是扩大增值税征收范围，例如，我国2012年起营业税改征增值税率先在上海交通运输业和部分现代服务业等生产性服务业开始试点，2013年8月推广至全国，2014年将铁路运输业和邮政业纳入增值税试点。二是免征小微企业增值税，我国规定小微企业月销售额不足两万元的小规模纳税人免征增值税。此外，消费税改革方面，主要是提高税率、扩大征税范围，例如，南非将含酒精饮料的税率提高至4.5%—10.3%，将烟草产品的税率提高至6%—10.2%，将汽柴油的税率每升提高10分，将利用不可再生资源发电和核电的税率从每千瓦2分提高至每千瓦2.5分。

（2）重视公司所得税改革。金砖国家中公司所得税改革呈“宽税基、低税率”扁平化特点。一是降低公司所得税的税率。2000—2012年，除巴西外，其余四国都降低了公司所得税的法定税率。二是提高创新型企业、小微企业和特定产业的税收优惠。巴西2011—2014年逐年提高费用扣除标准，以免税或出口退税政策减轻特定产品和产业税负，企业在计算公司所得税税基时，可以扣除技术和创新的费用支出。南非2011年提高了公益组织年营业收入免税限额标准，延长学徒工税收优惠5年。俄罗斯2013年折旧计提从10%提高到30%，缩短技术创新型企业固定资产折旧期限。我国2011—2020年对设在西部的鼓励类产业企业采取15%的优惠税率，延长科技创新企业的税收优惠，2012—2015年对年应纳税所得额低于6万元的小型微型企业所得税直接按50%计入应纳税所得额，采取20%的优惠税率。

（3）简化个人所得税税制。金砖国家近年来对个人所得税税制也进行了改革。一是简化税率级次。例如，我国2011年个人所得税税率级次由9级降为7级，取消15%和40%两档税率。二是减少中低收入者税收负担，提高免征额和费用扣除标准。印度提高免征额，由年收入16万卢比提高到18万卢比，老年公民由年收入24万卢比提高到25万卢比。此外，我国免征额从2000元提高到3500元，巴西2011—2014年提高了可扣除费用标准和应税所得，俄罗斯也提高了个人所得税的社会和财产扣除标准。三是越来越多的国家选择分类与综合课税模式。

（4）开征金融交易税。美欧等发达国家经济体增长乏力，国际热钱纷纷流入新兴市场，推高新兴经济体的通胀水平，加剧资产泡沫，引发本币升值，因此发展中国家普遍支持利用税收工具加大对跨境资本流动的管制。如巴西在2010年频繁调整金融交易税税率的基础上，2011年对购买信用卡、国外信贷交易、少于720天的国际金融市场发行债券、居民个人相关贷款交易等都提高了税率。

在税收征管改革方面，各类国家普遍重视税收管理。一是税收征收基础管理方面，俄罗斯将多缴税足以弥补的少缴税行为由过去免处罚调整为予以处罚，增设国内外税务管理机构，扩充税收执法队伍。印度与瑞士银行签订协议，由瑞士银行提供涉嫌逃税的印度客户银行账户信息给印度税务部门，印度最高法院成立一个由专家组成的“纳税调查小组”，对居民将资金藏匿于避税地行为展开调查。二是高压治理逃避税。俄罗斯最高仲裁法院颁布了更新的联邦法院实践指南及其行政裁决工作草案，明确税务代理人的法律责任、应缴税额高于已缴税额时处罚的适用性等问题，为税务争端的裁决提供了法律依据。印度加入了《OECD各级政府财政关系网络》，并成为《信息交换与透明全球论坛》指导委员会成员，以此加强财政税收监管。

3. 税负水平的国际比较

我国税收收入以超GDP的速度连年增长，税收在国民经济中的比重持续上升，容易加深纳税主体的税负感受，引发社会各界关于“国富民穷”问题的探讨。和世界其他国家与地区相比，我国的税负水平究竟如何？表3－9是根据2013年IMF出版的《政府财政统计年鉴》（*Government Finance Statistics Yearbook*）整理出的世界主要经济体的宏观税负水平。

通过表3－9可以发现，我国2012年税负水平为19.37%，这一宏观税负水平高于发达地区组中的美国（18.84%）、新加坡（14.48%）、日本（17.48）和中国香港（14.05%），低于绝大多数西欧国家。同发展中地区相比，首先，2012年，发展中国家中宏观税负较高的地区如撒哈拉以南非洲地区，平均税负26.19%，比中国同期高近7个百分点；其次，独联体国家，宏观税负平均为21.56%；再次，中东欧地区的宏观税负平均为21.16%，略高于中国；最后，2012年，亚洲地区（除发达国家外）的宏观税负平均为20.35%，同中国税负水平接近。宏观税负水平比中国低的区域有西半球的发展中国家（平均税负18.9%）和中东及北非地区的国家（平均税负17.7%）。可以看出，综合来看，我国的税负水平处于世界中游水平，在与收入相当或地域相近国家的比较中，我国税负水平也不低，但是若考虑近年来我国税收超经济增长的趋势还会持续一段时间，那么我国的宏观税负水平将会超越很多国家。

表 3－9　　世界主要经济体税负水平（2012 年）　　单位:%

发达国家和地区		发展中国家和地区			
奥地利	28.03	中东及北非		亚洲	
比利时	30.20	阿富汗	7.74	不丹	10.91
芬兰	30.74	埃及	14.35	中国澳门	36.47
法国	27.67	摩洛哥	25.44	印度尼西亚	13.05
德国	23.31	突尼斯	21.26	马尔代夫	15.49
希腊	22.71	阿联酋	22.19	蒙古	20.50
爱尔兰	24.07	乌兹别克斯坦	25.64	泰国	18.80
意大利	30.17	也门	7.09	东帝汶	27.20
卢森堡	27.63	中东欧		撒哈拉以南非洲地区	
荷兰	22.57	阿尔巴尼亚	18.04	毛里求斯	19.88
葡萄牙	23.06	波斯尼亚—黑塞哥维那	23.46	塞舌尔	31.21
西班牙	21.07	保加利亚	20.98	南非	27.47
澳大利亚	26.25	克罗地亚	22.56	西半球	
加拿大	26.07	匈牙利	25.74	玻利维亚	24.52
中国香港	14.05	拉脱维亚	19.14	巴西	26.44
捷克	18.92	立陶宛	15.98	智利	20.32
丹麦	47.07	波兰	20.21	哥伦比亚	16.79
冰岛	32.76	罗马尼亚	19.81	哥斯达黎加	14.36
以色列	24.38	塞尔维亚	25.88	萨尔瓦多	15.42
日本	17.48	土耳其	20.98	洪都拉斯	15.49
新西兰	31.78	独联体		牙买加	26.60
挪威	32.59	亚美尼亚	19.17	巴拉圭	13.48
新加坡	14.48	阿塞拜疆	13.07	秘鲁	16.37
瑞典	36.99	格鲁吉亚	25.49		
瑞士	21.56	摩尔多瓦	23.32		
英国	28.46	俄联邦	23.99		
美国	18.84	乌克兰	24.34		

资料来源：IMF，*Government Finance Statistics Yearbook*，2013。

五　中国税收统计存在问题与建议

（一）我国税收统计体系存在的主要问题

1. 核算主体界定不同

主要表现在广义政府部门界定上，中国政府财政统计体系对广义政府部门的界定是以政府职能分类为基础的，包括履行政府职能的所有单位从事的交易。国际货币基金组织的 GFSM2001 对广义政府部门的界定是以政府管理经济职能为基础的，涵盖执行政府管理经济职能的所有实体。

2. 统计对象分类基础不一致

中国政府财政统计对象按社会组织为基础分为中央政府、地方政府、事业单位、依附于各级党政机关的社会团体、社会保险基金以及国有金融和非金融性公共公司。IMF 的 GFSM2001 财政统计对象按机构单位为基础分为广义政府、非营利机构和公共公司三类。

3. 统计范围缺乏稳定性

随着中国经济制度的改革，中国政府财政正在向建立公共财政过渡，原有的计划经济色彩的政府职能在不断淡化，新的市场经济环境下的政府职能在不断加强，使各级政府机构的构成较为复杂，依托于各级政府的各种执行政府职能的非行政性机构构成更加复杂，使财政统计的范围也一直处于动态调整过程之中。

4. 核算范围缺乏科学性

中国政府财政统计与政府财政预算会计保持高度一致，数据直接来源于政府财政总预算会计规定的报表格式和科目内容，基本是对各级政府财政总决算分类科目表式的简单汇总和加工。因此，中国政府财政统计核算范围主要取决于政府财政预算，只有预算包括的项目才真正纳入核算范围，这种核算单位变动性较大，核算范围的确定具有不科学性。GFSM2001 纳入政府财政统计的是广义政府、非营利机构、公共公司的全部财政收支活动，核算单位不易变动，具有较好的稳定性。

5. 核算范围缺乏全面性

中国政府财政收支统计核算基本上是财政预决算的结果，实际上核算范围是以财政预算单位为主，这样，即使被纳入核算范围的类别，如果不是全部纳入财政预决算单位，那么其余剩下的机构单位就不会被纳入政府财政统计核算范围。比如，当前中国财政预算只是将部分中央监管的国有企业经营纳入预算而不是全部国有企业，同样社会保障资金也只把部分社会保险基金纳入预算，其余部分并没有纳入。GFSM 则是将所有行使政府经济职能的机构单位、非营利机构、公共公司全部纳入核算范围，不会有遗漏。

综上所述，中国政府财政核算范围缺乏科学性和全面性。虽然《中国财政统计年鉴》包含有国有企业财务统计和国有资产的总量指标，但不能满足财政统计的要求和财政政策分析的需要。同样，社会保障资金只对部分社会保险基金纳入核算范围，并没有将所有的社会保障资金纳入核算范围。因此，现阶段中国政府财政统计核算范围需要做一些特殊处理，核算范围需要进一步拓展，需要对影响政府财政健康状况至关重要的国有资本和社会保障资金进行独立的统计核算研究，借鉴 SNA2008 对旅游核算方式，可以尝试构建各自独立的一套卫星账户体系，并建立与 GFSM 的衔接模式，最终过渡到 GFSM 为蓝本的核算范围。

（二）完善我国税收统计体系的对策与建议

SNA2008 和 BPM6 正式颁布后，GFSM2014 的全面修订也已完成，为我国进一步改革、发展和完善政府财税统计提供了新的契机。与 IMF 国际标准相比，我国目前财税统计处于 GFSM1986 和 GFSM2001 之间的过渡阶段，尚未完全采纳 GFSM2001 方案，在核算范围、部门分类、核算对象、统计内容、核算方法、活动分类、指标体系、信息发布等方面均存在一定差距。同时，我国现行的政府财税统计工作严重滞后于财税体制改革，不能全面反映我国政府财税运行的实际状况，也不能适应全球化背景下我国财税分析与监测所面临的新任务、新挑战与新要求。例如，政府财税活动分类不科学，财税收入和政府支出指标统计存在缺陷，政府财税运行的核心指标过于单一。我国应充分利用当前国际经济统计标准全面更新的有利条件，抓住这一契机全面改革和发展财税统计体系与制度，逐步建立一套符合国际标准、适合中国国情的科学、高效的现代财税统计体系，更好地满足社会对税务统计数据的需求。

根据 IMF 的建议，全面执行 GFSM2014 可能需要时日，各国在实施时允许灵活安排，特别是实施初期可以先部分采纳，逐步推进新框架的执行。而且，新框架也未设定数据收集的一般重点，实际上各国可依据自身国情、实践需求和所面临的问题来确定财税统计的数据收集重点。我国目前的政府财税统计尚未完全从现金收付制向权责发生制过渡，在实施新框架时还需进一步修改和完善政府部门的会计制度，以更好反映权责发生制原则和修订后的财税统计分类体系。具体提出如下建议：

（1）积极完善税收分类体系，为税源核算提供更全面、科学的基础框架。

（2）简化税源企业财务信息表、企业税收调查表等表式结构，减轻企业申报负担，提供企业信息申报效率。

（3）优化税收统计指标，建立科学、有效的税源税收监测指标体系，改进税收征管活动。

（4）改进税收统计信息发布制度，应建立规范的税收统计信息披露制度，增加财税活动的透明度。

（5）加强税收分析，通过税源税收统计，为财税制度改革、财税政策制定及改进财税系统运行状况提供支持。

参考文献

[1] 白思达：《世界税制改革趋势及完善我国税制的研究》，硕士学位论文，吉林财经大学，2014 年。

[2] 陈梦根：《政府财政统计国际标准的发展、修订及影响》，《云南民族大学学报》（哲学社会科学版）2015 年第 1 期。

[3] 范立夫、杨仲山、刘昊：《政府财政统计体系（GFS）的比较分析》，《财政研究》2010 年第 7 期。

[4] 葛守中：《国际货币基金组织 2001 版政府财政统计再研究》，《统计研究》2011 年第 4 期。

[5] 李静：《税制结构演进研究》，硕士学位论文，东北财经大学，2012 年。

[6] 李曦：《中国现阶段税制结构合理性判别与优化研究》，博士学位论文，浙江大学，2012 年。

[7] 董志勇、邓丽：《宏观税负的影响因素分析》，《技术经济与管理研究》2010 年第 3 期。

[8] 潘俊蓉：《我国经济转型时期宏观税负分析》，硕士学位论文，西南财经大学，2013 年。

[9] 孙玉栋、陈洋：《个人所得税综合税制国际比较与评价》，《郑州航空

工业管理学院学报》2008 年第 2 期。

[10] 王文汇：《中国税负水平的制度分析与优化设计》，博士学位论文，吉林大学，2009 年。

[11] 韦姿百、区里程：《我国消费税制的国际比较与改革借鉴》，《商场现代化》2012 年第 9 期。

[12] 许建国、刘源：《关于宏观税负问题研究的文献述评》，《财贸经济》2009 年第 1 期。

[13] 张蒙春：《缩小居民收入分配差距的税制改革研究》，硕士学位论文，安徽大学，2014 年。

[14] 邹康：《中国政府财政统计体系改革再研究》，博士学位论文，西南财经大学，2012 年。

[15] IMF, *Governance Finance Statistics Yearbook*, International Monetary Fund, 2013.

专题四　中国房地产价格统计的发展分析

摘　要　过去近十年，中国房地产市场发展迅猛，房地产价格不断创出新高，房地产价格统计开始受到越来越多的关注。本专题在对美国、英国和加拿大等发达国家房地产价格统计进行比较分析，以及对中国房地产价格统计发展历程进行回顾、现状分析基础上，探讨了中国房地产价格统计中存在的主要问题，同时对中国房地产价格统计的发展趋势进行展望，并提出中国房地产价格统计的相关改革建议。

关键词　房地产　价格统计　价格指数　样本选取

随着房地产市场的火爆发展，高房价牵动亿万国人的敏感神经，受到全社会高度关注。本专题将深入探讨房价统计的理论与实践发展，并对如何改进我国房地产价格统计提出若干政策建议。

一　发达国家房地产价格统计的发展与经验

（一）美国

美国1776年建国至今，城市化率已经达到了很高水平，2010年其城市化水平为80.7%。美国房地产市场经过200多年的发展，已形成完善的市场体系。下面主要介绍美国官方房地产价格统计的两大信息源以及三个主要房地产价格指数。

1. 美国官方房地产价格统计两大信息源

美国房地产价格统计主要依托于两个庞大的官方住宅调查数据——美国住宅调查（American Housing Survey，AHS）和美国社区调查（American Community Survey，ACS）。

（1）美国住宅调查（AHS）。美国住宅调查（AHS）开始于 1973 年，在美国住宅与都市发展部的支持下，由美国人口普查局执行。AHS 包含了公寓、独栋房屋、房车、空置房屋、家庭构成、周边环境质量、住房花费等方面详细信息，并且为保证数据的可比性，每次调查都会到同样的住宅单元进行。AHS 实际包含如下调查：

一是全国性调查。1973—1981 年，AHS 每年开展一次全国性的调查。从 1983 年开始到现在，AHS 更改为只在奇数年开展调查。调查的样本是从全国 394 个地区利用分层抽样的方法，共计抽取 50000—60000 多住宅单元。最早的样本在 1985 年确定下来，之后，再逐渐加入新建的楼房和其他房屋样本单元，调查的样本信息最后会按地区发达程度进行再次分类。

二是大都区调查。大都区的调查在 1974—2007 年期间，调查样本单元为 60 个大都区。这 60 个大都区按连续三年、每年调查 20 个的频率进行，其中，每三年间的间隔是变化的，每次调查的样本单元数量为 3000 到 5000 个住宅单元。考虑到调查成本的原因，2007 年之后，和全国性调查一样，只在奇数年进行调查。该调查涉及的大都区数量和调查时间也随之发生了变化。调查的大都区数量从最初的 60 个减少为现在的 21 个，这 21 个地区在六年内分三次完成调查，其中每次调查都在奇数年进行，每次调查 7 个地区。

（2）美国社区调查（ACS）。美国社区调查（ACS）是美国人口普查局对统计数据的收集年限进行改革产生的。ACS 旨在每年及时了解美国全国、州、县和县以下区域的人口、住房、社会经济发展情况。其涉及的住房方面的调查指标有 25 项，包括房屋价值、屋主收入、户型、每月居住花费等详细情况。

ACS 于 1996 年开始在 31 个试点区域进行试验，最初涉及 36 个县。从 2000 年起，除了试点地区外，ACS 的调查范围扩大到另外的 1203 个县，分布在美国的每个州。ACS 的调查在 2005 年正式开展了全方位的调查，ACS 依据美国普查局的先前调查信息，通过滚动抽样方式在全国范围内进行，每月调查 25 万个家庭，每月样本不重复，每年共抽取 300 万个家庭。2010 年公布了从 2005 年 1 月到 2009 年 12 月，历时 5 年的调查结果。

ACS 调查方式有邮寄问卷、电话访问和入户登记三种。针对抽查住户，最初进行的是邮寄问卷；如果在回收期限内未得到问卷反馈，则进行电话采访；如果仍得不到回应，则在这些用户中抽取 1/3 入户登记。按《美国法典》第 13 篇第 144、193 节和第 221 节规定，住户在调查时必须回答调查问卷中的问题，同时住户提供的资讯隐私受到法律保护。ACS 的调查问卷回收率一般可达到 85% 以上。

与 AHS 相比，ACS 能覆盖更多的区域，居民参与度高，样本数据更具代表性。一般来说，ACS 中的数据能够更好地反映美国的房地产市场，根据 ACS 所获得的价格信息也相对更为完整。

2. 美国的房地产价格指数

一般来说，在房地产价格统计中，房地产的具体价格数值只是价格统计的一个方面，另一方面还需要借助房地产价格指数，从总体的层次综合反映房价水平的变动情况。借助房地产价格指数，不仅决策者可以及时了解房地产市场的走向，消费者也可以根据指数的变化适时调整自己的消费预期。下面主要介绍美国房地产市场的 OFHEO 房价指数、Case – Shiller 房价指数和 Zillow 房价指数。

（1）OFHEO 房价指数。OFHEO 的全称是美国联邦住宅供给机构监测办公室（The Office of Federal Housing Enterprise Oversight），隶属于美国住宅与都市发展部，专为规范与监控已有房地产金融机构的财务安全与稳固而设立的一个机构。OFHEO 房价指数就是其发布的用来反映美国全国以及各州住宅价格变化的一个房地产价格指数。

OFHEO 房价指数是官方的房价指数。其基础数据来源于美国联邦全国抵押贷款协会（The Federal National Mortgage Asociation，FNMA）和联邦住宅抵押贷款公司（The Federal Home Loan Mortgage Corporation，FHLMC）的抵押贷款交易数据。FNMA 和 FHLMC 作为美国最大的两大贷款机构，存储有大量的重复交易数据，能够追踪同一房产的重复交易价格变化轨迹，因此 OFHEO 房价指数的编制是在重复销售价格基础上进行的。

由于 FNMA 和 FHLMC 机构的业务范围涵盖整个国家，因此使得 OFHEO 房价指数地理覆盖面广泛。不仅如此，由于 FNMA 和 FHLMC 的日常贷款活动的数据可通过计算机自动传输到 OFHEO，进而使得 OFHEO 房价指数的数据能够以较快速度得到更新。所以自 1996 年 3 月发布第一期

OFHEO 房价指数后，OFHEO 房价指数能够保证每个季度按时发布一次，时效性较好。

（2）Case－Shiller 房价指数（凯斯—席勒指数）。Case－Shiller 房价指数是目前美国最权威的商业住房价格指数，由 Karl Case、Robert Shiller 和 Allan Weiss 在 19 世纪 80 年代提出，Fiserv 公司计算，标准普尔公司发布。Case－Shiller 房价指数与 OFHEO 房价指数不同，涵盖了非抵押按揭贷款的住房交易信息。

Case－Shiller 房价指数计算方法为加权的重复交易法。重复交易法是根据同一房地产在不同时期售出的价格来计算房地产价格指数。为保证数据有效性，Case－Shiller 房价指数在将家庭内部转移、房屋类型改变以及失信数据三个因素剔除的基础上，对价格进行加权，价格变化越大，权重越小；此外，对交易间隔时间进行加权，交易间隔时间越长，权重越小。

Case－Shiller 房价指数统计数据来自于美国 20 个主要城市，该指数每个月都会统计一次，并于两个月后公布，其统计房屋的类型主要是单户住宅，其余的公寓和合租房类型不列入统计房屋，并且由于是采用重复交易法编制，所以新建房屋一般也不列入计算范围。Case－Shiller 房价指数从 1987 年 1 月开始，每次发布包括一个全美指数（季度）、20 个大都会区[①]分区指数（月度）、10 个大都会区[②]综合指数（月度）以及 20 个大都会区综合指数（月度）。

（3）Zillow 房价指数。Zillow 是创建于 2006 年的美国房地产信息查询网站，主要向网民提供免费房地产估价服务，用户可以直接在网页上缩放卫星图、邮政编码和搜寻目标房屋价格。所以 Zillow 凭借其便民性，得到了极大的关注，其公布的 Zillow 房价指数时间虽然较短，但对居民有较大影响力。

Zillow 房价指数覆盖了全美及 7 种区域类型，包括州、都会区、郡县、国会选区、城市、邮区、街道等。其数据来源于对每个房屋销售价格的评估。其估价房屋包括已售和未售的所有住宅，针对一些特定的区域，

---

① 20 个大都会区包括凤凰城、洛杉矶、圣迭戈、旧金山、丹佛、华盛顿、迈阿密、坦帕、亚特兰大、芝加哥、波士顿、底特律、明尼阿波利斯、夏洛特、拉斯维加斯、纽约、克利夫兰、波特兰、达拉斯和西雅图。

② 10 个大都会区综合包括波士顿、芝加哥、丹佛、拉斯维加斯、洛杉矶、迈阿密、纽约、圣迭戈、旧金山和华盛顿。

对房屋销售月度中位数进行时间追踪，追踪时间则从 1996 年 4 月开始。房价指数的编制方法为利用原始数据计算中位数，并调整系统误差和进行季节性调整等一系列过程。

由于 Zillow 房价指数的基础数据源于对房地产价格的评估，所以相对于其他房价指数而言，数据存在准确性问题。但是，由于该指数覆盖范围广，查询便利，其具有较强的实用性。

（二）英国

1. 英国官方房地产价格统计信息源

英国的房地产价格信息并非来源于其国家统计局直接面向全国所做的相应住宅调查，而是来自于英国抵押借贷协会（Council of Mortgage Lenders，CML）所做的每月常规按揭贷款调查（Regulated Mortgage Survey，RMS）。

1969 年起，RMS 调查以各类建房协会中抵押贷款的交易数据的 5% 作为样本。1993 年之后，随着贷款交易覆盖面的加大，RMS 调查的样本不再仅仅是来自各类建房协会，而是涵盖了所有的抵押贷款的放款处（Mortgage Lenders）。2003 年，RMS 调查的样本数据再次进行了扩充，不再是取自以前收集得来的 5% 的样本，而是囊括了来自抵押贷款的放款处所有的数据，这些数据基本上覆盖了英国 75%—80% 的贷款市场交易数据。目前 RMS 调查的样本量随着每个月抵押贷款交易总量的变化而变化，以 2012 年为例，其平均每个月的样本量约为 27000 个交易。

RMS 调查所观测的对象是完成贷款交易的房屋，它所覆盖的样本中不包括直接购买的房屋，也不包含未付完贷款的房屋交易数据。此外，在整理从 CML 调查所得的数据过程中，首先进行数据筛选工作。由于英国国家统计局所公布的房价是利用求取平均数方法得到的，所以为了避免异常值和不可靠数据对最终计算结果的影响，需要在计算之前进行数据筛选。

2. 英国房地产价格指数

（1）ONS 房价指数。ONS（Office for National Statistics）房价指数是英国国家统计局公布的房价指数。2006 年 5 月前，英国权威的国家房价指数是由副首相办公室（Office of the Deputy Minister，ODPM）编制的 ODPM 房价指数；2006 年 5 月之后，新成立的社会和地方政府部（Department of Communities and Local Government，DCLG）取代了 ODPM 的职

能，从而 ODPM 房价指数被相应地改称为 DCLG 房价指数。2012 年 4 月，DCLG 房价指数①正式改为 ONS 房价指数，由英国国家统计局发布。

英国国家统计局利用英国抵押协会的 RMS 调查所得数据，经过整理得到房地产价格之外，同时还利用此数据计算得到 ONS 房价指数。具体来说，统计部门在得到各组别的房屋平均价格后，利用 Hedonic 回归（Hedonic Regression，HR）方法，计算得到 ONS 房价指数。Hedonic 回归法是在 2002 年后才实行的，之前使用的是混合调整法。

ONS 房价指数每月都会进行公布，但是数据会滞后两个月，也就是说 6 月公布的 ONS 房价指数反映的是 4 月的房屋价格变化情况。在公布的数据中，会按购买者的类型进行分类（第一次购买、重复购买），也会按照房屋类型（新建房、二手房）分类。

（2）土地注册处房价指数。土地注册处房价指数是由英国土地注册处整理并公布的房价指数，其最早公布于 1995 年。与 ONS 房价指数不同，它同时考虑了抵押贷款的住房交易和直接购买的住房交易。

土地注册处房价指数计算所使用的数据，来源于土地注册处登记的购房实际交易价格数据，该数据覆盖了英格兰和威尔士从 1995 年至今的购买住房的交易数据。目前，土地注册处共记录了超过 1900 万次的交易数据，其中 700 万以上的数据是重复交易的房屋数据，基于此，该房价指数计算方法为重复交易回归方法（Repeat - sales regression analysis）。

与 ONS 房价指数的编制一样，编制土地注册处房价指数所使用的数据也经过了异常值的甄别以及异常值的剔除等筛选过程；然后利用对筛选后的数据计算标准的房地产平均价格，此时计算得到的标准房地产平均价格是根据 1995 年至今的房价指数变化，利用 2000 年 4 月平均价格，重新计算得到的房地产平均价格。最后，利用重复交易回归法计算得到土地注册处房价指数。

除了上述两个主要的房价指数之外，英国还存在众多的房价指数，如 Halifax 房价指数、Nationwide 房价指数、Hometrack 房价指数、Rightmove 房价指数和 LSL/Acadametric 房价指数等。在英国每月公布的房价指数中，既可以查到国家水平的，也可以查询按地区、县和伦敦自治区的房价指数；所公布的房价数据中，既包括未经季节调整的月度指数数据，也包括

① DCLG 房价指数目前仍在编制，每月也会发布。

季节调整后的月度指数数据和经过平滑处理的季节调整后的月度指数数据（Smoothed seasonally adjusted monthly residential property price indices at regional）。英国房价指数如表4－1所示。

表4－1 英国房价指数比较

指数名称	样本数据	计算方法	是否季节调整	加权方法	价格类型
ONS 房价指数	来自抵押贷款放贷人的样本	混合调整和 Hedonic 回归	是	按销售额	抵押贷款完成阶段（贷款文件规定的成交价格）
土地注册处房价指数	来自1995年以来的英格兰和威尔士的登记交易	重复销售回归法	是	按销售额	登记交易（成交价格）
Halifax 房价指数	用于购房的 Halifax 借款记录	Hedonic 回归（季节调整）法	是	按交易量	抵押贷款批准（估价）
Nationwide 房价指数	用于购房的 Nationwide 借款记录	Hedonic 回归（季节调整）法	是	按交易量	抵押贷款批准（估价）
Hometrack 房价指数	对房地产经纪人的调查（估价）	混合调整法	否	按销售额	实际销售价格
Rightmove 房价指数	网络公布的房价	混合调整法	否	按销售额	要价
LSL/Acadametric 房价指数	在英格兰和威尔士登记的交易	预测模型法，包括混合调整法	是	按交易量	登记交易（成交价格）

资料来源：Handbook on Residential Property Prices Indices（RPPI），2013.

（三）加拿大

1. 加拿大官方房地产价格统计信息源

加拿大较为活跃的家庭住户调查工作主要为七大调查，包括人口普查、综合社会调查、家庭支出调查、家庭收入调查、纵向及国际的成年人的调查、全国住户调查和住宅价格调查。下面重点介绍住宅价格调查。

加拿大的住宅价格调查项目主要是针对加拿大不同省份、区域和人口普查都市圈（Census metropolitan areas）进行房地产价值的调查与估算，并最终整合得到当年整体房地产价格，并以此来代表房地产市场的价格。调查对象包括所有的土地、住所和归为住宅所用的房地产，具体包括为所有独栋住宅、活动住宅（Mobile house）、村舍、半独立屋、联排住宅和公寓大楼类型的房屋等。该调查所得的数据主要来源于房地产价值评估机构和基于征税名册进行的调查。通过正式的买卖协议或者回答调查问题的方式，调查对象会定期提供相应的数据。为了保证数据的准确性，调查得到的数据通常会通过电脑和相应的审核程序进行勘误。

该调查项目最终结果的整合是根据基准日期和状态日期进行的。其中基准日期是为了采用市场价值标准来评估所有的房地产价值而选用的参考日期，而状态日期是为了评估房地产存量的变化而选用的参考日期。① 通常，基准日期一般选择参考年份的1月1日，而状态日期则选择参考年份的12月31日。此外，该项调查公布的数据并不仅仅来自于其本身执行的调查项目，也会参考其他调查所得的相关信息。除此之外，加拿大统计局还会因收集到的调查数据有了更新的基准日期或状态日期，或者对所使用的辅助数据进行了修订等原因，对数据进行一定的校正。

2. *加拿大房地产价格指数*

（1）新房价格指数。由加拿大国家统计局主导并公布的新房价格指数（New Housing Price Index，NHPI）对加拿大有着深远的影响，它最初研制于1969年，至今已有46年的历史。

新房价格指数涉及的房屋类型包括独栋、半独立屋以及联排住宅［独立洋房和花园别墅（Town house and garden house）］。其相关数据来源于加拿大21个大都市，统计部门根据当地的建筑许可证的数据进行抽样调查，主要的调查对象是21个大都市的建筑商。新房价格指数的调查开始于每月的15日或距离其最近的工作日，一般持续两周时间。此外，编制新房价格指数的基础数据还来自其他加拿大统计调查活动的补充。

新房价格指数一般采用环比拉氏指数进行计算，权重则来自于住宅完成数据，而基础数据则是通过与建筑商协商后选择出典型房屋并对其进行跟踪调查后获得。在房屋价格的调查采集过程中，会进行相应的质量调整，进而得到不受质量变化影响的纯粹的房价估计值。

---

① 本句话的英文原文为“A base date is the reference date for the valuation of all properties using a market value standard，A state date is the reference date for the physical state of the stock of properties to be valued”。

新房价格指数除了日常数据的收集、指数的编制之外，还需要对最终得到的价格进行检验和评价。为了保证公布的房屋价格的准确性，使其能代表房地产市场的真实价格走向，统计部门一般会聘请相关的专家，及时关注、讨论并分析即将要公布的房屋价格。一旦发现异常、不正确或可疑的价格都会在数据处理时进行识别，然后进行跟踪采访，以确保所得到的数据都是准确无误的。所以，加拿大新房价格指数被认为是历史悠久、严谨可信的房地产价格指数。

（2）Teranet－国家银行综合房价指数。Teranet－国家银行综合房价指数（Teranet－National Bank Composite House Price Index，TNBC）是为衡量加拿大六大都市区房价变化而开发的房价指数。这六大都市区分别为：渥太华、多伦多、卡尔加里、温哥华、蒙特利尔和哈利法克斯。这六个地区的 TNBC 房价指数会被整合成全国的房价指数，该指数每月都会进行公布。

TNBC 房价指数主要是利用公寓、联排别墅（Town house）以及独栋的房屋成交价格，并采用重复销售方法进行计算而得到的指数，其所统计的房屋在调查期间至少经历两次交易。为了避免因为房屋质量的变化对价格指数所产生的影响，TNBC 房价指数在计算过程中会进行相应的质量调整，从而使房屋的物理特征变化（比如翻新、添附加物等）产生的影响最小化甚至消除其影响。与此同时，受内生因素影响的房屋一般不计入计算范围，这些因素包括非独立销售、房屋类型的变化（比如翻新）、数据错误以及高度交易频率（半年一次或更高）；不仅如此，因为房地产跌价而进行的转售的房屋一般也不计入计算范围。

（3）MLS 平均二手房房价指数。MLS 平均二手房房价指数（The Multiple Listing Service Average Resale House Price Indicator）是由加拿大房地产协会公布的月度房价指数，该指数虽然涉及对象局限于在 MLS 系统下进行销售的房屋，但因为加拿大房地产市场中约有 70% 的房屋都在使用该系统，所以该指数仍具有较强的代表性。

加拿大房价协会每月公布的内容，不仅包括由加拿大房地产协会定义的超过 25 个都市市场及其所在省份的房价指数，还包含两个区域以及整合所得的全国范围的指数。为了使发布的指数结果更为准确，最近发布的 MLS 房价指数月报中，加拿大房地产协会发布了采用新计算方法所得的 MLS 全国房价指数（只可追溯到 2006 年）。新发布的 MLS 房价指数没有采用以往所用的算术平均方法，而是按2006年全国普查中各主要市场的房屋持有量为权重进行计算；但每个主要市场的房价指数仍采用原来的方法，不区分楼型的房价变化情况。总的来说，MLS房价指数的计算方法过于简单；但与其他房价指数相比，MLS房价指数有一个明显的优势就是数据公布的及时性。一般来说，MLS房价指数只有两周的滞后期。

（四）经验与启示

房地产业在发达国家有着悠久的历史，房地产价格统计在发达国家也有着40多年的实践经验，研究发达国家的房地产价格统计，对于中国的房地产价格统计有着重要的借鉴意义。美国、英国和加拿大三个国家的房地产价格统计状况整理列表如表4－2和表4－3所示。

表4－2　　美国、英国和加拿大三国房屋价格统计数据来源比较

国家		调查途径	调查范围	调查方式	研究对象	房屋类型	数据检验方式
美国	ACS	直接调查	394个地区＋21个大都区	全国性的分层抽样＋大都区抽样调查	50000—60000多住宅单元＋3000—5000个住宅单元	公寓、独栋房屋、房车、空置房屋	
	AHS	直接调查	全国范围内每年抽查300万家庭	利用邮寄问卷、电话访问、入户登记的滚动式抽样			
英国		依托英国抵押协会所做的按揭贷款调查	所有抵押贷款的放款处		75%—80%的贷款市场交易数据		对异常数据再次确认，剔除异常值
加拿大		直接调查＋参考其他调查	全国	普查	加拿大所有住宅房地产	独栋、活动住宅、村舍、半独立屋、联排住宅和公寓	通过电脑和审核程序进行勘误，并与其他调查数据做一致性分析

资料来源：笔者整理得到。

表 4－3 美国、英国和加拿大主要房价指数比较

国家	指数	调查对象	数据来源	计算方法	价格类型	发布频率
美国	OFHEO 房价指数	来自抵押贷款放贷人的样本	联邦全国抵押贷款协会和联邦住宅抵押贷款公司	重复销售法	抵押贷款完成阶段（在贷款文件规定的成交价格）	每季度一次
	Case－Shiller 房价指数	美国 20 个主要城市的住宅		带权重的重复交易法		每月一次
	Zillow 房价指数	全美及其 7 种区域类型	对房屋的销售价格的评估	中位数法	评估的房屋销售价格	
英国	ONS 房价指数	所有抵押贷款的放款处	英国抵押协会	混合调整和 Hedonic 回归法	抵押贷款完成阶段（在贷款文件规定的成交价格）	每月一次
	土地注册处房价指数	来自英格兰和威尔士的登记交易	土地注册处	重复销售回归方法	登记交易（成交价格）	每月一次
加拿大	新房价格指数	21 个大都市的新建房	21 个大都市的建筑商提供的销售价格	环比拉式指数	销售价格	每月一次
	TNBC 房价指数	6 个大都市区的房屋	对观测或注册的房屋进行价格评估	重复销售法	成交价格	每月一次
	MLS 房价指数	MLS 系统下销售的房屋	MLS 系统	算术平均法	销售价格	每月一次

资料来源：笔者整理得到。

通过比较分析，可以得到以下四方面的经验与启示。

1. 抽样调查覆盖面广泛

从统计调查角度看，利用普查获取的数据理论上来说结果更为准确，也更有说服力，但普查工作量大，耗费时间长、花销大、操作上多有不便；而抽样调查由于存在对样本的选取问题，其结果的准确性往往存在一定争议，但抽样调查简便易行、费用较少、调查耗时较短，从而使采集得到的样本数据的准确性有一定保障。为了保证最终调查结果的真实性，发

达国家在采用抽样调查时，调查的范围都会尽可能地广，以此减少抽样调查带来的系统误差。加拿大是上述三个国家中在房地产价格统计中投入最多的国家，其直接调查了国内的所有住宅房地产。

中国目前还处于发展阶段，涉及的房屋类型较多，差别较大，普查或者大范围的全国性调查一方面可能会耗费较大的资源，另一方面采集的数据质量也不一定高。因此采用抽样调查的方式，同时尽量保证抽样调查覆盖的范围广泛，并对地区进行细分来统计房价是中国房地产价格统计的发展方向。

2. 房价调查过程把关严格

发达国家不管是编制房地产价格指数，还是单纯为了得到现阶段房地产市场的价格水平，在房地产价格统计的过程中都尽可能做到细致和谨慎。一般来说，房地产价格统计中，要求严格遵守同质可比的原则。而现实中房屋具有极强的异质性，其价格除了受到建筑材料成本的影响和时间的影响外，还会受到房屋所处的位置、周边环境、建筑风格或者房屋翻新等因素的影响，所以很难找到两栋一模一样的楼房进行时间上的价格比对，这大大增加了房地产价格统计的难度。为了解决这个难题，美国的 AHS 在进行房地产价格调查时，每次都会回到同样的住宅单元进行，以此来保证数据的可比性；或在计算房地产价格指数时采用重复销售法；或在进行计算前，对原始数据进行质量调整。

除了在调查中尽可能遵守同质可比的原则之外，在调查操作过程中，还要求调查对象尽可能如实回答问题。美国和加拿大在房地产价格统计的调查中，根据相关的法律，对所接受的调查访问者采取了强制性回答所调查问题的要求，从而保证了调查过程的顺利执行和调查结果的真实性。此外，美国 ACS 在调查过程中，还采取了邮寄问卷、电话访问和入户调查三种调查方式轮换进行，进而保证最大的问卷回收率。总之，发达国家在房地产价格统计中，对调查过程的严格把关，对调查细节谨慎处理，值得借鉴和学习。

3. 对原始数据多方审核

一般来说，调查所得原始数据质量的好坏是决定最终的统计结果真实性好坏的最基础同时也是最重要的因素。发达国家在进行房地产价格统计时，对收集到的原始数据的真实性、可靠性都会经过多方面的审核、考量、筛选和比对。比如英国就在进行数据计算之前，对异常的数据会进行二次确认，同时对于上报的房地产价格中的异常值（特别高或特别低的房价）进行剔除，以此来保证最终所得结果的准确性，使其能够真正反映房地产市场价格的走向。加拿大除了对原始数据进行勘误和筛选外，为了保证调查所得数据与其他调查结果一致，还对原始数据进行一致性分析。

4. 多途径结合的统计方式

从上述三个发达国家的房地产价格统计列表比较可以看出，发达国家一般善于利用多种途径对房地产价格进行统计。除了常用的直接针对住户的调查外，发达国家房地产价格统计体系一般还会利用其国内的抵押贷款协会、包揽国内较大抵押贷款业务的银行、国内专门登记住房交易的机构等多种途径来获取房屋的销售情况；如果无法直接获得房地产的具体价格，房地产价格统计部门还可以对住房价格进行评估来得到原始房地产价格数据。此外，对于同一国家内的房地产价格统计体系而言，通常会并存着使用不同统计途径的房地产价格统计机构。发达国家这种多途径结合的统计方式，一方面，可以有效地提高数据采集的效率；另一方面，利用不同的统计途径所得的数据可以进行相互验证，从而能够更为准确真实地反映房地产市场价格的走向。

二　中国房地产价格统计的发展与现状分析

本小节将在介绍中国房价统计发展变迁的基础上，从房地产价格统计的概念与内涵、中国房地产价格指数的现状分析，以及房地产价格统计中调查样本的选取等方面对中国房地产价格统计的现状进行分析。

（一）中国房地产价格统计的发展历程①

相比居民消费价格统计而言，中国的房地产价格统计工作起步较晚，但目前受到的关注度较高。中国房地产价格统计的发展可划分为三个阶段。

1. 起步阶段（1992—2000 年）

中国的房地产市场是在 1992 年邓小平南方谈话之后得到全面发展，

① 基于历史资料的可获得性，这里主要介绍中国国家统计局房价统计工作发展历程。

房地产价格统计也随之产生而发展。1992—1995 年，中国房地产市场经历了兴起、膨胀、顶峰、受挫相持、理性回落和平稳发展的过程。随着房地产业的不断发展，其在国民经济和国民生活中的地位不断提高，成为社会各阶层都关注的问题。

1997 年 10 月，经国务院批准，国家计划委员会、国家统计局决定在全国开展房地产价格指数编制工作，以全面、准确地反映中国房地产价格水平变化，及时掌握各类房地产价格的变动情况，提高政府对房地产市场的宏观调控水平。同年 11 月，国家统计局在海口市召开会议，布置房地产价格指数编制工作，会议决定房地产价格调查工作首先在全国 35 个大中城市开展，暂实行季报，1997 年第四季度先进行试编，从 1998 年开始进行正式编制。1997 年 11 月 25 日，国家统计局印发《房地产价格调查方案（试行）》。

1997 年 12 月，国家统计局首次对外公布全国房地产开发业景气指数（简称“国房景气指数”）。该指数是根据经济周期波动理论和景气指数原理，采用合成指数的计算方法，选择 8 个具有代表性的统计指标进行分类指数测算得出的，是反映全国房地产业发展景气状况的综合指数。

此后三年，我国的房地产价格统计从采集数据、指数设计到指数发布，成为政府统计部门日常工作的一部分。尽管此阶段的房地产统计工作还存在很多不合理的地方，但从样本采集、调查工作经验、方案设计、调查人员培训等多方面为房地产价格统计工作的发展和完善打下了良好的基础。

2. 发展阶段（2001—2011 年）

随着中国房地产市场的快速发展，居民除了购买住房用于家庭居住之外，部分居民为了实现自己财富的保值和升值，开始将房地产作为投资手段，地产价格引起了社会各界的广泛关注。为了更好地满足社会公众对房地产价格统计的需求，政府统计部门在这十年对房地产价格统计工作进行不断发展和改进。

2001 年，国家统计局对房地产价格统计调查方案进行了修订和完善。新修订的方案具体将房屋销售价格指数的主要类别改为“商品房”、“公房”和“私房”三个大类；将“商品房”下的“安居工程”改为“经济适用房”；在房地产租赁价格指数分类中取消了“旅店饭店客房”这个类别。

2004 年，国家发展改革委和国家统计局再次联合下发《关于进一步完善房地产价格指数编制工作的通知》，就完善房地产价格指数编制工作提出了明确要求，并就我国房地产价格统计改革等问题向国务院上报了《关于加强我国房地产价格统计工作的请示》。2005 年 1 月，国务院领导批准我国房地产价格统计改革计划，国家统计局领导批示城调总队立即组织实施。城调总队作为我国房地产价格统计工作的组织实施部门，及时下发了《关于完善我国房地产价格统计工作的通知》。这次改革不仅将调查范围由原来的 35 个大中城市扩展到 70 个大中城市，而且还将房屋销售价格指数的公布频率改为每月公布一次，其类别为“商品房”和“二手房”，并且在“非住宅”中增加“工业仓储用房”。与此同时，将“物业管理”和“房屋租赁”合并编制价格指数。

2008 年，国家统计局通过研究改进房屋价格指数的计算方法，再次对房地产价格统计进行改革。在计算方法上，由原来的加权调和平均公式计算法改为联合国推荐使用的链式拉氏公式汇总计算法，并且通过月度环比指数推算同比指数。除此之外，统一规定了所调查的城市辖区和企业的统计范围，合并及规范了指标设置，将普通住宅和高档住宅归类为商品住宅，将经济适用房作为保障型住房进行单独统计。

2011 年，国家统计局出台《住宅销售价格统计调查方案》（以下简称《新方案》）。这次改革主要体现在以下四个方面：

第一，调整数据的采集方式。《新方案》规定直辖市、省会城市、自治区首府城市（不含拉萨市）、计划单列市等 35 个大中城市，新建住宅销售价格直接采用当地房地产管理部门的网签数据，不再另行调查；暂时不能取得网签数据的其他城市，新建住宅销售价格根据统计系统中房地产开发统计报表收集的各个项目（楼盘）的分类交易面积和金额数据计算。

第二，调整调查指标。《新方案》将房屋销售价格指数调整为新建住宅销售价格指数和二手住宅销售价格指数。新建住宅类下设保障性住房和商品住宅两个类别。商品住宅类和二手住宅类均设 90 平方米及以下、90—144 平方米、144 平方米以上三个基本分类。

第三，调整指数计算方法。《新方案》将新建住宅月环比价格指数的计算方法调整为按项目不同面积分类的平均价格法，采用国际通行的链式拉氏公式计算以 2010 年为基期的定基价格指数。

第四，调整数据发布方式和发布时间。《新方案》实施后，国家统计局将重点发布各个城市不同对比基期的分类指数和总指数，不再计算和发布全国 70 个大中城市房价涨幅平均数。数据发布时间调整为月后 18 日，比原发布时间延后一周左右。

3. 完善阶段（2012 年至今）

随着《新方案》的实行，我国房地产价格统计开始朝向更实用科学的方向转变。依据《国务院办公厅转发建设部等部门关于调整住房供应结构稳定住房价格意见的通知》（国办发［2006］37 号）和《国务院办公厅转发关于做好稳定住房价格工作意见的通知》（国办发［2005］26 号）对房地产进行面积上的分类，有利于从不同层面分析房地产价格的变动。

虽然《新方案》实行之后，一些学者对调查的数据质量、指标分类以及计算方法等方面提出了质疑；并且，与发达国家相比，我国的房地产价格统计仍存在一定问题和局限性。但是从中国房地产价格统计的发展趋势和发展速度看，无论是数据采集方式，还是计算方法和数据发布方面，中国的房地产价格统计都取得了非常大的进步。

（二）中国房地产价格统计的概念及内涵

在分析我国房地产价格统计体系之前，有必要对房地产价格统计的概念和内涵做一些界定与澄清，下面主要从房地产、房地产价格以及房地产价格统计三个方面进行说明。

1. 房地产及其类型划分

目前，对房地产的定义在学界还有着不同的声音。例如，包宗华（2002）认为，房地产是指通过人类劳动建造的房屋和与房屋相关的土地；而周云、倪莉（2006）则认为，房地产是房产和地产的总称，是指土地及土地之上的建筑及其他附着物以及与他们有关的各种权利或权利的总和。但对实践部门而言，多采用中国国家统计局的定义。国家统计局在制定房地产价格统计报表制度中指出，房地产是房产与地产的总称，是指国家、集体及个人所拥有的房屋和土地。①

显然，房地产是由于土地使用而引申出来的商品。就我国目前房地产产业的业务范围而言，它包括归国家所有的城镇生产性或非生产性用地

① 更多的介绍请参阅上海市统计局和国家统计局上海调查总队《房地产价格统计调查制度》（2015 年定期统计报表），2014 年 11 月。

（城市地产），及附着在其上的城镇生产、生活用建筑和辅助设施（城市房产）和对这些建筑、辅助设施的管理等。一般来说，农村生产用地、用房及宅基地等不属城市房地产业的业务范围；国家有偿征用农村土地用于城镇建设时，只有所有权转让过程结束后，才纳入城市房地产业的经营范围；小产权房屋不在房地产统计范围。

房地产根据不同的标准，可以划分为不同的类型。如按房地产用途可分为工业用房地产、商业用房地产、服务用房地产、居住用房地产；按物业类型可以分为新建房地产和二手房地产。国家统计局在制定房地产价格统计报表制度时，主要按照物业类型对房地产进行分类，具体来说，新建房地产和二手房地产又分别细分为住宅和非住宅。具体分类如图 4 - 1 所示。

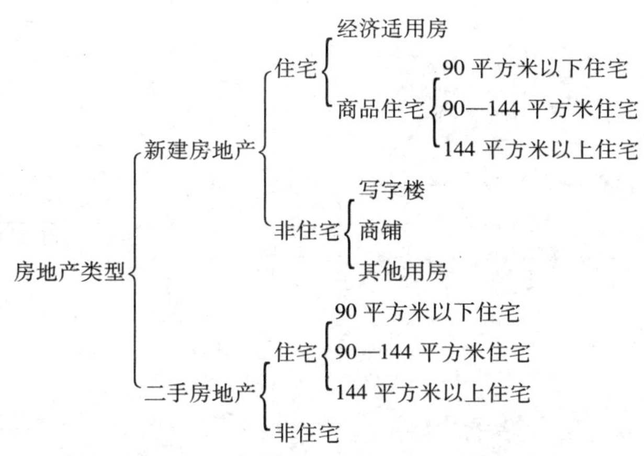

图 4 - 1　国家统计局对房地产的分类

2. *房地产价格*

房地产价格一般是指建筑物连同其占用的土地的价格，即房地产价格等于土地价格加上建筑物价格。从经济理论上说，房地产价格包括建设房地产所消耗的社会必要劳动时间和土地的地租。从社会管理的角度来说，房地产价格除了建筑物价格和土地价格之外，还包括相应的管理费用、基础设施配套费等。目前，国家统计局所采用的房地产价格的概念中就包括了土地征用补偿费、动拆迁安置费、基础设施配套费以及管理费等。

房地产价格在实际表现中也具有多种形式，如成本价格、理论价格、交易价格、挂牌价格、评估价格等。不同的房地产价格统计机构所收集的房地产价格形式可能存在不同，而不同形式的房地产价格对应着房屋购买过程的各个阶段，图 4－2 展示了英国依据各种不同形式的房地产价格计算的房地产价格指数与房屋交易阶段的对应关系。例如，挂牌价格一般是买房者刚开始寻找房屋时所遇到的价格；而评估价格则是在贷款核准阶段，经过专业房地产价格评估机构得到的，有利于买卖双方交易的房屋价格；交易价格是指最终买卖双方成交的实际价格。一般来说，不同形式的房地产价格统计具有不同的意义，通常在房屋出售的不同阶段，时间越靠

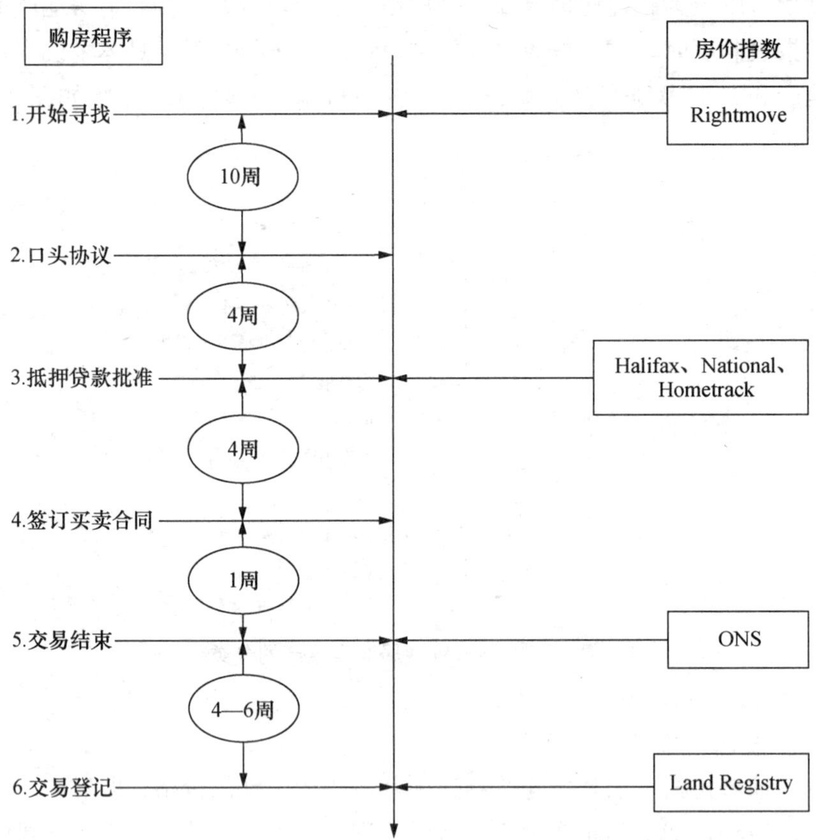

图 4－2　英国依据各种形式的房地产价格计算的房价指数与房屋交易各阶段的对应关系①

① 资料来源：Handbook on Residential Property Prices Indices（RPPI），2013。其中，Rightmove 指数是依据挂牌价格计算的房价指数，Hometrack、Halifax 和 Nationwide 指数采用的是评估价格，ONS 指数衡量贷款完成阶段的价格，Land Registry 指数衡量最终的交易价格。

前的价格所形成的房地产价格指数对房价的变化越敏感，时效性也越强，但相应地会损失部分真实性。比如，在房屋出售早期阶段的挂牌价格一般被调整的可能性很大，而相对来说根据交易价格计算的房地产价格指数真实可靠；但是依据挂牌价格计算的房地产价格指数对市场的敏感性会比依据交易价格计算的房地产价格指数高很多。①

3. 房地产价格统计

房地产价格统计一般是指对房地产价格数据的调查、采集、汇总、计算、评估与发布等系列统计过程。目前，国家统计局所进行的房地产价格统计主要是对住宅价格的统计。孙玉环（2009）认为，这主要是由于住宅类房产在房地产中所占比重较大，而且直接影响到居民的居住条件，是大多数城市居民最大的投资，并且住宅类房产价格及其变动受到的关注也最多。从统计范围上看，统计部门只关注住宅的价格变化趋势，减轻了统计的工作量，但是我国的住宅价格统计工作仍然是困难重重。

在数据采集渠道方面，房地产价格统计虽然可利用的渠道很多，但是每个渠道都有其自身特点与局限性（刘洪玉、杨振鹏，2010）。第一，从房地产开发商来说，他们虽然掌握本企业新建住房的销售信息，但不容易配合统计，倾向于隐瞒真实情况；第二，从经纪机构、评估机构来说，虽然他们掌握较为真实的存量住房交易、评估记录，但在行业集中度较低的市场中，整合数据的难度较大；第三，从房管部门网上签约和合同备案数据库来看，虽然该数据库的信息标准且相对完整，但对于存量住房交易、合同价格的可信程度不高；第四，从商业银行的记录来看，虽然商业银行在发放住房抵押贷款时，会对住房价值进行评估，存储着较为完整的评估记录，但其并不具有非贷款交易的信息记录；第五，从实地调查这个角度来说，虽然可以通过“踩盘”等方式获得每个楼盘的价格信息，但这种方式人力投入大，数据质量也不易控制；第六，从网络信息来看，虽然像“搜房网”、“易居网”等房地产门户网站都具有新房、二手房、租房信息发布的功能，存储了大量的住房出售、求购信息，可以作为价格统计的基础，但由于信息来源于网络用户从而使得其可靠程度相对较低。

需要说明的是，目前我国房地产价格统计的对象主要集中在城镇地

① 如英国的依据挂牌价格计算的 Righmove 指数比依据交易价格计算的 Land Registry 指数的敏感度至少早 23 周（Handbook on Residential Property Prices Indices（RPPI），2013）。

区，并不包括农村地区的住宅交易和土地交易。

（三）中国房地产价格指数的现状分析

尽管房地产价格指数在国际上有着近百年的发展历史，但其在编制上仍然存在着一定的困难。在理想状况下，房地产价格指数应该是反映“纯价格”变动，即只反映由市场供求变化和货币购买力变动而引起的价格变化。所以，从理论上讲，为了衡量“纯价格”变动，房地产价格需要进行质量调整。也就是说，我们需要去剔除对房地产价格起到决定性影响的因素，以此来保持房地产的“同质性”，即在房地产价格统计过程中遵循“同质可比”原则。一般来说，影响房地产价格的因素主要有以下几种：一是房屋面积大小；二是建筑房屋的土地面积大小；三是房屋所在地位置；四是房屋的存在时间；五是房屋的建筑样式，如独栋房、半独栋房或者公寓；六是房屋的建筑材料，如木、石头、混凝土或者其他传统建筑材料；七是其他价格影响因素，如卧室的数量、洗手间的数量、有无车库或游泳池、与便利设施的距离等。如此众多的房价影响因素，在一定程度上给房价指数的编制工作带来了一定困难。

除了质量调整问题之外，房地产价格指数编制中的困难还来自于基础数据的采集和房价指数的编制方法两个环节。关于数据采集方面的问题将在下一部分的内容中进行展开介绍。下面主要从房地产价格指数的编制方法、中国现有的主要房地产价格指数以及各指数的比较分析三个方面对中国房地产价格指数的现状进行分析。

1. 现有的房地产价格指数编制方法

总的来说，从20世纪20年代开始，房价指数的编制从简单的整理到建立复杂的模型，经历了三个阶段。第一个阶段以中位数法和简单加权平均法为代表；第二阶段以样本匹配法和拉氏加权法为代表；第三阶段以质量调整型方法为代表，主要有重复交易法、特征价格法和混合方法等。其中，第一、第二阶段的编制方法通常将房地产直接视为同质性商品，直接套用简单计算公式得到指数结果，在编制过程中不进行任何形式的质量调整，这类方法被称为非同质方法、简单方法或初等方法。目前，随着人们对房地产价格指数准确性要求的提高，质量调整型方法逐渐成为房价指数编制的发展方向，而其中的重复交易法和特征价格法也成为当前较为普遍使用的编制方法。下面将对这些方法进行简单的比较分析。

（1）非同质方法。非同质法既包括中位数法（即中值法）、平均值法

（即简单加权平均法）这类简单的指数编制方法，也包括稍微复杂一些的拉氏指数和帕氏指数计算方法。

平均值法虽然较为简单，但能够在样本数据相对缺乏的情况下反映房地产市场价格的一般波动情况。相对平均值法，中值法对于房价处于上升趋势的情形下显然更具有优势，它能够避免极值的影响；但随着时间的变化，房地产品质的差异可能会对指数结果产生较大的影响。

拉氏指数是一种固定权重的综合指数，一般用于房地产价格指数计算时，都采用报告期的房地产商品价格乘以一个固定的基期权重，比上基期的房地产商品价格乘以基期的权重。目前，国家统计局在使用拉氏指数计算房地产价格指数时使用的权重为基期的房地产销售总面积或总销售额。拉氏指数最大的特点就是将权重固定在基期，以单独反映房地产价格的综合变化。在基期收集完相关数据后，权重就完全确定，之后只需收集报告期的房地产价格数据，即可得到当期的拉氏指数。

帕氏指数是一种非固定权重的综合指数计算方法，一般用于房地产价格指数计算时，都采用报告期的房地产商品价格乘以一个报告期的权重，比上基期的房地产商品价格乘以报告期的权重。帕氏指数的主要特点是权重随报告期不同而改变，能够根据当期的房地产商品使用量和总量，综合反映房地产价格的变化。所以，采用帕氏指数法来计算房地产价格指数时，其工作量上比拉氏指数大，不仅需要收集当期的价格数据，还需要收集用于权重的销售面积或销售量的数据。

拉氏指数和帕氏指数都有着各自的优缺点。帕氏指数能够反映市场结构的即时变化，这一点明显优于拉氏指数。但帕氏指数的权重必须在每个统计期间都重新定义和计算，故相对拉氏指数来说，时间和数据收集的成本大大增加；并且每过一个报告期，以前的指数值都必须重新根据新的权重加以调整，这样各期指数才能进行平行水平的比较。而拉式指数由于使用的是固定权重，计算过程便捷，各期指数之间也可直接进行比较，有利于反映长期房地产价格变动；但其缺点也来自于权重固定，当计算期距基期较长时，权数结构变动较大，计算的指数通常会脱离实际。

无论是中值法还是拉氏指数法，由于未进行质量调整，无法满足同质可比的要求，所以非同质方法在准确性等方面存在不足。但是，非同质方法对数据的要求相对低，计算操作简单，因此在国内房地产价格指数编制过程中较多采用这种方法。在国外房地产价格指数编制过程中，非同质方法多用于地价指数的编制。目前，我国在采用非同质方法计算房地产价格指数时，大都对样本的可行性重视不足，使计算出来的指数，不能很好地反映房地产市场供求关系的变化。

（2）质量调整型方法——重复交易法。重复交易法用于编制房地产价格指数的基本思路最早由贝利（Baily）、缪斯（Muth）和诺斯（Nourse）（1963）提出，该方法利用房地产重复交易的案例，通过观测同一房产在不同时期售出的价格数据来计算房地产价格指数。重复交易法由于考察的对象是不同时期的同一房产，使得样本在结构、材料、外部品质等方面均相同，从而使得能够影响房产价格的因素仅来自市场上的供求关系和货币购买力，进而保证了计算得到的房价指数能够衡量"纯价格"变动。该方法最大的优点就是基于同一宗房地产价格变化，剔除房屋折旧的影响后，根据重复交易法编制的指数能够满足"同质可比"要求。

具体来说，重复交易法在实现时利用晚期销售价格包含了早期价格指数的信息的这一点，采用回归分析的方法，将重复交易的房产相对应的各次销售价格结合起来，以估计房地产价格指数，回归模型为：

$$Y = X\beta + \varepsilon$$

其中，Y 为 n 维列向量（n 为样本容量），代表样本第一次销售价格与最后一次销售价格取自然对数后的差，X 为 $n \times T$ 阶时间虚拟向量矩阵，β 为 T 维列向量，是要估计的价格指数的对数形式，ε 为 n 维扰动向量。该模型残差的方差会随着房地产两次交易时间间隔的增大而相应变大，即存在所谓的异方差问题，因此通常采用广义最小二乘法（GLS）对重复交易数据进行回归。

重复交易法的优点主要体现在以下两个方面：一是重复交易法控制了房地产商品的品质特征，保证了样本的同质性，所以在计算中可以忽略考虑房价影响因素的剔除问题，而又不损失结果的准确性。二是该方法对房地产价格数据收集要求降低，只需收集房地产交易价格资料，使房地产价格指数的统计工作变得相对便捷。而传统的房地产价格统计过程除了要收集房地产价格信息外，一般还会要求记录影响的房地产价格的主要因素信息，如户型、房屋面积等。

尽管存在上述两个明显的优势，但重复交易法在实际应用中也受到了一些限制，主要表现在以下三个方面：一是重复交易法需要大量的交易数据，而这些数据往往不易获得，有两次或多次重复出售的价格记录有限，样本容量相对小，抽样误差大；二是在房产再次交易前，若发生重大整修或品质变化，会影响到价格指数的真实性，即使不存在外力改变房地产品质，也还存在折旧问题；三是重复交易法只适用于对存量房价格的变动测算，而对于新建房地产市场的价格变动情况不适用，这使得对于像中国房地产市场主要以新建房市场为主的国家来说，重复交易法目前难以得到推广应用。

（3）质量调整型方法——特征价格法。特征价格法的编制是以特征价格理论为基础的。特征价格理论认为，商品由一系列不同的特征组成，而商品的市场价格应与这些特征联系起来，每一项特征的货币价值量均可通过观察同质（具有相同特征）商品的价格变化计算出来。因此，商品总价与特征价格间的关系可以表示为：

$$P = f(X_1, X_2, X_3, \cdots, X_n)$$

式中，P 为商品的市场价格，X 为商品的特征。利用特征价格法编制房地产价格指数的主要思路是：保持房地产特征不变的情况下，将房地产价格变动中的特征因素分解，从价格总变动中提出特征变动的影响，留下只由供求关系引起的价格变动。所以，运用特征价格法编制房地产价格指数可以刻画非同质房地产商品的“纯价格”变动情况。特征价格法从被提出到现在，经过实践和专家的多次修正，存在多种函数形式，如线性形式、对数形式、对数线性形式等。

由于各种模型建立的思想基本一致，这里仅以简单形式特征价格法为例进行介绍。所谓简单的特征价格法，又称两时期特征价格法，是指对基期和报告期的特征函数分布进行回归，估计出参数值，再利用两个时期商品特征的平均数，分别计算出两个时期商品的平均价格，最后通过两个时期平均价格的简单对比，计算出价格指数。其模型具体表述为：

$$\ln P_i = \beta_0 + \sum_{k=1}^{m} \beta_k \ln X_{ik} + \varepsilon_i \tag{4-1}$$

式中，P_i 为第 i 项房地产商品的实际成交价格，X_{ik}为第 i 项房地产商品的第 k 个特征的数值，系数 β_k 为第 k 个特征的边际价格。

然后，在 s 时期和 t 时期（$t>s$），分别选取一组房地产商品，利用它们的交易价格和品质特征资料对上式进行回归，可得 β_k 的估计值 $\beta_{s,k}$，即可得到两个时期的特征价格方程。再将 s 时期的特征平均值$\overline{X}_{s,ik}$代入所得方程，有：

$$\ln \overline{P}_{s,i} = \beta_{s,0} + \sum_{k=1}^{m} \beta_{s,k} \ln X_{s,ik}$$

$$\ln \overline{P}_{t,i} = \beta_{t,0} + \sum_{k=1}^{m} \beta_{t,k} \ln X_{s,ik}$$

则特征价格指数为：

$$\bar{I}_t = \frac{\overline{P}_t}{\overline{P}_s} \tag{4-2}$$

同理，将 t 时期的特征平均值 $\overline{X}_{t,ik}$ 代入所得方程，有：

$$\ln \hat{P}_{s,i} = \beta_{s,0} + \sum_{k=1}^{m} \beta_{s,k} \ln X_{t,ik}$$

$$\ln \hat{P}_{t,i} = \beta_{t,0} + \sum_{k=1}^{m} \beta_{t,k} \ln X_{t,ik}$$

则可得另一形式的特征价格指数为：

$$\hat{I}_t = \frac{\hat{P}_t}{\hat{P}_s} \tag{4-3}$$

若将上述两个特征价格指数进行几何平均，则还可得到 t 时期特征价格指数的几何平均数为：

$$I_t = \sqrt{\hat{I} \cdot \bar{I}} = \sqrt{\frac{\hat{P}_t}{\hat{P}_s} \cdot \frac{\overline{P}_t}{\overline{P}_s}} \tag{4-4}$$

式（4－2）、式（4－3）、式（4－4）是简单特征价格指数的三种具体计算方法，分别适用于不同的情况。当新商品较多时，可用 $\hat{I}_t$ 表示 t 时期的价格指数，相反则可用 $\bar{I}_t$，而在一般情况下，则可采用 I_t 表示 t 时期的价格指数。

一般来说，特征价格法在实践应用中的主要优点表现在以下三个方面：一是便于大规模取样，房屋销售价格和特征数据容易通过多种渠道获得，还可通过其他相关联的二手数据，得到计算所需的变量数值；二是模型的经济意义比较直观，模型与购房者的实际选择紧密相关，能直观、及时地反映市场价格和房屋特征的变化情况；三是计算方法灵活，可以同时考虑多种房地产商品和特征间的相互关系，为了准确衡量房地产价格变动情况，模型也可根据具体情况做出更改。

将特征价格法用来编制房地产价格指数，也存在一定的局限性。主要表现为：第一，理论上该模型需要确定与房地产价格相关的特征，但实际中影响房地产价格的特征是多种多样的，并且各个地区或城市对房价起主要影响的特征可能存在不同，这对房地产价格统计的数据收集工作提出了更高、更多的要求，同时也存在特征选取工作的困难；第二，特征价格法的具体函数形式是不确定的，需要依靠具体情况进行定夺，这就意味着每个地区，每个统计时期可能都得更改特征价格法的具体编制模型，从而造成极大的工作负担，这对房地产价格指数的时效性提出了挑战；第三，由于经济行为的滞后性以及扰动项中含有特征向量中未包含的其他经济环境因素，可能会产生序列相关等问题。

2. 中国现有房地产价格指数比较分析

（1）现有的几个主要房地产价格指数。

①中房指数。中房指数全称是中国房地产指数系统（CREIS），是1994年由国务院发展研究中心、中国房地产协会、中国房地产开发集团等联合发起建立的全国及各重要城市房地产市场监控系统。中房指数的基础数据主要来源于市场调查，根据聚类分析方法确定样本，并进行跟踪调查，在样本项目达到一定指标后再进行更新与替换。中房指数在北京、上海、广州等17个主要城市拥有完善的调查系统和全面的房地产信息数据库。中房指数日常运作由中国指数研究院承担。2004年，中国指数研究院对中房指数进行了全面改革，扩充了原数据库，利用特征价格模型，消除了物业因素对房价的影响。修改后的指数以2000年12月为基期，以北京住宅价格指数为1000，仍对17个主要城市进行编制。2010年后，中国指数研究院开始“百城价格指数”研究，每月1日发布100个城市住宅价格指数，成为全国覆盖范围最广、涵盖城市最多的房屋价格指数系统。该指数系统发布的指数除了百城住房价格指数，还有主要城市的新房价格指数、二手房销售和租赁价格指数等。目前，中房指数已经初步形成重要城市价格指数、北京写字楼租金指数、重要城市典型住宅价格指数以及中国房地产预警系统等房地产市场监测体系。

②城房指数。“城房指数”是由住房和城乡建设部主持编制的房地产价格指数，是以各城市房地产主管部门建立的房地产市场预警预报信息系统中房地产交易信息为数据基础，数据覆盖面积广，获取方式便捷，能够按月度发布全国、各地区以及城市层面的房地产价格指数。城房指数所采

用的特征价格法能够将异质性的住宅分解为同质性的特征，再利用多元线性回归形式的特征价格模型计算得到最终结果，这样的计算方法不仅满足楼盘间同质可比的要求，更重要的是可以综合考察供求关系等市场因素对价格的影响，使得最终计算的"城房指数"不受住宅物理特征、区位特征等因素的影响和干扰。目前，城房指数物业类型仅包括完全市场化的新建商品住宅，暂不包括经济适用房、单位自建房、两限两竞房、拆迁安置房、单位集资房等。但是在地域上城房指数共覆盖了 90 个大中城市[①]，其中包括各城市市区范围内的所有行政区和城市市区范围外的重点城近郊区，可见其覆盖的样本范围比较广。

③伟业指数。伟业指数由伟业顾问市场研究中心于 1997 年推出的伟业指数，旨在反映北京市市区某一时段不同类型、不同区域、不同方向的物业价格、租金收益率水平的综合性房地产指数。相对于其他指数，伟业指数更加注重微观，也更具有实用性，因此得到业内同行、房地产开发商以及购房者的认可，并被誉为房地产市场的"晴雨表"。为了更加准确、敏锐地捕捉和反映房地产市场价格水平的变化趋势，为用户提供更高效的服务，2005 年下半年起，伟业顾问市场研究中心与清华大学房地产研究所合作，对伟业指数的编制方法进行重大改革，并于 2006 年 1 月推出了基于特征价格模型、满足同质可比要求的新伟业指数体系——"伟业不动产指数"。目前，"伟业不动产指数"仍以北京市房地产市场为主要数据采集对象，按季度发布住宅（公寓）、别墅、写字楼等不同物业类型的房地产价格指数。该指数经修订之后，采用基于特征价格模型的同质性房地产价格指数编制方法，同时兼顾对整体市场的普遍代表性和对各细分市场的针对性，形成较为完整的体系构架。

④西安房地产市场价格 40 指数。西安房地产市场价格 40 指数开始编制于 1999 年 1 月，由西安市房产管理局市场处和西安西宇公司房地产信

① 第一批 40 个大中城市包括：北京、天津、石家庄、太原、呼和浩特、沈阳、大连、长春、哈尔滨、上海、南京、无锡、苏州、杭州、宁波、温州、合肥、福州、厦门、南昌、济南、青岛、郑州、武汉、长沙、广州、深圳、南宁、北海、海口、三亚、重庆、成都、贵阳、昆明、西安、兰州、西宁、银川、乌鲁木齐。第二批 50 个大中城市名单：唐山、秦皇岛、大同、包头、本溪、丹东、锦州、吉林、齐齐哈尔、大庆、牡丹江、徐州、常州、扬州、绍兴、金华、芜湖、蚌埠、安庆、宣城、泉州、九江、赣州、淄博、烟台、潍坊、泰安、洛阳、平顶山、南阳、宜昌、襄樊、株洲、岳阳、常德、韶关、汕头、佛山、江门、湛江、惠州、中山、桂林、泸州、绵阳、南充、遵义、大理、宝鸡、天水。

息部联合推出，每月发布一次。观测样本是从西安地区的120多个房地产开发项目中抽取具有代表性的40个不同物业、不同区位、不同档次的房地产开发项目。各地区的样本数目以全市住宅、商业营业用房、办公楼、别墅的比例配出，通过入户调查，并参考其他房价指数的处理方法计算得到。西安房地产市场价格40指数以1999年1月为基期，以1月市场销售报价为指数基期价格，基期指数定为1000点。通过《指数月报》和西安房地产信息网每月发布报告期的指数，并采用收费方式。

⑤武房指数。武房指数是由武汉的房地产部门于1992年推出的一个房价指数。2000年7月，武汉市房地产管理局和武汉房地产综合信息网联合推出了“武房指数系统”，首次通过网络公布房屋价格指数。按照充分考虑区域间平衡和楼盘品质的原则，从武汉市房地产市场公开销售的房屋中选取50个具有代表性的房屋作为样本，但样本不固定，会随市场变化做出适应性的调整。主要对样本的地段、价格、周边环境、配套设施、销售状况进行调查分析，以2000年3月为基期，同时期的50个样本楼盘的销售价格为基价，与报告期的价格水平进行比较，得到报告期的指数系统。目前，该指数系统包括武房价格指数（含住宅综合指数、住宅指数和写字楼指数）、分类物业指数（含住宅物业指数、写字楼物业指数）、城区价格指数（含武汉八区的房地产价格指数）。武房指数通过武汉市房地产综合信息网进行公开发布。

⑥中原城市指数系统。中原城市指数系统是香港中原地产代理有限公司与香港城市大学联合推出的，旨在客观地反映香港楼市情况的房地产价格指数。中原城市指数系统包含中原城市指数（CCI）和中原城市领先指数（CCL）。中原城市指数每月发布，它是基于香港特区政府土地注册处登记的住宅交易记录和香港有代表性的38个“成分屋苑”价格编制，用于描述地产市场的价格变动。指数基期为1997年7月，基期指数为100。“成分屋苑”的选取原则为：有较高的成分总值；有较大的成交宗数；至少已在12个月前入住；在所属地区有代表性。中原城市领先指数是每周发布的指数，它是基于中原地产代理有限公司的初步合约成交价编制，用于反映最新的地产市场价格变动。中原城市领先指数的基期为1997年7月的第一周。由于登记过程需要一定时间，利用土地注册处的楼宇买卖价格数据编制的指数不能提供最新的市场资讯，而利用临时合约的成交价格编制的指数可以做到。由于中原房地产代理有限公司在地产代理市场的占

有率超过 20%，所以它的成交数据能够在一定程度上反映市场的主要状况。

除了上述房地产价格指数外，还有其他机构所编制的一些房价指数，如上海二手房指数办公室于 2001 年推出的上海二手房指数，郑州房地产管理局推行的郑州 40 指数等。总的来看，目前中国的各种房地产价格指数，从其反映的房地产价格的地区范围来看，可以分为全国性的房地产价格指数（如城房指数、中房指数）和地区性的房地产价格指数（如伟业指数、西安房地产市场价格 40 指数、武房指数等）；从指数的编制主体来看，可以分为政府主导编制的房地产价格指数、企业主导编制的房地产价格指数，以及政府和企业二者共同主导编制的房地产价格指数。

（2）中国现有的房地产价格指数的比较分析。

全国性房价指数的优点主要在于：首先，在于统计调查覆盖的区域多，不仅能通过各地的指数比较、整理分析了解各地的房地产市场波动情况，也能较为全面地了解全国的房地产价格走向，使其在宏观政策制定和调控上具有一定的优势。其次，全国性的房价指数一般由政府主导，有着一套自下而上完整的信息来源系统，能够保证数据来源的稳定性、完整性和及时性。最后，全国性房价指数的编制者和参与者有着相对稳定的、专业的队伍，从而使得在指数编制技术、数据采集技术上具有一定的优势。

区域性房地产指数的优势在于：一方面，指数所涉及的基础数据采集工作量相对较小，指数的编制者和参与者往往本身就是房地产中介代理和咨询公司，对房地产市场的交易有着较为丰富的实践经验，从而有条件更深入地考察到具体区域市场、具体投资环境、具体物业类别，使得样本的选取更为全面和有代表性。另一方面，区域性房地产指数的编制者一般对本区域的房地产市场有着比较深入的了解，使得其在权重选取、方法选择上能够更多地从实际出发，从而使得最终计算得到的指数能更好地反映本地区房地产市场波动情况，指数的结果一般也相对更具代表性、更贴合民众感受。如中原城市指数，该指数编制者中原物业是北京和香港最大的代理公司，曾经代理过很多的楼盘；中原物业在香港代理项目的楼盘占香港总成交量的 30%，基本可以满足中原城市指数的样本选取的要求，同时保证了样本数据的真实性、及时性和代表性。因此，中原城市指数一经推出就得到香港社会各界的广泛认同，被称为香港地产市场变动的指示器。

总体看，目前中国的房地产价格指数随着房地产市场的发展得到快速发展，但各个指数的质量、涉及范围、指数用途，以及发布频率都存在较大区别。这些房地产价格指数既有全国性的，也有地区性的；既有官方机构发布的，也有非官方机构发布的；房地产价格指数编制的基础数据既有通过调查取样得到的，也有通过交易系统自动获取的；指数计算方法既有经过质量调整的、链式拉氏公式汇总计算的，也有直接采用加权平均计算的。需要注意的是，由于我国房地产市场起步相对较晚，市场发育还不完善，房地产交易案例少、交易价格不公开、交易资料不全面等因素都直接影响到现有房地产价格指数的编制。因此，总的来说，我国现有房地产价格指数无论是在基础数据采集、编制技术、数据质量与评估上都有着较大的提升空间。

（四）中国房地产价格统计中的调查样本选取

对房地产价格统计而言，基础数据的代表性和准确性直接决定最终发布结果的准确性。目前，对于房地产价格数据的采集而言，既存在调查城市的选择问题，也存在房屋类型选取问题。下面将主要对国家统计局、住房和城乡建设部以及中国指数研究院三个机构的样本选择情况进行对比分析。

将国家统计局、住房和城乡建设部、中国指数研究院在各个省调查的城市列表比较，如表4－4所示，三个机构在各省调查的城市大致相同，一般一个省份中调查的城市个数为2—3个。其中，江苏、浙江、山东和广东这四个省份所调查的城市个数明显较多，这主要与省份的经济发展水平、房地产市场的成熟程度有关。国家统计局则明确表示，在选择代表性城市时，主要参考这些城市的经济实力、住宅成交量、城市规模以及区域辐射力，同时也兼顾了样本的区域代表性和房价统计工作基础。

表4－4　　　　三个机构调查城市的选取

省份	国家统计局	住房和城乡建设部	中国指数研究院
北京市	北京	北京	北京
天津市	天津	天津	天津
河北省	石家庄、唐山、秦皇岛	石家庄、唐山、秦皇岛	石家庄、唐山、秦皇岛、邯郸、衡水、保定、廊坊
山西省	太原	太原、大同	太原

续表

省份	国家统计局	住房和城乡建设部	中国指数研究院
内蒙古自治区	呼和浩特、包头	呼和浩特、包头	呼和浩特、包头、鄂尔多斯
辽宁省	沈阳、大连、丹东、锦州	沈阳、大连、丹东、锦州、本溪	沈阳、大连、鞍山、营口
吉林省	长春、吉林	长春、吉林	长春、吉林
黑龙江省	哈尔滨、牡丹江	哈尔滨、牡丹江、齐齐哈尔、大庆	哈尔滨
上海市	上海	上海	上海
江苏省	南京、无锡、扬州、徐州	南京、无锡、扬州、徐州、苏州、常州	南京、无锡、扬州、徐州、苏州、常州、连云港、泰州、淮安、镇江、盐城、常熟、南通、宿迁、江阴、张家港
浙江省	杭州、宁波、温州、金华	杭州、宁波、温州、金华、绍兴	杭州、宁波、温州、金华、绍兴、嘉兴、湖州、台州
安徽省	合肥、蚌埠、安庆	合肥、蚌埠、安庆、芜湖、宣城	合肥、芜湖、马鞍山
福建省	福州、厦门、泉州	福州、厦门、泉州	福州、厦门
江西省	南昌、九江、赣州	南昌、九江、赣州	南昌、赣州
山东省	济南、青岛、烟台、济宁	济南、青岛、烟台、淄博、潍坊、泰安	济南、青岛、烟台、淄博、潍坊、东营、威海、日照、德州、聊城、菏泽
河南省	郑州、洛阳、平顶山	郑州、洛阳、平顶山、南阳	郑州、洛阳、新乡
湖北省	武汉、宜昌、襄阳	武汉、宜昌、襄樊	武汉、宜昌
湖南省	长沙、岳阳、常德	长沙、岳阳、常德、株洲	长沙、株洲、湘潭
广东省	广州、深圳、惠州、湛江、韶关	广州、深圳、惠州、湛江、韶关、江门、中山、佛山、汕头	广州、深圳、惠州、湛江、江门、中山、佛山、汕头、东莞、珠海
广西壮族自治区	南宁、桂林、北海	南宁、桂林、北海	南宁、桂林、北海、柳州
海南省	海口、三亚	海口、三亚	海口、三亚
重庆市	重庆	重庆	重庆（主城区）
四川省	成都、泸州、南充	成都、泸州、绵阳、南充	成都、绵阳

续表

省份	国家统计局	住房和城乡建设部	中国指数研究院
贵州省	贵阳、遵义	贵阳、遵义	贵阳
云南省	昆明、大理	昆明、大理	昆明
甘肃省	兰州	兰州、天水	兰州
青海省	西宁	西宁	西宁
宁夏回族自治区	银川	银川	银川
新疆维吾尔自治区	乌鲁木齐	乌鲁木齐	乌鲁木齐

资料来源：笔者整理。

将国家统计局、住房和城乡建设部、中国指数研究院三个机构调查的房屋类型进行比较，结果如表4－5所示，表中可以看出，首先，目前国家统计局、住房和城乡建设部的调查范围主要集中在住宅；其次，中国指数研究院除了调查住宅外，还调查写字楼、商业营业房等物业类型；最后，住房和城乡建设部只关注完全市场化的新建商品住宅，是三大机构中涉及房屋类型最少的。

表4－5　　三个机构调查房屋类型比较

房屋类型	国家统计局	中国指数研究院	住房和城乡建设部
新建房屋	新开项目以及连续四个月没有成交记录的在售项目（商品住宅和保障性住房）	所有在售商品房项目（新房），包括住宅、写字楼、商业营业用房	完全市场化的新建商品住宅，暂不包括经济适用房、单位自建房、两限两竞房、拆迁安置房、单位集资房等
二手房屋	选取规模大、实力强、总营业额一般占当地住宅总营业额75%以上的、经营状况比较稳定的房地产经纪机构	选取当地主要城区成交较为活跃的代表性楼盘调查二手商品住宅（不包括别墅）	无

资料来源：笔者整理。

三　中国房地产价格统计存在的主要问题

通过前面的分析不难看出，相对于发达国家的房地产价格统计工作，目前中国的房地产价格统计工作虽然取得很大的进步，但仍然存在一些问题，比如基础数据的采集与审核工作有待进一步完善、调查样本的涵盖范围不够广、调查的房屋类型不够全面、数据的同质可比性较差等。下面对目前我国房地产价格统计中存在的主要问题分别做一些具体分析。

（一）基础数据的来源、采集与审核有待完善

1. 基础数据的来源渠道存在不足

目前，中国的房地产价格统计中，价格数据的获取渠道主要有三个，即房管部门、房地产中介公司和实地调查。这三个来源渠道的房地产价格数据都存在一定的不足之处。

首先，来自房管部门的数据存在不足之处。目前，统计局规定新建住宅销售价格、面积、金额等资料都直接采用当地房地产管理部门的网签数据，不再另作调查。而城房指数、武房指数等在收集基础数据时通常也依靠房管部门的数据。来自房管部门的数据主要存在以下两个不足之处。

第一，数据的代表性不够。对于一套住房而言，只有在交易和抵押环境，其价格才是经过市场确认的，而在漫长的持有期内，很难确定它的市场价格。所以，在每个统计期间，只有很小比例的住房会发生交易或抵押，可供作为统计价格。以北京市为例，2006 年其新建商品住房市场的平均吸纳周期约为 9 个月，即每个月仅有 11% 的可销售单元发生交易，而其存量房平均每月仅有不到 0.2% 发生交易，因此这一小部分的样本反映整个房地产市场的状况，会存在较大的代表性偏差。

第二，数据存在时间滞后性。由于所有房屋的买卖合同都需要到房屋交易中心登记备案，所以通过房地产管理部门可以获得在统计期间所有发生交易的房屋的信息，包括房屋的交易价格和房屋的主要品质特征等。但经过房地产管理部门得到的数据，存在一定的滞后性，尤其是新建商品房数据。因为商品房合同的备案一般由开发商办理，而开发商为了节省时间，常常会集中签约，或者由于购房者个人原因（如只交订金，拖延付款）等，使得部分商品住宅网上签约出现滞后现象，从而影响到实际数

据的及时性。

其次，来自房地产中介公司数据也存在不足之处。目前，绝大多数的二手房交易都是通过房地产中介公司完成的，所以房地产中介公司拥有大量的二手房交易数据。但在二手住宅市场中，多数房产中介规模较小、分布较散、资金实力较弱，且经营方式各异。一方面，小型企业由于规模有限、成交量小，符合条件的样本相对较少。另一方面，资金实力弱的企业多数无法投入一定的人力、物力配合统计调查工作；而部分以加盟模式经营的企业，总部仅收取加盟费，无权获取门店经营信息，也给数据采集带来一定困难。所以，由此计算的价格指数可能存在一定的偏差。

最后，实地调查数据也有一定的不足之处。国家统计局与中国指数研究院在获取房地产价格数据时，会利用调查员进行实地调查获取房价数据。比如，中国国家统计局收集二手住宅销售价格采用的是重点调查与典型调查相结合的方法，按照房地产经纪机构上报、房地产管理部门提供与调查员实地采价相结合的方式收集基础数据。理论上讲，实地调查是获取房地产价格数据最直接的方式，能够有效避免“阴阳合同”和房地产企业谎报数据等问题，使得数据相对真实可靠。但由于实地调查需要投入较大，对人力、物力要求高，所以实地调查在国内房价统计过程中目前主要还只是起到补充作用，以及数据需要核实时才采用的调查方式。显然，实地调查数据最大的问题在于无法定期、连续地进行，从而使其难以成为房地产价格统计数据的重要来源。

2. 基础数据的采集工作有待完善

国家统计局在《住宅销售价格调查方案》中提到二手住宅销售价格的调查方法为非全面调查，而是采用重点调查与典型调查相结合的方法，按照房地产经纪机构上报、房地产管理部门提供与调查员实地采价相结合的方式收集基础数据。而中国指数研究院所发布的信息显示，其基础数据是由中国指数研究院和搜房网分布在各城市的直属机构人员，通过实地调查、电话调查、网络调查等多种方式，收集所在城市的项目报价、规模等信息。显然，这两家机构给出的数据采集方法过于笼统和简单，并没有给出清晰、详细的数据采集工作流程。

相对而言，发达国家在这方面则有着明确而清晰的规范和要求，比如，美国社区调查（ACS）就其采集数据的方式给出了明确的规定：ACS共涉及三种调查方式，即邮寄问卷、电话访问、入户登记；并对采用每种调查方式的具体情形给出了具体的规定：最初利用的调查方式为邮寄问卷，当问卷回收失败时，就会采取第二种措施——电话访问，如果电话调查仍失败，就会采取入户登记的方式。

3. 基础数据的审核和评估工作有待加强

在对基础数据质量审核方面，我国房地产价格统计工作也有待进一步加强和完善。发达国家在开展房地产价格统计时，不管是官方还是非官方，都会在基础数据采集过程中或采集之后，进行多个角度的数据质量审核，如对异常数据的审核与筛选、利用计算机程序设定来进行自动审核、请相关专家对采集数据进行评估与审核、借鉴其他数据库进行校验审核等。

目前，国家统计局公布的《住宅销售价格调查方案》中提到，直辖市、省会城市、自治区首府城市（不含拉萨市）、计划单列市等35个城市新建住宅销售价格、面积、金额等资料直接采用当地房地产管理部门的网签数据，不再另作调查；暂时不能取得网签数据的其他35个城市，新建住宅销售价格根据统计系统房地产开发统计报表中各个项目的分类销售面积和金额数据计算，不再另作调查。虽然《住宅销售价格调查方案》中提到国家统计局调查总队会对相关城市的原始数据和汇总数据进行审核评估，但没有公布更多的审核和评估细节。中国指数研究院的调查方案，虽然提出了明确的调查数据审核与质量控制方法（如交叉复核、多级复核等），但与发达国家相比，依然存在许多有待改进和加强的地方。

（二）调查样本涵盖范围较小

中国共有建制城市600多个，行政县市2800多个。而国家统计局主持的房地产价格调查范围为70个大中城市的市辖区，不包括县；住房和城乡建设部调查范围为90个大中城市，包括各城市市区范围内的所有行政区和城市市区范围外的重点城近郊；中国指数研究院调查范围为100个大中城市，是三者中覆盖区域最大的机构，其房地产价格统计调查也只占建制城市总数的约15%。从表4－4也可以看出，对多数省份而言，三个机构调查的城市数量都非常有限，多数仅两到三个城市，只有江苏、浙江、山东、广东这几个省份的调查城市相对多些。显然，这些房地产价格统计的调查样本覆盖范围较为有限，所得到房地产价格的代表性也存在一定局限。

（三）调查统计的房屋分类标准有待改进

目前，国家统计局和住房城乡建设部在进行房地产价格统计时，对调查的房屋按照面积划分为三类：90 平方米及以下、90—144 平方米、144 平方米以上。这种分类方式是国家统计局依据《国务院办公厅转发建设部等部门关于调整住房供应结构稳定住房价格意见的通知》（国办发［2006］37 号）和《国务院办公厅转发关于做好稳定住房价格工作意见的通知》（国办发［2005］26 号）而确定的。其中，90 平方米的标准是由于第一个通知规定，自 2006 年 6 月 1 日起，凡新审批、新开工的商品住房建设，套型建筑面积 90 平方米以下住房（含经济适用住房）面积所占比重，必须达到开发建设总面积的 70% 以上。而按照第二个通知设定的 144 平方米标准主要是为了区分普通住宅和非普通住宅，这虽然有利于监测相关房地产政策的落实情况，也能够大致划分高档公寓和普通住宅，但是 144 平方米并非所有普通住宅和非普通住宅的面积划分标准线。这种“一刀切”的房屋分类方法，给房地产市场带来的负面影响是显然的，并且单纯依据面积分类所进行的房地产价格统计，难以有效地反映不同类型房屋价格走势与变动。

中国指数研究院在进行房地产价格统计时，其采用的房屋分类则是以房屋的结构将市场上的住宅分为普通商品住宅、别墅、经济适用房等类型。这种分类虽然不能够涵盖市场所有房屋类型，但据此分类所得到的房地产价格能够较为清晰反映不同类型房屋的市场价格变动趋势。

（四）难以较好地实现房屋的同质可比要求

国内在进行房地产价格统计时，虽然也考虑房屋的同质可比性问题，但在实践中仍然存在不足。比如国家统计局在二手住宅销售价格调查中，虽然采用了第一种方法，追溯到上一调查期的同一房屋，但在实现上过于简单。统计局的《住宅销售价格调查方案》中提到，在选取二手住宅样本时，要分区域（辖区）、分类型从上月及本月销售的住宅中分别选取销售量（套数）所占比重最（较）大、同质可比性和代表性强且交易时间最接近每月 15 日的一套住宅，来进行同质可比计算；如每月 15 日前、后两日均有同质可比住宅时，选取后者作为样本住宅。显然，国家统计局并非严格意义上执行第一种方法，而是利用项目层面上实现样本匹配，从而满足了部分同质可比要求，而其后续的计算中也没有再采取相应质量调整方法。对于新建住宅销售价格调查，统计局的调查方案中并没有提到同质可比的问题。

在国内现行的房地产价格指数编制中，目前仍然以非同质方法为主流。全国 70 个大中城市房价指数和中房指数[①]都采用拉氏指数法。拉氏指数法虽然考虑到了前后期房地产市场结构变化对房地产价格产生的影响，但却忽略了房屋品质的变化。一般来说，随着房屋品质的提升，房地产价格也会因此被拉高。所以，长期用拉氏指数法计算出来的房价指数不能反映“纯价格”的变动。虽然国家统计局在 2011 年新发布的《住宅销售价格统计调查方案》中提出选取住宅样本要兼顾不同地理位置，综合考虑住宅类型、区域、地段、结构等统计口径的一致性，保证上月、本月价格同质可比；但由于房屋本身所具有的高度异质性，即使同一区域、同一地段、同一结构的楼房也会因为不同的朝向而造成房地产价格的差异，从而使得这种做法很难真正实现“同质可比原则”。

城房指数虽然都提出采用特征价格法进行房价指数的编制，但城房指数的编制范围目前只局限在完全市场化的新建商品住宅，并没有把二手房、别墅等物业类型考虑进去，所以难以完整反映整个房地产市场的价格变化情况。并且在实际操作中，各城市基本上是直接套用城建部下发的编制过程指南，并没有依据各城市的特点选择符合各自实际情况的特征变量和具体特征函数形式，所以城房指数缺乏对各城市房地产市场针对性的考虑和设计。

四　中国房地产价格统计发展趋势与改革建议

（一）积极提高房地产价格统计工作的信息化水平

随着信息化的快速发展，房地产价格统计工作的各个方面都直接受到它的影响。从数据采集过程中的网络直接报到调查时的 PDA 数据上传，从数据审核过程中的电脑程序自动化审核到数据汇总时的自动模板应用，从数据质量评估时的专家库信息系统应用到其他相关数据库的比对分析，从数据发布时信息平台应用到数据发布后的信息反馈与调整平台应用，房地

① 虽然 2005 年后中房指数引入了特征价格法来计算房地产价格指数，但是，在其公布的百城房价指数、二手房价指数和新房价格指数中所使用的模型仍为拉氏指数法。

产价格统计工作过程几乎都与信息技术的应用密切相关。

由于房地产价格构成及其影响因素的多样性，房地产价格资料的来源也呈多样化特征。从主管部门看，有房地产管理局、土地管理局和房屋交易中心等；从社会调查对象看，有房地产开发商（销售商）、二手房交易中心、中介公司和社区居委会等。为了建立完整的房地产价格统计系统，必须要获得土地交易价格、经济适用房销售价格、二手房出售价格、普通住宅销售价格、高档住宅销售价格、非住宅销售价格、住宅租赁价格、办公楼租赁价格、商业营业用房租赁价格等一系列基础数据。按照我国房地产价格统计现状，在一个月内完成上述所有数据的收集和整理以及指数编制工作具有相当大的难度。因此，这就需要有关统计部门进一步完善房地产市场的基本信息管理系统，在对权籍信息系统、交易登记系统等数据库进行整合的基础上，建立全面而又统一口径的不动产信息管理系统，对交易情况、交易日期、房地产特征等方面进行即时修正，为房地产价格统计以及房地产价格指数计算提供准确及时的第一手资料。

2010 年 9 月，国家统计局、住房和城乡建设部联合下发了《关于加强协作共同做好房地产价格统计工作的通知》，要求各省以及有关城市住房和城乡建设厅（住房和城乡建设委、房地局）、统计局、国家统计局调查队加强联系与合作，实现数据资源共享、信息资源共用。该通知对房地产管理部门与统计部门的职责分工、网签数据的提供内容、提供时间和提供方式均做出了明确规定。该通知将房地产开发、转让、权属登记等管理环节的市场信息有效地整合在了一起，并结合相关的土地、金融等信息，极大地促进房地产统计的信息化进程。虽然该通知具体要求的落实还有待进一步完善，但可以预见，随着信息化技术的发展，我国房地产价格统计工作中的信息化水平将得到不断提高。

（二）大力推动数据采集的便捷性，逐步扩大样本调查范围至覆盖全国

国家统计局在编制房地产价格统计新方案时，直辖市、省会城市、自治区首府城市（不含拉萨市）、计划单列市等 35 个大中城市已具备提供网签数据的条件。2015 年 1 月，共有 53 个城市上报了网签数据，仅有 17 个城市暂时不具备采用网签数据的条件。本着成熟一个采用一个的原则，国家统计局将逐步扩大采用网签数据城市的范围，最终实现 70 个大中城市新建住宅销售价格全部采用网签数据。随着交易信息系统的推广，今后各个大中小城市的房地产交易预计都可以实现网络化交易和网络化管理，

这将使得今后房地产价格统计数据采集更加便捷、高效，这也将有利于全国性房地产交易平台的整合构建。

与此同时，随着我国城市化进程的加快，越来越多的农村人口将转移到城镇或城市，未来房地产价格统计工作中绝大部分样本数据将来自城市或城镇中房屋样本。为了提高所统计的房地产价格的代表性和针对性，目前统计机构所采集的样本范围过小。可以预见，未来各个房地产价格统计机构必须不断扩大所调查样本的覆盖范围，作为全国性房价指数的调查范围必须覆盖至全国，以保证最终计算所得到的房地产价格能够较为全面、准确地反映房地产市场的价格变动趋势。

（三）抵押贷款数据将在房地产价格统计中扮演更加重要的角色

随着人们消费观念的改变以及金融市场的完善，越来越多消费者倾向于按揭购买住房。未来抵押贷款的数据由于其真实性、准确性等多种优势，将会在房地产价格统计中扮演越来越重要的角色。

虽然目前中国的多数住房抵押业务通过银行来完成，但受到各家银行相关业务信息分离的影响，难以整合形成一个有效的住房抵押信息平台，随着信息化程度的不断深入、金融市场改革的不断深化以及住房交易统计工作的不断发展，未来将有望逐渐形成一个全国统一的住房抵押贷款信息系统，为房地产价格统计提供有效的基础数据平台。

（四）推动房地产价格统计各项工作逐步达到国际化标准

未来我国房地产价格统计工作还需要不断提高统计人员素质、完善统计工作中的各项方法与法规，逐步实现与国际化标准接轨并最终达到国际化标准。我国目前房地产价格统计工作人员存在数量不足和整体专业素质不高问题。房地产价格统计工作人员除了要熟悉《统计法》之外，还需要定期对其培训，使其具有一定的统计专业知识、掌握先进的数据统计方法、熟练使用相关统计软件，并尽可能创造条件，使其有机会与发达国家的房地产价格统计工作者进行交流学习。

同时，除了提高工作人员的素质和数量之外，还需要适时引入房地产价格统计的第三方评估机构以及相应的中介机构。例如，美国 OFHEO 房价指数的基础数据就是来源于美国联邦全国抵押贷款协会（The Federal National Mortgage Association，FNMA）和联邦住宅抵押贷款公司（The Federal Home Loan Mortgage Corporation，FHLMC）的抵押贷款交易数据。一般来说，在房地产价格统计中，评估机构和中介机构具有政府统计部门所不具备的优势，比如评估机构在数据质量评估中的专业优势，中介结构在市场交易价格采集中的一线优势等。政府统计部门、评估机构以及中介公司的联合协作，能够使房地产价格统计工作更为高效，相应的数据质量也更为可靠。

此外，对于房地产价格统计中一些具体的统计方法也有待不断完善，比如价格统计中质量调整方法、指数计算方法、数据质量的评估方法等。此外，为了保证采集数据的真实性以及受访者的积极性，还需要完善房地产价格统计的相关法律法规，使基础数据中的个人信息能够得到法律上的保护，同时也要从法律上明确居民接受调查、提供相关信息的义务。

（五）尽快建立完整、有效的房地产价格指数体系

近年来，政府和社会各界对统计数据需求越来越多样化，要求也越来越高。因此，未来房地产价格统计的内容应更为全面细致，特别地，建立一个完整而高效的房地产价格指数体系是未来房地产价格统计工作中发展的重点之一。

目前，中国房地产市场主要以增量房为主流，各类房地产指数也多以关注增量房市场为主要目的，如现有的城房指数只针对新建住宅进行统计。在房地产类型上，各类房地产指数也多以关注住宅房地产为主，如全国 70 个大中城市指数自从改革后，只针对住宅房地产进行指数编制工作。而从房地产的含义可知，完整的房地产指数体系应包括房屋销售市场、房屋租赁和物业管理市场、土地市场三个方面的价格指数。从需求上看，随着经济的发展以及流动人口的不断增加，各类物业的租赁市场也将逐渐扩大，租赁价格的变动也将成为经济状况、就业、人口等研究的重要指标，可以预见未来租赁价格指数将会受到越来越多的关注；此外，由于土地交易价格信息的不公开，而使国内房地产市场缺少完善的土地交易价格指数，但随着市场成熟度以及信息透明度的增大，土地交易价格指数的编制条件将逐渐成熟，编制完善的土地交易价格指数将是房地产价格指数体系中非常有意义的一部分。图 4 – 3 对未来的房地产价格指数体系进行了构建。该指数体系主要参照房地产的物业类型进行划分，更细的子指标，如住宅销售价格指数中的子指标新建住宅价格指数和二手住宅价格指数等，没有完全展示在里面。

房地产价格指数体系的构建除了从指数内容上进行完善之外，在各个指数的编制方法上也有待改进。其中，最需要改进的方向是尽可能满足

“同质可比”原则，因此我们建议今后的房地产价格编制方法主要以质量调整型方法为主，按照房地产的类型有针对性地采用具体的编制方法。一方面，建议在二手房交易较发达、市场基础较好的城市采取重复交易法编制房地产价格指数，但注意剔除进行翻修或大规模装修的房屋样本数据。另一方面，建议对新建房地产采用特征价格法编制房地产价格指数，同时制定各调查区域特定的房屋特征指标，以及确定特定的特征函数形式。除了考虑质量调整之外，为了让房地产价格指数更具代表性，在进行指数编制计算时还可以采取分区统计的方式，在发布全国房地产价格统计指数体系的同时，尽可能同时计算并发布各个区域的房地产价格指数体系，以更好地满足社会大众以及各级政府对房地产市场价格信息的需求。

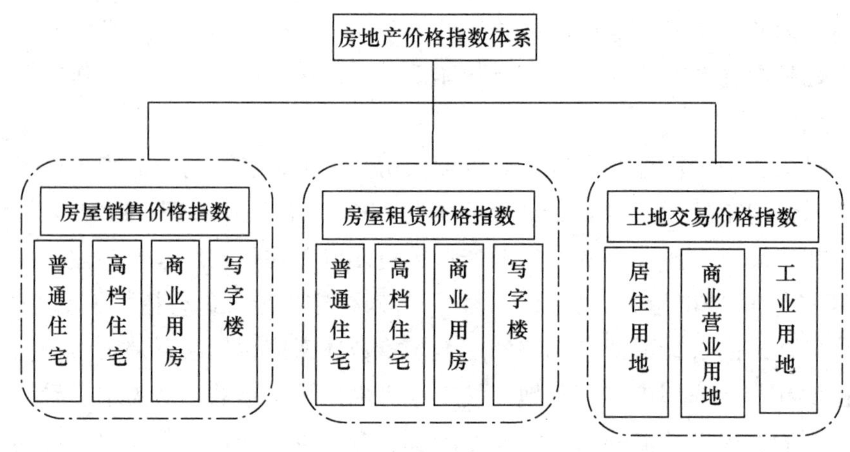

图 4－3　房地产价格指数体系构架

参考文献

［1］包宗华：《住宅与房地产》，中国建筑工业出版社 2002 年版。

［2］陈冬青、周德同、章道苏、张晓娜：《2009 中国城市社会经济热点问题调查报告》，中国统计出版社 2009 年版。

［3］代凯歌：《我国房价指数真实性与实用性分析》，《价格月刊》2014 年第 8 期。

［4］干利华：《房价统计浅探》，《房地产市场》2007 年第 2 期。

［5］国家统计局：《住宅销售价格统计调查方案》，国家统计局网站，2011 年。

[6] 胡英：《从美国社区调查看美国人口统计方法制度的改革》，《市场与人口分析》2004 年第 4 期。
[7] 黄毅、李健：《完善我国房价统计指数相关研究》，《价格月刊》2014 年第 10 期。
[8] 刘洪玉、杨振鹏：《我国住房价格统计与房价指数编制的主要难点》，《价格理论与实践》2010 年第 11 期。
[9] 刘洪玉、吴璟：《中国城市商品住宅价格的统计方法与变化规律》，《中国市场》2012 年第 37 期。
[10] 潘璠、郑新、王铁梅、肖楠、张皓：《2010 中国城市社会经济热点问题调查报告：统计理论和方法篇》，中国统计出版社 2010 年版。
[11] 上海市统计局、国家统计局上海调查总队：《房地产价格统计调查制度（2015 年定期统计报表）》，2014 年 11 月。
[12] 石向红：《浅析房地产行业统计中存在的问题》，《经营管理者》2014 年（2 月中期）。
[13] 史毅：《社区调查：美国人口统计新模式》，《数据》2011 年第 8 期。
[14] 孙玉环：《房地产特征价格指数编制方法与应用——以大连市商品住宅市场为例》，中国社会科学出版社 2009 年版。
[15] 覃正、韩景倜：《2008 中国发展进程中的管理科学与工程》（卷Ⅰ），上海财经大学出版社 2008 年版。
[16] 杨楠：《房价指数的编制、管理与应用》，上海财经大学出版社 2010 年版。
[17] 杨楠：《美国官方 OFHEO 房价指数探析》，《经济与管理》2005 年第 5 期。
[18] 叶天泉、花景新、温世瑞：《房地产市场辞典》，辽宁科学技术出版社 2009 年版。
[19] 余劲、王志政：《国内外房地产价格指数及其研究现状探析》，《生产力研究》2011 年第 1 期。
[20] 赵慧菊：《探索与创新：第十四次全国统计科学讨论会文集》，中国统计出版社 2008 年版。
[21] 中国房地产市场年鉴编委会编：《中国房地产市场年鉴》，中国计划出版社 1996 年版。

[22] 中国指数研究院：《百城价格指数编制》，http：//industry. fang. com/index/Hundred City Price Index. aspx，2015 年。

[23] 中国指数研究院：《新房价格指数编制》，http：//industry. fang. com/index/New House Price Index. aspx，2015 年。

[24] 中国指数研究院：《中国房地产指数系统理论与实践》，经济管理出版社 2005 年版。

[25] 中国指数研究院：《中国房地产指数系统》，http：//fdc. fang. com/model/sh/zhishu/，2014 年。

[26] 中国指数研究院：《中国房地产指数阅读与使用说明》，http：//wenku. baidu. com/link，2014 年。

[27] 中国指数研究院指数中心：《海外城市房价解读》（旧金山篇），http：//fdc. fang. com/report/8027. htm，2014 年。

[28] 中国指数研究院指数中心：《海外城市房价解读》（伦敦篇），http：//fdc. fang. com/report/8192. htm，2014 年。

[29] 周鹏、张勃：《浅析英国房价指数统计方法》，《数据》2011 年第 1 期。

[30] 周云、倪莉：《房地产概论》，中国环境出版社 2006 年版。

[31] Eggers，Frederick J.，Bethesda，Maryland，“Comparison of Housing Information from the American Housing Survey and the American Community Survey”. http：//www. census. gov/content/dam/Census/programs – surveys/ahs/publications/comparison_ hsg. pdf，2007，pp. 1 – 5.

[32] OECD，Eurostat，ILO，IMF，The United Nations Economic Commission for Europe，The World Bank，“Handbook on Residential Property Prices Indices (RPPIs)”，http：//www. oecd – ilibrary. org/economics/handbook – on – residential – property – price – indices_ 9789264197183 – en，2013.

[33] Office for National Statistics，“National Statistician's Review of Official Housing Market Statistics”，http：//www. statisticsauthority. gov. uk/search/index. html? newquery = &newoffset = 10 &kw = ｛Housing｝，2012.

[34] Office for National Statistics，“Official House Price Statistics Explained”，http：//www. ons. gov. uk/ ons/rel/hpi/house – price – index/may – 2014/index. html，2013.

[35] Office for National Statistics，“About the House Price Index”，ht-

tps：//www. gov. uk/ government/publications/ about – the – house – price – index/about – the – house – price – index，2014.

[36] Statistics Canada，"Complete list of surveys and statistical programs"，http：//www23. statcan. gc. ca/ imdb，2015.

[37] Statistics Canada，"New Housing Price Index（NHPI）"，http：//www23. statcan. gc. ca/imdb/，2015.

专题五　政府债务统计国际比较与中国借鉴

摘　要　政府债务统计是分析一国或地区政府债务状况和评估财政风险的重要依据，欧洲主权债务危机爆发之后，日益受到国际社会的高度重视。本专题对主要国际组织政府债务统计体系和英国、美国、加拿大、日本、中国等代表性国家政府债务统计进行比较研究，分析不同体系在概念、分类、指标、统计准则与口径、数据发布等方面异同及主要特征。中国政府债务统计还很不完善，尚存诸多问题，不同部门间统计口径存在差异，统计指标单一，不利于政府债务管理与风险监控。借鉴国际经验，中国应加快建立和完善政府债务统计体系，工作重点包括：（1）尽快采纳政府财政统计的最新标准（GFSM2014）；（2）采用权责发生制政府会计核算方式；（3）统一政府债务统计口径；（4）完善政府债务信息公开制度；（5）加快编制国家资产负债表；（6）尽快开展政府净债务统计；（7）健全政府债务统计指标体系；（8）关注我国地方政府债务统计问题。

关键词　政府债务统计　债务工具　国际比较　净债务

政府执掌社会公共权力，承担着国家和社会公共事务的管理。政府举债，是筹集财政资金、调度社会资金的需要，也是弥补赤字、调控经济运行的重要手段。2008 年国际金融危机之后，全球主要经济体财政赤字不断膨胀，政府债务负担持续加大，严重危及财政、金融、经济安全，欧债危机、美债危机引发了国际金融市场剧烈动荡。政府债务问题历来是财政研究、经济研究关注的重点之一。2008 年国际金融危机导致主要经济体政府债务规模持续加大。据 IMF 估计，全球政府债务净额已由 2007 年的 23 万亿美元增至 2010 年的 34 万亿美元，2015 年将达 48 万亿美元（Prasad and Ding，2010）。欧债危机、美债危机诱发了全球对主权债务违约的巨大忧虑，牵动全球金融市场的敏感神经，各国对政府债务问题的关注空前高涨，研究人员在政府债务对经济增长的影响、债务规模适度性、债务安全警戒线、政府债务风险预警等问题上产生了极大兴趣。

在此背景下，一个更为基本的问题是政府债务统计是否准确。无论是政府债务可持续性评估，还是政府债务风险预警，都需要准确的统计数据支持。正如 Cecchetti 等（2010）所指出，各国政府债务的统计口径存在显著差异，但有关政府债务统计体系的研究极少。本专题将从国际比较视角对政府债务统计问题进行深入研究，为我国改革和完善政府债务统计体系提供理论支持，进而为我国加强和改进政府债务管理提供信息支持。

一　政府债务相关概念内涵

一般而言，政府债务并非仅指政府部门的债务，一些发达国家及国际机构认为政府债务就是公债，即公共部门的债务，是政府为解决正常财政收入不足或实施特定经济调控政策，以信用形式筹集资金而形成的债务（刘京焕，2012）。

公债的定义在我国经过了数次演变，20 世纪 80 年代普遍认为公债就是国家债务，如《社会主义财政学》认为，“国家以债务人的身份向国内和国外筹借的各种借款，称为公债，或称国债。它是用来弥补国家财政收入不足或进行大规模经济建设，动员筹集财政资金的一种形式”（许廷星、陈显昭，1987）。随后的《财经大辞典》明确将公债解释为“国家公债”，简称“国债”（许毅，1990）。显然，此时我国将公债界定为整个国家的债务，并在概念上将“公债”和“国债”等同起来，这和西方通常将公债界定为政府债务，将国债与公债从概念上进行区分的做法不同。西方一般认为，公债为中央政府发行的国债、地方政府发行的地方公债，以及政府机构发行的政府机构债务的总称。这种差异出现的主要原因在于，西方国家政府预算普遍不包括地方政府预算，地方政府又可依据一定法律独立发行公债，因此产生了国债和公债在外延度上的区别（邓子基，1997；张馨，1999）。但 20 世纪 80 年代中后期以后，随着当时商品经济的发展以及财政体制改革的深入，国内普遍将公债的定义与西方国家等同，即认为公债无非是政府的负债或者债务，将公债与国债加以区分（如陈共，1985、2004；邓子基等，1990）。张馨（2002）总结认为，1992年市场经济改革后，公债应是“公共债务”的简称，是各级政府部门债务的总和，应包括由中央政府发行的国债、地方各级政府发行的地方公债、政府所属行政机构或独资机构的债务。

实际上，公债是一个较为古老的财政范畴，政府在其财政实践活动中总会出现收不抵支现象，需要对赤字进行弥补，而公债是最为常用的弥补赤字的方法。因此，自从财政出现以来，大体便存在赤字问题，也就有公债问题（布坎南，1991）。从统计视角看，界定政府债务的内涵必须厘清几个相关概念，主要包括广义政府部门和公共部门、负债和债务、总债务与净债务。

（一）广义政府部门和公共部门

政府债务可能并非仅仅指政府部门的债务，一些发达国家及国际机构认为，政府债务就是公债，即公共部门的债务。因此，政府债务统计涵盖的机构部门可能是广义政府部门，也可能是公共部门，具体应根据各国实践中对政府债务的定义来确定。

1. 广义政府部门及其分部门

广义政府部门包括所有政府单位和所有由政府控制的非市场非营利机构单位（见图5－1）。根据社会保障基金是否与相应层级的政府合并，广义政府部门通常有两种划分方法：一种方法是将全部社会保障基金合并作为一个单独的分部门，此时广义政府部门划分为中央政府、省级政府、地方政府和社会保障基金；另一种方法是将社会保障基金分别归入经营它们

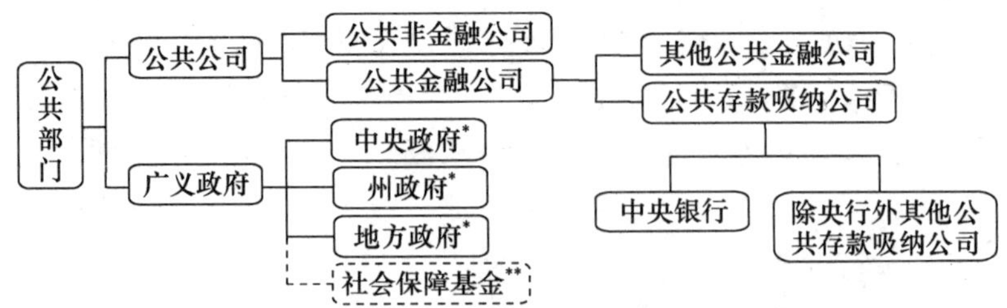

注：*包括社会保障基金。**或者，可将社会保障基金并入一个单独的分部门，因此，图中以虚线方框表示。

图5－1　公共部门及其分部门

的各级政府当中，此时广义政府划分为中央政府、省级政府、地方政府。在这两种划分中，非营利机构都包含在每一级政府中。一国在两种划分方法之间如何取舍，取决于社会保障基金的规模、重要性及管理方式。

2. 公共部门及其分部门

公共部门包括广义政府和公共公司，其中公共公司包括所有由政府单位或者其他公共公司控制的公司，而且被归为公共公司的企业还必须是市场生产者。所谓控制是指有能力决定一个机构单位的总体政策或规划，判断一家企业是否被控制需要考虑的因素有：①拥有大多数的表决权；②控制了董事会或其他治理实体；③控制了关键人事的任免；④控制了该实体的关键委员会；⑤金股和黄金期权；⑥管制和控制；⑦通过某主导消费者进行控制；⑧对向政府借款行为的控制。

（二）债务和负债

经济统计中，债务和负债是两个既有联系又有区别的概念。从定义看，当某个单位（债务人）有义务在特定条件下向另一单位（债权人）提供资金或其他资源时，即形成负债。根据《2008 年国民账户体系》（SNA2008），债务一般是指在将来某个日期或某些日期需要由债务人向债权人支付（本金或利息）的所有负债。从所包含的金融工具来看，负债与金融资产相对应，因此，任一金融资产均可视为对手方的一种负债。但是，根据债务定义可知，股权和投资基金份额、金融衍生工具和雇员认股权等形式的负债不能被视为债务。《公共部门债务统计：编制者与使用者指南》（PSDS2008）认为，符合债务定义的金融工具为特别提款权（SDR）、通货和存款、债务证券（Debt securities）、贷款、保险、养老金和标准化担保安排及其他应付款。

此外，鉴于具体法律、制度和实践安排，就所包含的工具而言，债务还有两种相对狭义的定义：一是认为债务仅包含货币与存款、债务证券及贷款；二是认为债务包含除保险、养老金和标准化担保计划外的所有债务工具。针对债务与负债二者关系，无论从定义还是从所包含的金融工具看，显然债务必定是负债，但负债未必是债务。

（三）总债务与净债务

一般来说，总债务为债务人未偿付债务的总和。总债务仅揭示政府持有债务的信息，没有反映政府持有资产的信息，是一个片面的指标。为了更好地揭示政府的财政状况，需要统计净债务。广义而言，净债务为债务总额与相关金融资产的差额。与总债务相比，净债务是一个更好的政府债务统计指标，也反映了政府对其他实体的债权信息。由图 5－2 可知，日本的政府总债务负担率明显超过意大利，但两国净债务负担率并无明显差别。当然，净债务同样不是反映有关政府财政状况的全面指标，因为它没有包括政府的所有资产和负债。

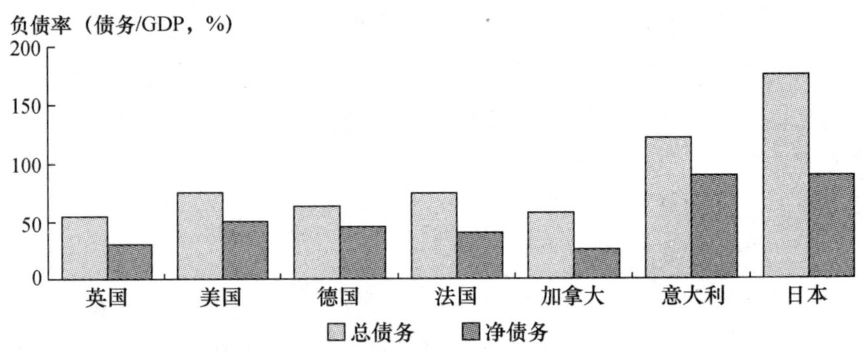

图 5－2　G－7 国家总债务与净债务（2008）

资料来源：OECD：《世界经济展望》。

二　国际组织政府债务统计体系

（一）四大组织的政府债务统计体系

为了更好地提供各国政府债务信息，以便进行国际比较分析与监控，世界银行、国际货币基金组织（IMF）、经济合作与发展组织（OECD）和欧盟统计局（Eurostat）等国际组织都建立了政府债务统计体系，按照各自标准和统计口径对有关国家或地区的政府债务进行统计。

1. 世界银行政府债务统计

1951 年以来，世界银行一直通过“债务人报告系统”收集其借款国的债务统计信息，曾经多年一直发布《世界债务表》，其后发布《国际债务统计》，主要包括季度公共部门债务数据和外债统计数据，二者均包含对政府（广义政府）债务的统计。

（1）季度公共部门债务统计。季度公共部门债务（QPSD）数据库由世界银行与 IMF 于 2010 年共同开发，并在世行网站上发布。该数据库汇集八十多个国家详细的公共部门债务数据，各国提供中央政府的季度债务数据，并尽量提供广义政府、预算中央政府、非金融公共公司、金融公共公司的债务数据。QPSD 数据库包括国家和跨国数据表格，使用户能够按照国家、国家组别及公共债务的具体构成查询和抽取数据。

（2）季度外债统计。季度外债统计（QEDS）数据库也由世界银行和 IMF 联合推出，提供有关外债的详细数据，由同意接受 IMF 数据公布特殊标准（SDDS）的国家及加入数据公布通用系统（GDDS）的国家各自发布，后者也有资格提供 SDDS 规定的外债数据。就政府债务统计而言，SDDS/QEDS 提供包括广义政府在内的经济体所有分部门外债，GDDS/QEDS 提供公共部门外债及公共部门担保的外债数据。

2. IMF 政府债务统计

IMF 政府债务统计包含在每年出版的《政府财政统计年鉴》和每月出版的《国际财政统计》中。其中，《政府财政统计年鉴》数据为涵盖成员国广义政府部门及其分部门的年度统计数据，具备国际可比性。相比之下，《国际财政统计》提供了更新和更频繁（每月和/或每季）的政府财政统计，但其数据在某些情况下仅包含中央政府或预算中央政府（即不包括预算外部分或社会保障基金）。IMF《国际财政统计》中的政府债务统计由于各国机构覆盖范围不同，有时不具备国际可比性。①

3. OECD 政府债务统计

OECD 反映政府债务信息涉及两组数据：其中一个数据集针对中央政府债务，由 OECD 公共债务管理工作组（WPDM）主持编制，包含有关 OECD 国家与非洲国家中央政府债务工具数量和质量的资料，在 OECD 出版的《OECD 中央政府债务统计》和《非洲中央政府债务统计年鉴》中发布；另一个数据集由财政统计工作组（WPFS）主持编制，包括一系列财政资产负债表（作为国民账户体系的部分内容），涉及广义政府及其分部门的负债（和债务）资料，一般按金融工具分类。上述两个工作组，由 OECD 金融市场委员会主管。

4. 欧盟政府债务统计

为避免过度的债务水平，《马斯特里赫特条约》的附件《超额赤字程

① 因此，后面的分析不涉及《国际财政统计》的债务统计数据。

序议定书》（EDP），要求欧盟成员国的债务负担率应保持在 60% 以下，这里的债务即为马斯特里赫特债，也称 EDP 债。为对各成员国进行督促和监督，EDP 要求成员国在每年 4 月 1 日和 10 月 1 日之前向 Eurostat 提交年度政府赤字和马斯特里赫特债数据，Eurostat 将在各成员国提交数据的 3 周后在其网站公布这些政府债务数据。

（二）综合比较分析

四大国际组织政府债务统计体系互有差异，主要体现在参考标准、工具范围、涵盖部门和数据形式四个方面：

1. 参考标准

各国际组织政府债务统计均有各自参考标准，见表 5 – 1。例如，世界银行公共部门债务统计和外债统计分别以《公共部门债务统计：编制者与使用者指南》（PDS2008）和《外债统计：编制者和使用者指南》（EDS2003）为参考；IMF 的政府债务统计主要，以《2001 年政府财政统计手册》（GFSM2001）为参考；OECD 中央政府债务统计所采用的定义和概念，在可行情况下，以《1993 年国民账户体系》（SNA1993）为基础，OECD 广义政府债务统计所用概念和定义均遵循 SNA，部分概念和定义符合《2008 年国民账户体系》（SNA2008）；马斯特里赫特债的定义由 EDP 给出，欧盟政府债务统计中政府部门及负债定义与《1995 年欧洲账户体系》（ESA95）保持一致。虽然上述参考框架不同，但不同标准之间存在联系，即所用概念均与 SNA 和《国际收支与国际投资头寸手册》（BPM）相一致。PDS2008 所用概念与 SNA2008 和 BPM6 一致，而 GFSM2001、EDS2003、ESA95 中相关概念均与 SNA1993 和 BPM5 相一致。

鉴于 SNA 与 BPM 的更新，除公共部门债务统计标准外的其他统计手册也多数随之更新。Eurostat 发布了《2010 年欧洲账户体系》（ESA10），并于 2014 年 9 月开始实施，同时发布《政府赤字和债务手册：实施 ESA10》，IMF 发布了政府财政统计最新国际标准《2014 年政府财政统计手册》（GFSM2014），金融统计工作组（TFFS）在 IMF 网站发布了外债统计标准的最新修订版本《2013 年外债统计：编制者和使用者指南》（EDS2013）。显然，政府债务统计有关概念框架也有必要随之做出调整与修订。

2. 涵盖部门

在涵盖的机构部门方面，如表 5 – 1 所示，首先，世界银行公共部门债务统计涉及部门最多、最宽，不仅提供公共部门债务统计数据，还给出其分部门的债务统计数据；其次，OECD 中央政府债务统计涉及部门最窄，仅为中央政府，且不包括社会保障基金；再次，IMF 广义政府债务统计、OECD 广义政府债务统计和马斯特里赫特债务统计均涵盖广义政府部门及其分部门，但与 OECD 中央政府债务统计及世界银行债务统计有所不同；最后，尽管世界银行外部债务统计包括私人部门和公共部门，但就“政府”外债统计而言，涉及公共部门和广义政府部门的外部债务数据。

表 5－1　　国际组织政府债务统计参考标准及涵盖机构范围

主要体系	世界银行		IMF 广义政府债务统计	OECD		Eurostat 马斯特里赫特债务统计
	季度公共债务统计	季度外部债务统计		中央政府债务统计	广义政府债务统计	
参考标准	PSDS2013	EDS2013 BPM6	GFSM2001	SNA1993	SNA1993 SNA2008	EDP ESA2010
涵盖部门	广义政府 中央政府	广义政府	广义政府 及其分部门	中央政府	广义政府 及其分部门	广义政府 及其分部门

注：根据相关资料整理。

3. 工具范围

四大国际组织政府债务统计包含金融工具不同是不同体系最明显差别之一，如表 5－2 所示。首先，比较分析表明，不同统计体系在所包含金融工具上主要有以下特点：①同一种金融工具在不同体系中名称并不完全相同，表 5－2 中第 4 行的非股票证券即为债务证券，而第 6 行的保险技术准备金可分解为保险、养老金和标准化担保计划；②仅世界银行、IMF 及 BPM6 的债务统计包含特别提款权（SDR），其他体系政府债务统计不包含 SDR；③世界银行公共部门债务与 IMF 广义政府债务所包含金融工具完全相同，所包含的金融工具也最多；④四大国际组织进行债务统计时均对通货和存款、债务证券、贷款进行统计。上述①、②两点反映了 SNA2008 对金融负债的修订：一是在 SNA2008 中非股票证券更名为债务证券，而保险技术准备金更名为保险、养老金和标准化担保计划；二是 SNA2008 承认特别提款权的负债属性。

表 5 – 2　　　　国际组织政府债务统计中包含的金融工具

<table>
<tr><th colspan="3">世界银行</th><th rowspan="2">IMF 广义政府债务统计</th><th rowspan="2">OECD 广义政府债务统计</th><th rowspan="2">Eurostat 马斯特里赫特债务统计</th></tr>
<tr><th>季度公共债务统计</th><th>季度外债统计</th><th>季度外债统计（BPM6）</th></tr>
<tr><td>特别提款权</td><td>—</td><td>特别提款权</td><td>特别提款权</td><td>—</td><td>—</td></tr>
<tr><td>通货和存款</td><td>通货和存款</td><td>通货和存款</td><td>通货和存款</td><td>通货和存款</td><td>通货和存款</td></tr>
<tr><td>债务证券</td><td>货币市场工具
债券与票据</td><td>债务证券</td><td>非股票证券</td><td>非股票证券</td><td>非股票证券</td></tr>
<tr><td>贷款</td><td>贷款</td><td>贷款</td><td>贷款</td><td>贷款</td><td>贷款</td></tr>
<tr><td>保险、养老金和标准担保计划</td><td>—</td><td>—</td><td>保险技术准备金</td><td>保险技术准备金</td><td>—</td></tr>
<tr><td>其他应付账款</td><td>贸易信贷其他债务负债拖欠其他</td><td>贸易信贷与预付款其他债务负债</td><td>其他应付账款</td><td>其他应付账款</td><td>—</td></tr>
</table>

资料来源：根据相关资料整理；世界银行季度外债统计中其他债务负债包括保险、养老金、标准化担保计划及国际投资头寸（IIP）声明中涉及的其他应付账款。

其次，虽然各国际组织参考不同手册进行政府债务统计，但从包含的债务工具来说，并非与参考手册完全相同。例如，IMF 广义政府债务统计按照 GFSM2001 处理数据，但广义政府债务统计包含 SDR，而 GFSM2001 中特别提款权未被视作债务工具。

再次，就马斯特里赫特债而言，其关于政府部门及负债定义以 ESA95 中的概念为基础，但 EDP 债与 ESA95 有关债务的定义不同。这主要表现在两个方面：一是定义不同，ESA95 中政府债务为广义政府部门所有负债的市场价值之和，而 EDP 将政府债务定义为年末未偿付总债务的名义价值，且该总债务为广义政府部门的合并债务；二是两类债务所包含的工具不同，如表 5 – 3 所示，EDP 债务包含的金融工具仅为 ESA95 下金融工具的一部分，这是因为 EDP 测度的是债务名义价值，很难给金融衍生工具、其他应付账款、股票和其他权益、保险准备金等类资产确定一个合适的名义价值。

表5-3 ESA95与EDP下的债务构成

ESA95下债务的存量	①通货和存款	②非股票证券（包括金融衍生工具）	③贷款	④其他应付账款	⑤股票和其他权益（如果存在）	⑥保险技术准备金（如果存在）
年末EDP债务总额	①通货和存款	②非股票证券（不包括金融衍生工具）	③贷款			

资料来源：Manual on Government Deficit and Debt：Implementation of ESA95 -2012 Edition。

最后，针对OECD中央政府债务统计而言，《OECD中央政府债务统计》涉及的金融工具为中央政府发行的可转让及不可转让债券，《非洲中央政府债务统计年鉴》涉及的金融工具为中央政府发行的债券，以及中央政府的双边贷款、多边贷款和优惠贷款。

4. 数据形式

各国际机构对政府债务统计数据的呈现方式各不相同：①IMF广义政府债务统计数据和马斯特里赫特债统计数据形式简单，均按部门和金融工具类别列示债务数据，后者还提供不同部门未偿付的长（短）期债务证券和贷款数额；②世界银行外债统计数据呈现方式多样化，以SDDS发布的数据主要按原始期限（长期、短期）和金融工具、剩余期限（一年及一年以内支付）和工具交叉分组方式发布，按GDDS发布的统计数据主要按期限、期限和工具、期限和债权人部门方式呈现；③世界银行公共债务统计数据形式也呈现多样化，主要按原始期限和工具、计值货币、债券人常住地等方式呈现；④与上述形式完全不同，OECD政府债务统计将债务工具分为可转让债务和不可转让债务，再列示每类下的债务，对于每类下的债务，其中《OECD中央政府债务统计》按债务工具类型列示，而《非洲中央政府债务统计年鉴》按期限（长期、中期、短期）和计值货币、债权人类型和计值货币列示。

此外，《OECD中央政府债务统计》还提供如下数据：国内债务、对外债务和债务总额的久期和平均剩余到期日、按投资者类型（居民和非居民）分列的未偿余额。《非洲中央政府债务统计年鉴》还提供可转让及不可转让债务的剩余到期日和重新设定息票率、本币可转让债务所有权以及利率（二级市场到期收益率）。

三　政府债务统计的发展与国际比较

（一）发展概览

公债最早诞生于奴隶社会。公元前 4 世纪，古希腊和古罗马就出现国家向商人、高利贷者和寺院举借债务的情况。到封建社会，公债有了进一步的发展，自 12—13 世纪起，特别是查理曼帝国灭亡后，诸多欧洲封建小国君主开始通过小规模举债弥补财政亏空。至 15 世纪，欧洲出现了强力中央集权政府，由于职责过多，无法仅依靠王室收入维持，因此出现了较大规模的举债。进入 16 世纪，随着西欧扩张，公债在规模、品种、偿付及交易制度方面均出现大量创新，产生了永久公债、终身年金、还本公债、担保债权等公债形式，逐步形成阿姆斯特丹和伦敦债券市场。18 世纪中叶到 20 世纪第一次世界大战期间，英国依靠其公债制度成为西方强大势力的代表。英国公债制度的建立与稳定始于 17 世纪下半叶的金融革命，其使得英国先于欧洲其他国家彻底改组了国家财政结构，将关税和消费税收归国家管理，使得英国可以依靠稳妥的财政收入付息扩大公债的发行，并最终促使 18 世纪大量长期公债向永久性公债的转变。永久性公债使国家不必偿还本金，进而使英国成为当时西方最大的举债国。① 这一时期各国的政府债务也曾达到较高水平，如表 5－4 所示，18 世纪末，法国经济规模相当于英国的 2 倍，相当于美国的近 6 倍，但英国的负债率却最高，其国债余额占 GNP 比重超过 180%，国债余额是税收的 14.6 倍，每年支付的国债利息费用达到税收收入的 56.1%。相比之下，美国的国债余额指标显著低于英国和法国。

随着第一次世界大战结束后的经济复苏被投机带来的金融危机所引起的资产市场被崩溃击垮后，以“罗斯福新政”为代表的一系列扩张性的财政政策成为西方各国的主要宏观政策，因此 20 世纪 30 年代后，公债逐渐成为各国政府明确运用的主导性政策，公债制度也随之变得复杂化和健全起来。此时，各国政府开始大量发行债券，公债的规模逐渐变大，其占

① 1824 年依据杜弗雷·德·圣莱昂统计，欧洲公债规模约为 3800 万—4000 万英镑，其中英国独占 3/4 以上。

各国 GDP 的比重逐步上升，西方各国对于债务规模的管理起初与充分就业赤字的内涵和政策相吻合，一般实行期间限额管理，即只要政府债务余额不超过国会界定的某一限额即可，在此期间不存在债务统计问题。

表 5－4　　　　18 世纪末英国、法国、美国的国债

	英国（1788 年）（英镑）	法国（1788 年）（利弗尔）	美国(1792—1794 年)（美元）
经济规模（100 万本币）利弗尔	134.8 3235	6977.0 6977.0	254.0 1219
国债余额（100 万本币）	254.1	3877.8	79.9
政府税收（100 万本币）	16.8	472.4	5.0
国债费用/税收（%）	56.1	61.9	63.5
国债余额/税收（倍）	14.6	8.2	16.1
国债余额/GNP（%）	181.8	55.6	31.4
人均 GNP（利弗尔）	345	262	283

注：资料源于 WEIR（1989，p. 89）；1 英镑兑换 24 利弗尔或 5 美元。

以美国为例，1929—1933 年经济危机后，罗斯福采取政府全面干预经济的政策。1933 年罗斯福上任后一个重要举措就是政府通过向公众举债、实施赤字财政和大规模兴办公共工程。罗斯福新政大幅增加联邦政府支出，同时采取赤字化的财政政策，利用发行大量国债来弥补财政赤字，而美国从 1932—1940 年间联邦政府的债务总量从 190 亿美元增加到 428 亿美元。而随后的第二次世界大战则再次扩大了美国的赤字，使得政府债务大规模增加，虽然第二次世界大战结束后，财政赤字被战争大幅度消耗，但随后的经济复苏刺激政策又再次大规模刺激了国家债务的增长。

此后，各国普遍实行的赤字财政政策引起各国政府债务规模逐渐扩大，政府债务和财政风险问题逐渐显现，起初并没有受到人们的关注，直到 20 世纪末，随着东南亚金融危机的爆发对各国财政形成巨大的压力，人们才开始关注这一问题。

1987 年布坎南在其著作《公共财政》（第六版）中阐明应区分“实际公债”与“虚假债务”，认为作为中央政府的国债余额，应根据债务持有者的不同分为从中央银行及其支持下的商业银行的“借款”和除此之外的“公债”（布坎南，1991）。他认为，前者为“虚假债务”，后者为

“实际公债”，而实际公债只有在经济中的个人或集团以牺牲当期购买或流动性，去换取政府支付未来收益的承诺时才会形成。该观点对于公债的区分具有较大积极意义，其为政府制定公债规模、管理以及政府经济行为分析奠定了基础。随后，布坎南进一步提出公债的偿还问题。他认为，公债往往用于长期公共投资融资，因此本息应在投资期内偿还，相应的，政府支出预算应当区分为资本性支出与经常性支持预算。他还认为，公债相对于税收而言，其偿还主要在未来时间产生，因此会淡化公债的实际成本与收益的比较，公债会促进政府规模的提高。

随后斯蒂格利茨（1993）提出，公债有益于经济的发展，但政府应当控制发债规模，特别是应当注重公债的用途。传统经济学一般认为政府为非生产机构，因此认为公债阻碍了经济发展。20 世纪 80 年代兴起的公共财政理论认为，政府是公共部门经济活动的主体，是具有生产性的，若发行公债用于投资性生产，如基础设施建设等，公债会促进经济发展。他进一步引入了开放经济条件和资本市场要素分析公债，打破了以往认为“政府公债是自己欠自己的债而无关紧要”的观点，此后人们开始更多地关注公债，并开始注重公债与资产的关系。

1998 年以来，以 Hana Polackova、Allen Schiek、Ashoka Mody 和 William Easteriy 为代表的经济学家，开始从政府或有负债视角来系统研究财政风险问题。Polackova（1998）提出了著名的“财政风险矩阵”（Fiscal risk matrix），详细定义并阐述政府的直接债务、显性债务、隐性债务及或有债务，认为每种负债均具有以下四个特征中的两个：显性的（Explicit）与隐性的（Implicit）、直接的（Direct）与或有的（Contingent）。在从两个角度对政府负债做出划分之后，又进一步把上述四种政府负债进行了组合，从而得到财政风险矩阵中反映的四种政府负债类型，即直接显性负债、直接隐性负债、或有显性负债和或有隐性负债。这一开创性研究为政府债务统计奠基了基础，也为政府债务风险评估提供了有效框架。

（二）部分发达国家政府债务统计

不同国际组织政府债务统计体系之间存在一定差异，下面以英国、美国、加拿大、日本为代表，考察主要发达国家政府债务统计发展情况，从国家层面对政府债务统计进行比较研究。

1. 英国

政府债务在英国产生较早，18 世纪早期银行与金融市场的建立使得政府可以通过发行债券进行融资，由此英国国债开始出现。在英国，债务水平是用来衡量政府在公共财政管理方面表现的重要指标，但关于债务测度（Debt measurement）的定义和指标却不断演进，目前主要有国债、公共部门净债务（PSND）、排除金融干预暂时影响的公共部门净债务（PSND - ex）及广义政府债务（GGGD）。

（1）国债。国债是英国对公共债务最著名也是最早的一个统计指标，有关数据可追溯到1691年。英国的国家债务在相当长的时期内由合并基金（Consolidated fund）的负债组成，但从1968年起由国家贷款基金（National loans fund）的负债构成。国债这一指标的缺点是涵盖的部门较少，进行债务统计时不包括公共部门的非中央政府部门，甚至也不是对中央政府债务的综合测度，目前不再统计国债指标，相关数据截至2004年3月31日。

（2）PSND。PSND是英国政府当前最主要的债务指标，为公共部门总债务与公共部门流动金融资产的差额，测度英国公共部门对国内私人部门组织及海外机构的负债。国家统计办公室（Office for Nationmal Statistics，ONS）与财政部（HM Treasury，HMT）每月联合发布《公共部门财政报告》，对公共部门债务情况做详细说明。如表5－5所示，其中公共部门合并债务总额以中央政府发行的国库券和金边债券为主，国库券是英国短期国债的典型代表，金边债券为除国库券外可在证券交易所买卖的所有政府债券，是伦敦证券交易所上市债券中价格最稳定的债券。

表5－5　公共部门总债务与净债务组成

公共部门合并债务总额	公共部门流动资产
中央政府的英镑总债务	官方储备
英国政府金边证券	中央政府存款和其他短期资产
英镑国库券（Sterling treasury bills）	地方政府存款和其他短期资产
国民储蓄债券	非金融公共公司存款和其他短期资产
税收工具	公共部门银行集团的流动资产
其他英镑债务（包括向英格兰银行的透支）	减：中央银行在公共部门银行集团的存款和短期资产
中央政府的非英镑总债务	减：地方政府在公共部门银行集团的存款和短期资产

续表

公共部门合并债务总额	公共部门流动资产
以美元发行的长期债券	
其他外币债务	
地方政府总债务	
减：中央政府持有的地方政府债务	
地方政府持有的中央政府债务	
公共公司总债务	
减：中央政府持有的公共公司的债务	
地方政府持有的公共公司的债务	
公共公司持有的中央政府的债务	
公共公司持有的地方政府的债务	
公共部门合并债务总额	公共部门合并的总流动资产

资料来源：公共部门财政报告，Office for National Statistics。

（3）PSND－ex。该指标测度排除政府金融干预暂时性影响之后的公共部门净债务，其目的是得到公共部门财政的潜在真实状况，暂时性影响说法本身反映了政府希望在将来让这些银行回归私人部门的意图（O'Donoghue，2010）。PSND－ex 产生的背景是为了应对全球金融危机，2007—2008 年英国政府对金融部门进行直接干预，使一些根据国民账户应被划为私人公司的金融公司（如苏格兰皇家银行、劳埃德银行、北岩银行）被划归公共金融公司，这对公共部门财政产生了明显冲击。PSND－ex 统计关键在于识别交易和负债表头寸是否为金融危机的暂时影响，与 PSND 的关系如表 5－6 所示。

表 5－6　　PSND 与 PSND－ex 的关系　　单位：百万英镑

指标	2012 年第三季度	2012 年第四季度	2013 年第一季度	2013 年第二季度	2013 年第三季度
PSND	2148.9	2187.8	2196.5	2172.9	2191.4
减：公共部门银行集团	960.5	956.9	962.9	917.8	926.8
减：中央政府干预					
借出	0.0	0.0	0.0	0.0	0.0

续表

指标	2012 年第三季度	2012 年第四季度	2013 年第一季度	2013 年第二季度	2013 年第三季度
存款补偿	4.6	4.3	4.2	3.7	3.5
股份购入	53.8	53.8	53.8	53.8	51.2
费用	-9.3	-9.6	-9.6	-9.6	-9.6
北岩银行注资	0.0	0.0	0.0	0.0	0.0
中央政府干预总额	49.2	48.5	48.4	47.9	45.1
PSND - ex	1139.2	1182.4	1185.2	1207.2	1221.0

资料来源：公共部门财政报告，Office for National Statistics。

（4）广义政府债务总额（GGGD）。GGGD 为英国统计局发布的按《马斯特里赫特条约下的政府赤字和债务》（Government Deficit and Debt Under the Maastricht Treat）统计的债务。作为欧盟成员国，英国每 6 个月需要向欧盟委员会报告其债务和赤字情况。为此，英国统计局发布 GGGD，即英国统计局对广义政府债务总额统计，其按中央银行的贷款、其他贷款、货币与存款、国库券与短期国债、中期与长期债券进行分类。在 GGGD 中，债务工具包括货币与存款、债务证券、贷款，其统计均为上述工具的名义值。

2. 美国

1776 年，美国大陆会议为了给独立战争筹集资金，决定发行公债，这是美国历史上首次发行公债。在美国，国家债务（National debt）指美国政府的直接负债，不同时期有不同的债务概念，主要有公共债务（Public debt）、公众持有的公共债务（Debt held by the public）和总联邦债务（Gross federal debt）。

（1）公共债务及公众持有的公共债务。公共债务是指由美国财政部发行公共债务证券（Public debt securities）引起的债务，主要包括可交易债券、储蓄债券、向州和地方政府发行的特别证券（SLGS）。公众持有的公共债务主要反映联邦政府为财政赤字而进行借贷中未偿还的累积额，是由财政部发行的被联邦政府以外投资者持有的债务，这些投资者包括个人、公司、州和地方政府、美联储、国外政府以及其他除联邦政府以外的实体。公众持有的公共债务以可转让国库证券（Treasury securities）为主，持有者可再次出售，包括短期债券、中期债券、长期债券以及防通胀债券。

公共债务及公众持有的公共债务构成情况如表 5 -7 所示，美国公债局（Bureau of the Public Debt）负责公债及公众持有公债的统计工作，在其网站“TreasuryDirect”公布未偿公债及公众持有公共债务的信息。这些信息主要包含日度未偿付债务总额、月度公债声明（MSPD）及年度未偿付债务总额，具体如下：①日度未偿付债务总额，提供 1993 年 4 月 1 日以后每天的未偿付公债总额、公众持有公债及政府持有公债总额，且将未偿付债务值精确到美分；②年度未偿付债务总额，提供 1790 年以后每个财政年度的未偿付债务总额，同样精确到美分；③月度公债声明，提供 1869 年以后每月的未偿付债务信息，并于每月第 4 个交易日发布，包括未偿付国债汇总和详细信息，如债券发行日期、发行数量、利息支付日期、利率。

表 5 -7　　公共债务及公众持有的公共债务构成　　单位：百万美元

项目	未偿付数额		总额
	公众持有	政府机构间持有	
可转让债券			
短期债券	1788158	2794	1790952
中期债券	7428092	6896	7434988
长期债券	1278670	3491	1282161
防通胀债券	882497	296	882793
联邦融资银行	0	7112	7112
可转让债券总额	11377417	20589	11398005
不可转让债券			
国内系列	29995	0	29995
国外系列	2986	0	2986
州和地方政府系列	157814	0	157814
美国储蓄债券	181783	0	181783
政府账户系列	165586	4833409	4998995
希望债券（Hope bond）	0	494	494
其他	1307	0	1307

续表

项目	未偿付数额		总额
	公众持有	政府机构间持有	
不可转让债券总额	539471	4833903	5373374
未偿付公共债务总额	11916888	4854491	16771379

资料来源：美国政府月度公债声明，2013 年 3 月 31 日。

（2）联邦债务。联邦债务由财政部发行的公共债务证券和联邦政府其他机构发行的证券构成，联邦债务大部分为公共债务，故联邦债务有时也被称为公共债务。美国财政服务局发布《美国政府月度收入和支出的财政部声明》对机构证券的发行以及联邦政府账户对联邦证券的投资情况做详细统计，按联邦证券和机构证券、公众持有和政府账户持有等分别进行，该声明于每月第 14 个工作日发布。

3. 加拿大

加拿大对政府债务的统计指标主要有债务总额、净债务以及联邦债务，其中联邦债务是联邦政府最重要的债务测度指标，上述三者之间的关系如图 5－3 所示。

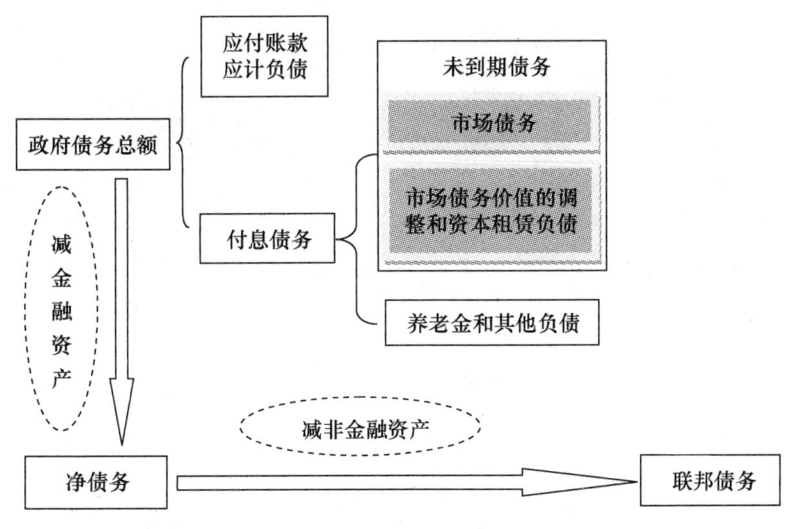

图 5－3　加拿大联邦债务组成情况

注：引自《债务管理报告（2012—2013）》，加拿大财政部；其他负债包括其他员工的未来收益、存款、信托账户、其他指定用途账户。

（1）政府债务总额，也称公债总额。政府债务总额包括政府所有负债，一般有付息债务、应付账款和应计负债，其中付息债务包括养老金和其他负债、未到期债务。加拿大财政部发布的《债务管理报告》，《财政参考表》（Fiscal reference table）及《财政监察》（Fiscal monitor）均提供政府债务信息。不过，尽管《债务管理报告》、《财政参考表》及《财政监察》均按图 5－3 所列项目对加拿大政府债务总额进行统计，但它们对未到期债务的统计口径有所不同。表 5－8 列示了不同公告中未到期债务的统计情况，首先，债务管理报告的分类比较简洁，主要包括市场债务价值的调整和资本租赁负债、市场债务、可交易的长期国债、短期国债、现金管理短期国债、零售债券、加拿大养老金计划长期债券、外国货币债券。其次，《财政参考表》对未到期债务采用如下方法进行统计：一是按持有人不同将未到期债务分为本国居民持有的未到期债务和非本国居民持有的未到期债务；二是将未到期债务分为可转让长期国债（Marketable bond）、短期国债（Treasury bill）、零售债券（Retail debt）。最后，《财政监察》按如下分类对未到期债务统计：以加元支付的未到期债务、以外币支付的未到期债务、货币掉期的重新估值、未摊销的折价和溢价市场债务、与资本租赁相关的承付款、其他未到期债务。

表 5－8　　　　财政部报告中未到期债务统计情况

《债务管理报告》	《财政监察》	《财政参考表》	
市场债务价值的调整和资本租赁负债 市场债务 可交易的长期国债 短期国债 现金管理短期国债 零售债券 加拿大养老金计划长期债券 外国货币债券	以加元支付的未到期债务 可交易的长期国债 短期国债 零售债券 其他 以外币支付的未到期债务 货币掉期的重新估值 未摊销的折价和溢价市场债务 与资本租赁相关的承付款 其他未到期债务	本国居民持有的未到期债务 非本国居民持有的未到期债务	可转让长期债券 国内可转让长期债券 国外可转让长期债券 短期国债 零售债券 加拿大养老金计划长期债券 其他未到期债务 未摊销的折价和溢价市场债务以及货币掉期的重新估值

资料来源：根据加拿大财政部相关公告整理。

（2）净债务及联邦债务。净债务为政府总负债与其所持金融资产的差额，即政府债务总额与政府持有金融资产的差额，其中金融资产包括现金、应收账款、应收税收、外汇账户（Foreign exchange accounts）贷款、投资及预付款。联邦债务也称为累积赤字，是联邦政府净债务与非金融资产的差额，即总债务与金融资产和非金融资产的差额，非金融资产包括有形资本资产（如土地、建筑）、存货和预付开支（Prepaid expense）。

4. 日本

第二次世界大战结束后，日本在很长一段时期实施平衡预算政策，但1965年的财政收入不足迫使政府开始发行债券，平衡预算政策宣告结束，自此日本政府发行证券进行财政筹资。日本有关政府债务统计的指标主要包括中央政府债务、政府债务、中央和地方政府的公债、中央和地方政府的长期债务及广义政府总债务。

（1）中央政府债务及政府债务。中央政府债务包括两部分：一是未偿付的政府债券（Government bonds）和借款；二是政府担保债务。其中，未偿付的政府债券和借款反映中央政府的融资活动，包括政府债券、借款、财政投资和贷款计划（Fiscal Investment and Loan Program，FILP）债券以及融资券（Financing Bill，FB）。政府担保债务是政府为政策性机构（Incorporated Administrative Agencies）担保的债务。未偿付的政府债券和借款与政府债务的统计信息分别由财务省和日本银行发布，在日本银行的统计中未偿付的政府债券和借款即为政府债务。相比而言，财务省和日本银行这两个部门的统计有所不同。首先，债务数据的发布频率不同，日本银行每月发布一次债务数据，而财务省每季度发布一次。其次，债务的统计分类不同，主要表现为两方面：一是财务省仅按债务类别分类，而日本银行不仅按债务类别分类，还按债权人分类，其中债权人分为政府、日本银行、其他；二是财务省和日本银行对债务的分类不同，日本银行统计中政府债务被分为五类，即在国内发行的政府债券、在国外发行的政府债券、借款、暂时借款以及短期折现国债（Treasury discount bills），而财务省对债务的分类如表5－9所示，表中“其他”包括津贴债券、捐献债券、对日本发展银行的债券、对核事故责任基金的债券、对日本高速公路控股和债务偿还机构的债券。

表 5－9　　财务省对政府债务的统计分类

<table>
<tr><td colspan="6">政府债券</td><td colspan="2">借款</td><td>融资券（FB）</td></tr>
<tr><td colspan="3">一般债券</td><td colspan="2">FILP 债券</td><td rowspan="2">其他</td><td rowspan="2">短期</td><td rowspan="2">长期</td><td rowspan="2">—</td></tr>
<tr><td>长期</td><td>中期</td><td>短期</td><td>长期</td><td>中期</td></tr>
</table>

资料来源：根据财务省相关资料整理。

（2）中央和地方政府长期债务与中央和地方政府公债。中央和地方政府长期债务包括政府债券、借款、地方政府债务（Local government debt），此类债务的利息和本金支付主要依赖税收收入。中央和地方政府公债是中央和地方政府长期债务中由一般性政策支出引起的部分，包括政府债券（Government bonds）、借款以及地方政府债券（Local bonds）。

（3）广义政府债务。广义政府债务基于 SNA 的标准和概念计算，以便于国际比较，包括政府债券、借款、地方政府债务、短期折现国债、政策性公司机构以及社会保障基金债务。

（三）我国政府债务统计

改革开放后，中国政府债务规模逐年扩大，“九五”以来有了更快发展，特别是为了应对百年一遇的国际金融危机，中国实施积极财政政策，中央和地方政府债务规模快速上升，地方政府债务融资平台已成为财政和金融系统的一个潜在风险源，理论界与实际工作部门对政府债务问题的关注迅速升温。中国的政府债务统计存在不少问题，如地方政府债务多头统计、政府负债概念模糊等，严重影响了政府债务统计的数据质量。下面简要分析我国政府债务发展及统计问题。

1. 我国政府债务的产生与发展

我国政府债务或者公债的定义。何振一（2005）在《理论财政学》（第二版）一书中将我国公债定义为：实践中公债有内债也有外债，有中央政府的借债，也有地方政府的借债。从实践来看，我国的政府债务主要分为中央政府债务及地方政府债务两类。中央政府债务最先出现在新中国成立后，为了重建战后经济社会秩序，回笼货币抑制通胀，充实国家财政以及对重点建设项目的政府投入，我国从 1950 年起开始发行公债，筹集资金。1950 年，中央人民政府发行“人民胜利折实公债”，计划发行 2 亿份，实际发行 1.48 亿份，折合人民币 2.58 亿元。随后，我国针对当时重点建设工程发行建设公债，1954—1958 年为了支持从 1953 年开始的“一五”时期大规模经济建设，连续5年发行“国家经济建设公债”，全部用于经济建设。20世纪50年代后期，由于高度集中统一的计划经济体制逐步形成，国家基本可以通过税收及利润上缴的方式以及银行信用，集中掌握社会财力，使得国债的发行既无必要也不可能，因此1950年起我国停止国债发行，并于1968年还清所有内外债。其后直至20世纪80年代初很长一段时间，我国为既无内债也无外债的时期。

改革开放初期，国家财政拮据，而又需要大量资金建设，1979年起，我国财政赤字几乎连年不断，为了弥补赤字，筹集资金充实财政，自1981年起我国恢复发行公债。此时主要以发行国债为主，1981—1998年年底，我国累计发行境内人民币国债13316亿元，年平均增长幅度高达27%。进入20世纪90年代后，特别是1994年我国宣布财政赤字一律不得再通过向中央银行透支或借款来解决，必须要通过发行长短期国债来弥补，并将其写入《中华人民共和国预算法》和《中国人民银行法》，使得其后国债发行规模大幅度增长，历年具体规模情况如表5-10所示。

表5-10　1981—2014年国债发行规模、财政收入及GDP一览

单位：亿元、%

年份	发行额	当年财政赤字	当年国债发行额占财政赤字比重	当年财政收入	当年国债发行额占财政收入比重	当年GDP	当年国债发行额占GDP比重
1981	46.65	51.02	95.37	1175.79	3.97	4891.6	0.95
1982	43.83	34.59	126.71	1212.33	3.62	5323.4	0.82
1983	41.58	83.07	50.05	1366.95	3.04	5962.7	0.70
1984	42.53	43.62	97.50	1642.86	2.59	7208.1	0.59
1985	60.61	20.22	299.75	2004.82	3.02	9016.0	0.67
1986	62.51	106.53	58.68	2122.01	2.95	10275.2	0.61
1987	63.07	80.02	78.82	2199.35	2.87	12058.6	0.52
1988	132.17	161.93	81.62	2357.24	5.61	15042.8	0.88
1989	138.91	176.41	149.60	2664.9	5.21	16992.3	0.82
1990	197.24	115.14	171.30	2937.10	6.72	18667.8	1.06
1991	281.27	217.01	129.61	3149.48	8.93	21781.5	1.29
1992	460.77	228.79	201.39	3483.37	13.23	26923.5	1.71

续表

年份	发行额	当年财政赤字	当年国债发行额占财政赤字比重	当年财政收入	当年国债发行额占财政收入比重	当年GDP	当年国债发行额占 GDP 比重
1993	381.32	298.87	127.59	4348.95	8.77	35333.9	1.08
1994	1028.57	666.97	154.22	5218.10	19.71	48197.9	2.13
1995	1510.9	662.82	227.95	6242.20	24.20	60793.7	2.49
1996	1847.77	529.56	348.93	7407.99	24.94	71176.6	2.60
1997	2411.79	582.42	414.10	8651.14	27.88	78973.0	3.05
1998	6383.6	922.23	692.19	9875.95	64.64	84402.3	7.56
1999	4015	1743.59	230.27	11444.08	35.08	89677.1	4.48
2000	4657	2491.27	186.93	13395.23	34.77	99214.6	4.69
2001	4883.53	2516.54	194.06	16386.04	29.80	109655.2	4.45
2002	5934.4	3149.51	188.42	18903.64	31.39	120332.7	4.93
2003	6283.4	2934.70	214.11	21715.25	28.94	135822.8	4.63
2004	6924.3	2090.42	331.24	26396.47	26.23	159878.3	4.33
2005	7042.0	2280.99	308.73	31649.29	22.25	183217.4	3.84
2006	8883.3	1662.53	534.32	38760.20	22.92	211923.5	4.19
2007	23483.44	-1540.43	-1524.47	51321.78	45.76	257305.6	9.13
2008	8558.21	1262.31	677.98	61330.35	13.95	300670.0	2.85
2009	16280.66	7781.63	209.23	68518.30	23.76	340506.9	4.78
2010	17778.17	6772.65	262.52	83101.51	21.39	397983	4.47
2011	17100.1	5373.76	318.21	103874.43	16.46	468562.4	3.65
2012	16154.2	8458.78	190.98	117253.52	13.78	516282.1	3.13
2013	16949.32	11002.46	154.05	129209.64	13.12	568845.2	2.98
2014	17000	11312	150	140350	12.11	636463	2.67

如表5-10所示，我国国债恢复发行30多年来，其发行规模呈现逐渐扩大趋势。1981—1988年我国国债主要用于弥补财政赤字，规模主要参照当年财政赤字的规模，其占当年财政收入和GDP的比重都很低。自1988年国债规模突破了100亿元，随后其与财政赤字之比均超过100%，表明从此国债不再是弥补财政赤字的手段，而逐步成为财政收入来源。

1994年，我国宣布财政赤字一律不得再通过向中央银行透支或借款来解决，必须通过发行长短期国债来弥补，我国国债规模出现跳跃式增长，首次突破千亿元大关。后1994—1998年，我国又连续5年发行特种定向债券。特别是1998年，我国发行了2700亿特别国债，用于补充国有商业银行的资本金，使其达到8%的国际标准水平，使得国债的作用范围进一步扩大。国债发行额占财政赤字比重也由150%增至692%，国债发行量已接近财政赤字规模的7倍，国债发行额占财政收入比重达到64.64%。此后，随着1999年我国财政收入突破万亿元，国债规模占财政收入比重出现下降。2007年，随着发达国家次贷危机爆发，大量热钱的涌入，使我国经济面临较强的流动性过剩、通胀压力。2007年，财政部发行15500亿元特别国债购买我国外汇储备，对冲国内流动性。至此，国债发行量突破万亿元，我国政府债务规模对经济产生的影响越来越大。

我国地方政府债务最初产生于1979年，当年全国共有8个县区举债。1981年，恢复国债发行，开始通过国债转贷、中央代地方政府发行债券，以及通过发行地方城投债等方式解决地方财力不足问题。1981—1985年，这一期间有28个省级政府开始举债；市级和县级政府举借债务的起始年集中在1986—1996年，这一期间共有293个市级和2054个县级政府开始举借债务。由于1994年的分税制改革使得地方政府财权减少，而地方政府经济职能不断加大，产生巨大的资金需求，而分税制改革使地方政府财政收入远不能与其支出匹配，地方政府缺乏可持续发展的财政汲取能力，缺乏正常有效的融资渠道，地方政府开始通过大量举债缓解财政收入问题，至1996年年底，全国所有省级政府、392个市级政府中的353个（占90.05%）和2779个县级政府中的2405个（占86.54%）都举借债务。至2010年年底，全国只有54个县级政府没有举借政府性债务。我国现行《预算法》明确禁止地方政府举债行为，但由于1994年分税制改革后，地方财权相对于事权明显偏小，各级地方政府都存在通过避开预算法的规定进行举债的行为，且存在变相举债途径和债务规模呈现逐年增长态势。

地方发债有两种模式，第一种为地方政府直接发债；第二种是中央发行国债，再转贷给地方，也就是中央发国债之后给地方用。为了应对2008年国际金融危机，中国政府2009年开始允许地方由财政部代理发行债券，首批由财政部代理发行的2000亿地方债券分配方案中，四川由于受汶川大地震影响，获得的发行额度最大，达到180亿元。除四川外，河北获得的额度为60亿元，新疆30亿元，安徽40亿元，云南84亿元，广西65亿元，陕西60亿元，宁夏30亿元，贵州64亿元，辽宁66亿元，广东110亿元。其中，首个地方债品种——2009年新疆维吾尔自治区政府债券（一期）于2009年3月27日招标。2014年中国实施了地方债自发自还试点，当年5月财政部公布《2014年地方政府债券自发自还试点办法》，上海、浙江、广东、深圳、江苏、山东、北京、江西、宁夏、青岛十个地区被批准试点地方政府债券自发自还。

根据审计署2013年6月发布的数据，36个地方债务总额已接近12.1万亿元，比2010年的10.7万亿元增长了12.94%，我国政府性债务已经存在隐形的债务风险。虽然看起来地方债规模似乎并不是很大，但由于地方融资平台多处在灰色地带，很多账务较难查实，地方政府债务统计体系很不完善，实际规模很难查证，地方债风险仍然存在。

就债务本质而言，西方国家公债与财政赤字紧密联系，公债就是弥补财政赤字的手段，表现在统计上为年度公债净发行额即为年度赤字额，而我国公债和财政赤字为两个范畴。由于20世纪80年代至90年代中期，我国普遍处于物资短缺状态，超额需求成为影响经济稳定的主要因素，此时国内普遍认为赤字有害，但却不得不发行国债进行弥补，因此需要将公债与财政赤字区分开。邓子基（1997）认为，财政赤字在账面上表现为年度内预算支出大于预算收入的部分，实质是国民收入的超分配。而公债则是将已分配的国民收入使用权让渡给国家，将社会上一部分闲散资金集中起来用于再生产，以创造更多的物质财富。因此，在我国公债发行筹集的资金被看作财政收入，而非平衡财政收入缺口的资金。其表现为我国将公债发行收入列作财政收入，债务的还本付息支出列为财政支出。依此计算方法，若某年出现盈余，但其小于年度国债发行额与当年债务还本额差额，则盈余部分或者全部是由公债发行支撑的。从我国绝大部分年份均为财政赤字可看出，其基本为包含了债务收入以后的赤字，相对于西方国家而言，其“赤字”口径较小。或者说，若按国际通行的预算编制方法和赤字统计口径，我国财政赤字要远大于账面。因此，我国存在“硬赤字”与“软赤字”之分，其核算方法为：

软赤字 = 总支出 − 经常性收入

= (经常支出 + 资本支出) − [税收收入 + 非税收入(不包含债务收入)]

硬赤字 = 总支出 - 总收入

= 总支出 -（经常性收入 + 债务收入）

软赤字（大口径）是可以用债务收入弥补的赤字，而硬赤字（小口径）则不可以用债务收入弥补。当财政出现硬赤字时，政府往往通过发行货币弥补。

与西方国家财政收入和公债发行规模受国会严格监督与控制不同，我国将公债更多的作为财政收入工具不利于限制其规模，因为财政收入自然越多越好。正是这一原因导致我国20世纪80年代后国债发行规模越来越大，即使在通胀较高的年份也出现大规模发行，且每年实际发行规模均超过年初预算。

2. 我国政府债务统计

改革开放前，我国政府公债发行规模较少，且于1968年均已还清，因此改革开放前我国处于“既无内债也无外债”的时期，尚无政府债务统计。改革开放后特别是“九五”时期以来，我国政府债务规模逐年扩大，但是政府债务统计发展严重滞后。特别是2008年国际金融危机之后，地方政府债务规模迅速膨胀，透明度却很低。目前，我国对政府性债务进行统计涉及机构较多，包括国家统计局、审计署、财政部、银监会等，但不同机构之间的统计口径存在差异，有些机构统计信息未连续公布或不公布。国家统计局每年发布一次中央政府债务数据，仅公布中央政府的内债和外债数额，没有对债务结构等情况进行介绍。审计署近年来对中央及地方政府性债务进行常规审计，向社会公开统计结果，下面的分析主要以审计署统计为代表。此外，财政部、银监会等部门也对地方政府性债务进行统计。

（1）政府债务概念。审计署将政府性债务分为政府负有偿还责任的债务、政府负有担保责任的债务及政府可能承担一定救助责任的债务（审计署，2014）。其中，政府负有偿还责任的债务属政府债务；后两类为或有债务。政府负有偿还责任的债务是指需由财政资金偿还的债务；政府负有担保责任的债务是指由政府提供担保，当某个被担保人无力偿还时，政府需承担连带责任的债务；政府可能承担一定救助责任的债务，是指政府不负有法律偿还责任，但当债务人出现偿债困难时，政府可能需给予一定救助的债务。

（2）政府债务统计。审计署将中央政府债务分为中央财政债务和中央部门及所属单位债务，分别统计这两类债务下政府负有偿还责任的债务、政府负有担保责任的债务及政府可能承担一定救助责任的债务的规模。对于地方政府性债务，按照政府层级、举债主体、债务资金来源、未来偿债年度等方面，分别统计政府负有偿还责任的债务、政府负有担保责任的债务及政府可能承担一定救助责任债务的债务总额。

具体来看，主要有如下特点：第一，从政府层级看，如表 5 – 11 所示，仅涉及到省、市、县、乡，但没有涉及村；第二，从债务资金来源看，政府负有偿还责任债务最主要的来源为银行贷款、建设—移交模式（BT）、发行债券等，表 5 – 12 列示了地方政府性债务资金的主要来源；第三，从举债主体看，分为地方平台公司、政府部门和机构、政府补助事业单位、国有独资或控股企业、自收自支事业单位五类（审计署，2014）。

表 5 – 11　　全国政府性债务规模情况　　单位：亿元

年份	政府层级	政府负有偿还责任的债务（政府债务）	政府或有债务	
			政府负有担保责任的债务	政府可能承担一定救助责任的债务
2012 年年底	中央	94376.72	2835.71	21621.16
	地方	96281.87	24871.29	37705.16
	合计	190658.59	27707.00	59326.32
2013 年 6 月底	中央	98129.48	2600.72	23110.84
	地方	108859.17	26655.77	43393.72
	省级	17780.84	15627.58	18531.33
	市级	48434.61	7424.13	17043.70
	县级	39573.60	3488.04	7357.54
	乡级	3070.12	116.02	461.15
	合计	206988.65	29256.49	66504.56

资料来源：审计署全国政府性债务审计结果，2014 年。

表5－12　　2013年6月底地方政府性债务资金来源情况　　单位：亿元

债权人类别	政府负有偿还责任的债务（政府债务）	政府或有债务	
		政府负有担保责任的债务	政府可能承担一定救助责任的债务
银行贷款	55252.45	19085.18	26849.76
BT	12146.30	465.05	2152.16
发行债券	11658.67	1673.58	5124.66
其中：地方政府债券	6146.28	489.74	0.00
企业债券	4509.09	808.62	3428.66
中期票据	575.44	344.82	1019.88
短期融资券	123.53	9.13	222.64
应付未付款项	7781.90	90.98	701.89
信托融资	7620.33	2527.33	4104.67
其他单位和个人借款	6679.41	552.79	1159.39
垫资施工、延期付款	3269.21	12.71	476.67
证券、保险业和其他金融机构融资	2000.29	309.93	1055.91
国债、外债等财政转贷	1326.21	0707.52	0.00
融资租赁	751.17	193.05	1374.72
集资	373.23	37.65	393.89
合计	108859.17	26655.77	43393.72

资料来源：审计署全国政府性债务审计结果，2014年。

（四）国际比较分析

1. 与国际组织政府债务统计体系比较

若将代表性国家的政府债务统计与国际组织债务统计体系做对比分析，主要有以下结论：

第一，从工具分类看，与国际组织政府债务统计体系相比，各国政府债务统计中金融工具分类与国际组织统计体系类似，均未超出表5－2所列的金融工具类别。

第二，从涵盖部门看，英国PSND与世界银行公共部门债务统计相同，是对公共部门债务的统计，但前者为对净债务的统计，后者为对总债务的统计；美国、加拿大、日本的政府债务统计所涵盖部门与OECD的中央政府债务统计最为接近；中国审计署政府性债务统计的部门范围与世界银行公共部门债务统计最为接近。

第三，从统计指标看，代表性国际组织着重关注总债务，各国（如英国和加拿大）政府债务统计不仅关注总债务，还会统计净债务。同时，主要国际组织多从债务人视角列示各国债务，而美国、日本等的债务统计还从债权人视角列示本国政府债务。

第四，从数据频率看，除IMF每月出版的《国际财政统计》外，代表性国际组织开展政府债务统计以季度或年度为主，各国在进行政府债务统计时一般会发布月度统计数据，如英国、美国、加拿大和日本均是每月发布政府债务数据，频率高于国际组织政府债务统计。

第五，英国政府债务统计有一定特殊性。从涵盖部门、包含金融工具及计值三方面分析，英国的广义政府债务即为欧盟的马斯特里赫特债务。PSND统计与广义政府债务总额均以同样数据来源为基础进行计算，定义和统计准则依据《1995年欧洲国民账户体系》和《政府赤字和债务手册》，并且遵循相同的政府会计准则。但二者也存在明显区别，一方面是涵盖的部门不同，前者测度公共部门的债务，即广义政府部门和公共公司，后者测度的仅仅是广义政府部门的债务；另一方面是前者为净债务，后者为总债务。

2. 代表性国家政府债务统计比较

进一步对比分析我国与英国、美国、加拿大、日本等发达国家政府债务统计，主要有如下结论：

第一，各国对公债定义不同。主要表现在不同国家的公债覆盖范围上，在英国为公共部门债务，在加拿大为联邦政府的债务，在美国公债是指由财政部发行的债券构成的债务，在日本公债即为公共部门的债务，而在中国，审计署没有关于公债的定义。

第二，各国对净债务定义不同。主要表现为所统计的金融资产存在差别，例如，英国公共部门净债务为总债务与流动金融资产的差额，加拿大联邦净债务为总债务与金融资产的差额。

第三，各国政府债务统计涵盖部门不同。其中，英国政府债务统计包括整个公共部门和分部门，美国和加拿大政府债务统计涵盖联邦政府，日本政府债务统计涵盖中央政府，中国政府性债务统计涵盖公共部门。

第四，统计指标及口径各国互有异同。具体表现在：

（1）美国、日本及中国审计署仅对总债务进行统计，而英、加两国不仅统计总债务，还对净债务进行统计。

（2）加拿大通过政府非金融资产统计来得到联邦债务（即净债务与非金融资产的差额），而美国政府没有对净债务进行统计，原因在于：①美国政府的信用等级较高，当出现债务偿付问题时可以更容易地通过发行新债券进行再融资；②鉴于美元的国际地位，美联储可以通过发行货币来解决危机；③美国政府每年的债务发行额受债务上限的约束。

（3）各国对债务工具分类不同，反映出各国政府债务结构和所发行债券种类的差异。

（4）不同于英国与加拿大，美国、日本和中国不仅按金融工具类别统计债务，还按债权人类别进行统计，并对不同债权人持有的各类债务进行统计。

第五，各国政府债务数据发布频率不同。英国、加拿大的财政部及日本银行每月发布政府债务数据，而美国不仅每月发布债务数据，而且在财政部网站上可以查询到1993年4月1日以来每天的未偿付公共债务总额。相反，中国尚未形成定期发布政府债务数据的制度。

四　我国政府债务统计主要问题及改革建议

与国际统计标准、发达国家实践相比，我国政府债务统计还不完善，尚存不少问题。诸如，多个部门对政府债务进行统计，但相关概念、分类不明确，统计口径存在差异，统计主要涉及政府债务总额，对政府金融性资产无统计，无法获得政府债务净额数据，政府债务分类体系不健全，缺乏债权人分类统计，难以获得全面的政府债务结构信息。而且，政府债务统计数据发布未形成规范，常规披露的政府债务信息太笼统、不详细，包括中央和地方政府债务。下面将深入分析我国政府债务统计存在的主要问题，并提出相关政策建议。

（一）面临的主要问题

1. 我国政府债务统计与 GFSM 的差距

目前，全球最广泛采用的政府财政统计体系始于国际货币基金组织（IMF）于 1986 年推出的《1986 年政府财政统计手册》（A System of Government Finance Statistics Manual），简称 GFSM1986。随后进行了几次修订，并于 2001 年及 2014 年发布了修订版本 GFSM2001 及 GFSM2014，为各国政府财政核算提供了一个指导性框架。当前，推动 GFSM2014 年的实施是国际社会的一项重要工作。理论上，在具体实施行动中各国可依据本国实际，并参考国民账户体系最新标准 SNA2008，加快对现行政府财政统计体系进行修改，以实现相同的统计口径，便于做国际比较分析。

我国政府财政统计核算体系是基于国际货币经济组织 1986 年版 GFSM 建立的，但 GFSM1986 在对政府财政统计的核算范围、收支分类、政策分析、核算准则等方面存在不同程度的缺陷，因此，我国财政统计与 GFSM2001 相比还存在一些差距：

（1）我国政府在统计财政收支时，最终统计的财政收入与支出实际是财政部门管理的收入与支出统计，并不是政府真实的财政收入与支出统计，并且，GFSM2001 以经济职能来确定政府范围，而我国则采用职能政府来确定。

（2）在政府收支分类统计中，我国现行政府财政收入统计主要由税收收入、社会保障基金收入、非税收收入、贷款转贷回收本金收入、债务收入、转移性收入等构成，但 GFSM2001 对于政府收入的定义则为“政府收入的形成应源于交易，且应增加政府的净财富”。理论上，政府债务收入并没有增加政府净财富，其本质是“收入”转化为“负债”，但在统计中依旧列为财政收入，不利于政府债务的单独核算。

（3）债务统计在我国财政统计体系中未处于重要位置，目前我国政府财政分析主要依靠财政赤字这一指标，但 IMF 已提出，由于财政赤字是基于现金收付制为基础的政府收支核算指标，其不利于真实反映政府财政风险，因此 GFSM2001 中，IMF 采用净运行余额、总运行余额和净贷款/净借款等核心指标替代财政赤字，如表 5 - 13 所示，新指标的引入，突出了政府债务单独在政府收入体系中的作用，全面反映了一国政府财政运行状况，同时也强调了财政运行成本、债务规模和偿付能力等财政运行中的关键因素。

表 5-13　　GFSM2001 下政府运营表（简表）

序　号	项　目	金　额
1	一、影响净值的交易	
2	收入	
3	支出	
4	净/总运行余额（4=1-2=6+7）	
5	二、非金融资产交易	
6	获得的非金融资产净额	
7	净贷款/借款（7=9-10）	
8	三、金融资产和负债交易（融资）	
9	获得的金融资产净额	
10	产生的负债净额	

2. 我国政府债务核算准则存在问题较多

我国现行《行政单位会计制度》与《事业单位会计制度》中规定，除事业单位经营性收支业务可采用权责发生制核算外，其他交易事项均采用收付实现制实行借贷记账法。导致目前我国政府预算财务报告中的政府债务核算准则同样采用收付实现制来处理政府债务，其仅体现直接债务规模，无法体现出隐性债务及或有债务规模。而且，在政府直接债务统计中，统计范围又过窄，目前核算政府直接债务主要涉及国债（含本金及利息）、拖欠款（含欠发财政供养人员的工资）、应付未付款及社保资金缺口。但是，政府债务尚未包含在政府预算财务报告中，因此部分政府直接负债并未得到确认和列报，政府报表往往低估当年的政府直接债务。此外，由于政府预算财务报告采用收付实现制处理政府债务，往往只披露直接债务，无法反映当期已经发生但尚未用现金偿付的隐性债务及或有债务，容易造成政府债务规模的低估，不利于政府财政风险的监测与控制。

3. 我国政府债务统计口径问题

我国虽然多个部门对政府债务进行统计，但相关概念、分类不明确，统计口径存在差异。目前，我国对政府性债务进行统计涉及机构较多，包括国家统计局、审计署、财政部、银监会等，不同机构之间的统计口径存在差异，有些机构统计信息未连续公布或不公布。就统计口径而言，目前我国政府债务狭义口径仅包括中央财政发行的债券，考虑到我国目前尚处于计划经济向市场经济转轨的过程中，在计划经济体制下，国家资产和负债均为政府或政府所属机构所有，而在转轨过程中，部分政府部门和政府所属机构的负债最终可能仍需要由政府承担，构成了我国政府的或有负债。

在相关研究中，政府债务的统计估算口径则更是不一，相距甚大。例如，依据国务院发展研究中心 2012 年的测算，目前我国政府总体债务应包括中央财政债务、四大资产管理公司债务、铁道部债务、省市县地方政府债务、乡镇地方政府债务、养老保险隐性债务和地方公路债务，截至 2010 年年底，债务总量约 23.76 万亿元，占 2010 年 GDP 比重为 59%，与当年财政收入之比为 286%。此外，史宗瀚（2010）认为，我国政府总体债务还应包括三大政策性银行的债务和商业银行的呆账，其认为 2009 年我国政府总债务为 24.29 万亿元。由于 2008—2009 年全国经济刺激计划的带动，地方政府融资平台的迅速发展，中央以及地方性政府债务的规模都在迅速增加，截至 2011 年年底，中央财政国债余额增加至 72045 亿元，铁道部债务增加至 24127 亿元，三大政策性银行负债总计 89079 亿元（其中国家开发银行 58070 亿元，中国进出口银行 11829 亿元，中国农业发展银行 19180 亿元），再加上四大资产管理公司的 14000 亿元债务（假设其不变），仅中央政府性债务就达到了 19.9 万亿元。此外，据曹远征等（2012）估算，2010 年我国政府债务规模为 41.77 万亿元，其中直接显性债务为 7.59 万亿元，直接隐性债务（养老金）为 16.48 万亿元，或有显性债务（包括政策性金融债托管余额与铁道部债务）为 7 万亿元，或有隐性债务（地方政府债务）为 10.7 万亿元。马骏等（2012）采用估值法，估算 2010 年我国政府狭义债务包括国债和四大资产管理公司债务规模为 8.05 万亿元，广义债务包括国债、四大资产管理公司债务、地方政府债务、铁路债务规模为 20.65 万亿元。

由于对我国政府债务统计口径及对范围的界定不清晰，使得不同部门及学者从不同角度测算出的我国政府债务规模差距较大，除中央债务外，由于《预算法》中禁止地方政府发债，因此地方性政府债务基本不存在统计口径，更难统计，国家审计署 2014 年公布的《全国政府性债务审计结果》中虽然审计范围在前几次审计的基础上，新增乡镇级政府，融资方式新增 BT、信托等，但依旧存在诸多不足，尚未包含养老保险隐性债务及公路债等。

4. 我国政府债务统计的其他问题

其一，尚未形成政府债务数据披露制度。我国目前尚未形成完整的政府债务信息披露制度，包括中央政府债务和地方政府债务，政府债务信息与其他财政信息一起主要通过预算会计报告和财政预决算报告的形式进行披露，公众只能得知零碎、分散的债务信息。作为我国政府债务监管部门，如财政部、人民银行、银监会及审计署等，虽然采用不同的方式对地方政府性债务进行了统计和管理，但除了国家统计局和审计署外，多数并未向社会公众披露具体的数据。与之对照的是，发达经济体以及经受过债务危机的一些新兴市场经济体均有严格的透明度要求，向公众披露信息、提高政府债务透明度，满足公众知情权，提高政府公信度，这种做法有利于提高政府债务风险控制能力，防止债务风险恶化。国际货币基金组织的《财政透明度守则》、OECD《预算透明度最佳做法》以及主权财富基金国际工作组（IWG）提出的《圣地亚哥原则》等，都对政府财政透明度提出了严格的要求，从而对政府债务信息披露提出了明确的要求。

其二，尚未开展国家资产负债表编制工作。资产负债表源于迪金森和伊金（Dickingson and Eakin，1936）提出的将企业资产负债表技术应用于国民经济统计分析。戈德史密斯（Goldsmith，1982）编制了20世纪初至1980年若干年份美国综合与分部门资产负债表，而里维尔（Revell，1996）编制了1957—1961年英国的国民资产负债表。目前，大部分OECD成员国国家都至少公布了不含有实物资产的金融资产负债表，英国、加拿大、日本和澳大利亚等部分发达国家定期公布政府资产负债表。我国尚未编制政府资产负债表，国家统计局于2007年出版了《中国资产负债表编制方法》一书，对政府资产负债核算的基本概念、核算原则、编制方法及国民资产的估价等问题进行了讨论，但迄今尚未对外公布相关统计数据结果。目前，国家统计局已着手开展政府资产负债表研究与编制工作，财政部也已经发布《权责发生制政府综合财务报告试编办法》，并于2011年在部分省市开展试点工作，有关部门应以此为契机，加快我国资产负债表编制步伐，向西方发达国家看齐，并做到定期发布。

（二）政策建议

政府债务统计数据是分析政府财政状况和评估财政风险的重要依据，也是监测一国或地区经济潜在脆弱性的重要领域。20世纪80年代以来，国际上政府债务危机事件频发，特别是欧洲主权债务危机让各国对政府债务风险倍加关注。本专题针对主要国际组织政府债务统计体系和英国、美国、加拿大、日本、中国等代表性国家政府债务统计进行比较研究，分析不同体系在概念、分类、指标、统计准则与口径、数据发布等方面的异同及主要特征，为中国建立和完善政府债务统计体系提供经验借鉴。

与国际统计标准、发达国家实践相比，我国政府债务统计还不完善，尚存不少问题。概括而言，主要集中表现在以下方面：其一，中国的财政统计体系与国际通行的 GSFM 统计标准存在一定差距，尚处于 GFSM1986 和 GFSM2001 之间的水平；其二，我国现行的政府债务核算准则使得诸多债务类别无法统计；其三，多个部门对政府债务进行统计，但相关概念、分类不明确、不统一，统计口径存在差异；其四，政府债务统计数据发布尚未形成规范、合理的制度，常规披露的政府债务信息太笼统、不详细，包括中央政府债务和地方政府债务；其五，我国尚未全面开展国家及部门资产负债表编制工作，无法全面掌握国家资产负债情况；其六，现行统计主要涉及政府债务总额，无政府金融性资产统计，无法获得政府债务净额数据。

为了加快改进和完善我国的政府债务统计体系，基于上述对国际组织、代表性国家政府债务统计的研究，结合中国政府债务统计存在的主要问题，提出如下政策建议：

第一，尽快实施 GFSM2014。目前，我国政府债务在国家财政统计中记录，主要包含在政府收入中，而 GFSM2001 中将政府收入划分为税收收入、社会缴款、赠与和其他收入四类。在我国现行体制下，政府收入包括广义收入和狭义收入，其中狭义收入为通常所说的财政收入；广义收入在狭义收入的基础上，还包括在一个财政年度内捐赠等其他方式获得的收入。目前，我国政府收入分类科目中包括税收收入、社会保障基金收入、非税收入、贷款转贷回收本金收入、债务收入、转移性收入等。GFSM2001 中并未将政府债务列为政府收入，而我国现行政府收入中则将债务列为政府收入的一部分，回顾我国国债发行历程，起初国债发行为了弥补财政赤字，但自 1988 年国债规模突破 100 亿后，国债已不再是弥补财政赤字的手段，而逐步成为财政收入来源。对地方政府而言，1994 年的分税制改革使地方政府的财权减少，其财政收入远不能匹配其支出，因此地方政府同样开始通过大量举债缓解财政收入不足问题，因此，不同于西方国家财政收入与公债发行规模受国会的严格监督和控制，我国将公债更多作为财政收入工具，这种做法不利于限制其规模，因为财政收入自然是越多越好。如此，导致我国20世纪80年代后国债发行规模越来越大，即使在通胀较高的年份也出现大规模发行，且每年实际发行规模均超过年初预算。然而，政府债务统计数据是分析政府财政状况和评估财政风险的重要依据，也是监测一国或地区经济潜在脆弱性的重要领域，若将政府债务视为财政收入，显然，这将不利于提高对于债务规模统计监管的积极性。

第二，我国政府债务核算准则应尽快向权责发生制过渡。我国目前除事业单位经营性收支业务可采用权责发生制核算外，其余核算均基于收付实现制实行借贷记账法。收付实现制具有现金易于追踪和监管的特点，因此成为各国政府会计的传统基础，但也存在较为明显的缺陷：无法如实反映一国真实负债情况和财务风险。收付实现制下对于费用与负债的核算只有在实际发生现金收支时才进行，只要没有支付现金即使责任已经发生，也不需核算处理，若在政府财务报告中使用该核算准则，显然其仅体现直接债务规模，无法体现出隐性债务及或有债务规模，使得政府真实负债情况无法得到完整反映。Polackova（1998）指出，政府会计可提高政府财政信息透明度，为管理者进行政府财政决策提供重要信息，但以收付实现制为基础的政府会计会使政府应承担的已发生而未支付的支出责任不反映在政府财务报表中，使财政风险逐步累积。但若采用权责发生制，对于费用与负债的核算时，通常会早于现金的流出和流入，该核算准则更接近于实际经济结果，能全面及时地反映一国的债务情况。

20世纪90年代后，权责发生制逐步成为许多国家的政府核算准则，国际上对于公共部门采用权责发生制核算已是一个趋势。国际会计师联合会（International Federation of Accountants，IFAC）1996年制定的《国际公共部门会计准则》（International public Sector Accounting Standards，IPSAS）中与政府债务相关的准则《公共部门会计准则第1号》和《国际公共部门会计准则第19号》明确对政府债务定义为：政府债务是指政府由于过去事项而引起的现时义务，该义务的履行预期会导致政府资源流出，这种流出形式可体现为经济利益和服务。此外，该准则对政府预计负债、或有负债和或有资产的含义与内容做出规定，对预计负债的确认、计量和披露作了具体规范，要求在会计报表附注中适当披露或有负债、或有资产情况。因此，从国际标准的角度看，应当采取权责发生制作为我国债务核算的准则，现任财政部部长楼继伟早就提出，根据我国的现实条件，权责发生制这一会计基础应采用渐进式的改革，从近期看，可考虑将那些比较明确，近、中期对预算安排影响较大的政府债务，按权责发生制基础纳入预算会计的核算范围；从中、长期看，应选择在社会保险收支、国债收支、政府担保支出等方面实行权责发生制（楼继伟，2014）。娄洪（2008）同样认为，在政府会计中可单项领域适当引入权责发生制，如政府显性直接债务（政府发行国债及其利息）和应付款采用权责发生制进行核算。

第三，统一政府债务统计口径。统计口径不一是中国政府债务统计面临的首要问题，从国际看，确立合理的政府债务统计口径是开展政府债务统计的中心任务之一。因此，中国应在加快实施 SNA2008、BPM6、GFSM2014 等基础上，依据 PSDS2008、EDS2013 等国际标准，采纳规范的政府债务统计概念、分类体系，加强不同部门之间的沟通与协调，尽快澄清和明确中国政府债务统计的概念与分类，统一政府债务统计口径，这将是改善中国政府债务统计和加强政府债务管理的重要前提。

第四，完善政府债务信息公开制度，定期披露政府债务信息。公开披露政府债务信息是发达国家的常规做法。国际会计师联合会（IFAC）于 1996 年制定的《国际公共部门会计准则》中的《国际公共部门会计准则第 19 号》，对政府负债、或有负债和或有资产的披露作了具体规范，要求在会计报表附注中适当披露或有负债、或有资产的情况。该准则还对或有负债的披露作了具体说明：报告主体应在资产负债表中简单披露每类或有负债的性质，在可行的情况下要披露或有负债对财务影响的估计、与流出的金额或时间有关的不确定性的说明及补偿的可能性；仅当清偿义务时经济利益流出的可能性极小的情况下才可不披露。IMF 也致力于在全球范围内推动各国建立良好财政管理体制的工作，以推动各国加强公共财政管理，提高财政透明度。IMF 于 2001 年公布了修订的《财政透明度良好做法守则》和作为守则解释文件的《财政透明度手册》，《财政透明度手册》中明确要求政府资产负债表应反映政府的全面负债情况，要求报告政府的全部债务、债务规模及比较信息，并披露债务的计量方法；要求没有确认的负债在备忘项目中反映；而且，要求在年度预算中，应当说明重大财政风险以及其影响因素，包括或有负债情况，包括担保、赔偿保证等事项。此外，该手册还要求审计机构应及时全面向立法机关和公众披露关于政府财务真实性的报告。

我国尚未建立定期发布政府债务信息制度，有关部门发布的政府债务信息较为粗略。为增强财政透明度，促进各级政府更高效地使用债务资金，更好发挥社会公众对政府举债行为的监督作用，我国必须进一步完善政府债务信息公开制度，尽快建立定期披露政府债务信息的机制。根据我国的实际情况，借鉴发达国家做法，重点可从以下三个方面入手：其一，进行政府会计制度改革，更科学、合理地确认和计量中央及地方政府债务；其二，规范对中央政府和地方政府举债行为的审批、管理与监控制度，特别是加强对政府担保行为的监管；其三，成立专门的机构，负责政府债券发行、利息与本金支付等管理，以及政府债务统计和定期信息发布工作。

第五，尽快编制我国政府资产负债表（National balance sheet）。编制政府资产负债表是建立现代财政制度、实现国家治理体系和治理能力现代化的重要基础，政府资产负债表属于国家资产负债表子表，是将一个国家政府部门的资产和负债进行分类，分别加总得到的报表。国家资产负债表综合反映一国在特定时点拥有的资产和负债情况，有助于更加全面地了解政府财政状况，监测、防范和化解潜在财政金融风险。国家统计局于2007年曾出版过中国资产负债表的编制方法，但迄今为止，资产负债表仍处于试编阶段，未对外公布过相关数据。随着近年来欧洲各国不断爆发的主权债务危机，国家资产负债表的编制显得尤为重要。

2013年，党的十八届三中全会明确提出了“加快建立国家统一的经济核算制度，编制全国和地方资产负债表，建立权责发生制的政府综合财务报告制度”的战略任务。由此，应加快国家资产负债表，包括政府及部门资产负债表的编制工作，以做到全面衡量政府财政风险，深入分析风险形成机理、传导机制及其对宏观经济的深刻影响，提高政府财政管理水平和效率，提高政府预算的公开透明度，并为经济运行分析提供基础数据，提高宏观经济决策的科学性和前瞻性。总体说来，加快编制政府资产负债表，有助于更加全面地了解政府财政状况，监测、防范和化解潜在的财政金融风险。

第六，尽快开展政府净债务统计。当前，我国对政府债务的统计主要着眼于债务总额，没有统计政府净债务。IMF目前对政府债务净额的定义是债务总额减去政府金融资产。而按照IMF政府财政统计体系（GFSM），政府资产划分为金融资产和非金融资产，其中金融资产是可供政府用于清偿债务，或者为未来活动提供资金的资产。实际上，政府持有的金融资产特别是短期流动资产，可以保证政府在不对现有财政政策和宏观经济产生重大影响的前提下偿付未偿债务。因此，净债务可以更好地反映政府债务负担，更有效地开展债务风险管理和监控。特别是我国存在特殊的财政体制及中央对地方政府债务无限兜底的特点，尽快开展政府净债务统计实属必要，而且，在实际操作当中不仅要统计广义政府净债务，还要统计公共部门净债务。

第七，健全政府债务统计指标体系。为了衡量政府债务负担状况，我国参考国际组织统计标准和部分国家统计实践，初步建立了一套政府债务统计指标，包括总债务、负债率、政府外债与 GDP 比率、逾期债务率等。但从总体上看，现行指标体系还不全面，不足以全面、准确地反映政府债务综合状况、风险信息，难以为政府债务管理和风险监测提供有力支持。下一步，有关部门应致力于健全政府债务统计指标，尽快建立一套科学、完善的政府债务统计指标体系。例如，建立净债务统计指标，完善中央政府债务与地方政府债务的不同指标体系，建立担保债务和或有债务的相关统计指标，等等。

第八，还应特别关注我国地方政府债务统计问题。我国地方政府债务是一个特殊问题，因为我国《预算法》明确规定，地方政府不能举债，但近年来，随着地方政府事权的增加及财政收入下降，地方政府通过各类手段融资，形成庞大的地方政府债务。由于法律明确规定地方政府不能举债，因此我国地方政府债务往往游离于监管之外，其规模不易统计，造成了较为严重的潜在财政风险。从基本类型上看，依据 Polackova（1998）的划分方法，我国地方政府债务主要包括：

（1）直接显性债务：主要指财政部代发的地方政府债券、地方政府直接发行的债务、地方政府借贷的外债、拖欠工资而形成的债务。直接显性债务中，除欠发工资形成的债务没有统计数据外，财政部代发债券、主权外债的数据基本可以做到及时更新，直接显性负债的透明度相对较高。

（2）或有显性负债：主要指债务主体非地方政府本身或者部门，但地方政府公开承诺或者提供担保形成的债务。诸如：政府贷款担保、城投债、地方金融机构的不良资产和支付缺口、国有企业拖欠的养老保险基金、政府担保的基建贷款、对自然灾害等突发事件的救助。

（3）直接隐性负债：主要有社会保障资金缺口所形成的债务。

（4）或有隐性负债：主要指地方政府既不是债务人，也没有做出承诺和担保的债务，但是债务风险一旦产生，政府从公共利益角度出发，必须投入资金干预，最终承担偿付责任的债务。主要包括地方金融机构的不良资产、政府性基金违规操作形成的亏损、供销合作社股金、对地方商业银行的救助等。

目前，我国地方政府债务规模较大，应尽快从定量角度分析其规模与结构，比较其与经济规模、财政收入规模的相对大小，全面衡量地方政府债务风险，完善地方政府债务风险监测预警体系。

发达国家地方政府一般采用发行债券的方式凑集资金，但我国《预算法》明确规定，“地方各级预算按照量入为出、收支平衡的原则编制，不列赤字。除法律和国务院另有规定外，地方政府不得发行地方政府债券”。但实际情况却是，在没有法律和国务院规定的支持下，各级地方政府还是通过各种变相的方式举债，且债务规模不断增大。特别是 2008 年国际金融危机之后，为了刺激经济的复苏和增长，地方政府债务规模增长异常迅猛，并逐步得到党中央、国务院的广泛关注，近年来，财政部、中国人民银行、国家统计局、审计署等机构均对地方政府债务规模进行过统计，但统计口径不一，给出的统计数据往往差异较大。由于我国地方政府举债主体、方式的多元化、举债的隐蔽性加上规模不断变化，导致目前我国地方政府债务规模究竟有多大谁也说不清楚，存在较大的潜在债务风险，加强对地方政府债务风险的预警、监测与控制实属必要。

一般而言，发达国家政府对地方政府债务风险控制较为严格，发达国家在中央与地方财政的关系上有明确的法律法规约束。例如，美国绝大多数州宪法规定，地方政府债务纳入预算管理。澳大利亚、新西兰等国对地方债务实行严格预算管理，在政府预算体系上全面反映政府收入、支出及债务举借和偿还情况，确定地方债务的合理规模。澳大利亚、日本等国同样高度关注地方政府债务对其资产负债状况与风险大小的影响，并据此统筹考虑政府的公共资源配置。南非中央政府也曾补贴地方预算赤字，2003 年其《市政财政管理法案》立法颁布后，强化了地方财政责任的要求。如今，越来越多的新兴市场经济体通过立法形式实行硬预算约束。

国际上，对于地方政府债务规模的控制，主要体现为通过需求和供给两方面共同调控。需求控制包括债务余额控制和增量控制，主要指标有负债率、债务率、新增债务率、偿债率、担保债务比重、利息支出率、债务依存度和资产负债率等。供给控制的主要指标包括地方政府贷款与金融机构净资产比、地方政府贷款与地方政府净资产比、贷款损失债权人分担率。从红线指标看，普遍采用了欧盟对其成员国债务警戒线的标准，即当年财政赤字/GDP 不超过 3%，债务余额/GDP 不超过 60%。2008 年国际金融危机的爆发，使得欧洲大部分主权国家及地方政府都突破了这一警戒线。但就许多新兴市场经济体而言，如阿根廷、巴西、哥伦比亚、印度等国普遍采取硬性规定方式，对地方政府债务融资进行严格限制，一般不会高于欧盟债务警戒线标准。

我国应借鉴已有较为成熟地方政府债务管控体系国家的经验，改进中央对地方政府债务的统计监测与风险防控，规范我国地方政府债务的统计口径，将地方政府债务的主体范围扩大到地方政府部门，并将对我国未来财政安全可能具有影响的或有债务纳入统计，在我国现有地方政府债务审计的基础上，尽快采纳公共部门债务统计、政府财政统计等的最新国际标准，对我国地方政府债务规模做全面核算，防范地方政府债务给我国财政安全可能造成的潜在风险。

参考文献

[1] IMF 等：《外债统计：编制者和使用者指南》，中译本，http://www.imf.org，2003 年。

[2] Polackova、Hana Brixi：《政府或有负债：威胁财政稳定的隐蔽风险》，世界银行政策研究工作论文，1982 年。

[3] 布坎南：《公共财政》，中译本，中国财政经济出版社 1991 年版。

[4] 财政部国库司：《中国政府债务管理报告（2004）》，中国财政经济出版社 2005 年版。

[5] 曹远征、钟红、廖淑萍等：《国家资产负债能力》，《财经》2012 年第 15 期。

[6] 陈共：《财政学》，中国人民大学出版社 2004 年版。

[7] 陈默：《我国国债、政府支出的宏观经济效应研究》，博士学位论文，吉林大学，2014 年。

[8] 邓子基、张馨、王开国：《公债经济学》，中国财政经济出版社 1990 年版。

[9] 张馨：《当代财政与财政学主流》，东北财政大学出版社 2000 年版。

[10] 邓子基：《财政学原理》，经济科学出版社 1997 年版。

[11] 高培勇、宋永明：《公共债务管理》，经济科学出版社 2004 年版。
[12] 何振一：《理论财政学》第二版，中国财政经济出版社 2005 年版。
[13] 胡浩：《政府资产负债管理风险——对“欧洲五国”主权债务危机的影响研究》，博士学位论文，财政部财政科学研究所，2012 年。
[14] 李爱华：《我国政府债务的计量及披露问题研究》，硕士学位论文，沈阳大学，2012 年。
[15] 李扬、张晓晶、常欣等：《中国主权资产负债表及其风险评估》，《经济研究》2012 年第 6—7 期。
[16] 联合国、欧盟委员会、经济合作与发展组织等：《2008 国民账户体系》，中译本，中国统计出版社 2012 年版。
[17] 刘京焕：《财政学原理》，高等教育出版社 2012 年版。
[18] 刘尚希、赵全厚：《政府债务：风险状况的初步分析》，《管理世界》2002 年第 5 期。
[19] 楼继伟：《财政改革发展若干重大问题研究》，经济科学出版社 2014 年版。
[20] 娄洪：《研究推进我国政府会计改革的思考》，《预算管理与会计》2008 年第 9 期。
[21] 马骏、张晓蓉、李治国：《中国国家资产负债表研究》，社会科学文献出版社 2012 年版。
[22] 马骏、张晓蓉、李治国等：《化解国家资产负债中长期风险》，《财经》2012 年第 15 期。
[23] 沈沛龙、樊欢：《基于可流动性资产负债表的我国政府债务风险研究》，《经济研究》2012 年第 2 期。
[24] 史锦华、杨松武、罗添元：《公债学》，中国社会科学出版社 2011 年版。
[25] 史宗瀚：《中国地方政府的债务问题：规模测算与政策含义》，《中国教育财政科学研究所科研简报》2010 年第 2 期。
[26] 许廷星、陈显昭：《社会主义财政学》，四川教育出版社 1987 年版。
[27] 许毅：《财经大辞典》，中国财政经济出版社 1990 年版。
[28] 杨志宏、郑岩：《政府资产负债表研究综述与展望》，《当代经济研究》2014 年第 8 期。
[29] 易千：《主要发达国家政府债务规模和风险问题研究》，博士学位论

文，财政部财政科学研究所，2013 年。

[30] 张馨：《公共财政论纲》，经济科学出版社 1999 年版。

[31] 赵琼：《地方政府性债务现状及审计监督研究——以内蒙古自治区为例》，硕士学位论文，内蒙古大学，2014 年。

[32] 中华人民共和国审计署：《全国政府性债务审计结果》，http：//www.audit.gov.cn/n1992130/n1992150/n1992500/n3432077.files/n3432112.pdf，2014。

[33] 朱柏铭：《公共经济学》，浙江大学出版社 2002 年版。

[34] 邹康：《中国政府财政统计体系改革再研究》，博士学位论文，西南财经大学，2012 年。

[35] Dickinson, Frank and Eakin, Franzy, *A Balance Sheet of the Nation's Economy*. The University of Illinoes Press, 1936, p. 151.

[36] Bank of Japan, *Financial and Economic Statistics Monthly*. http：//www.boj.or.jp/en/statistics/pub/ sk/index.htm/, 2000 – 2012.

[37] Bureau of the Public Debt（BPD）*Monthly Statement of the Public Debt of the United States*. http：//www.treasurydirect.gov/ govt/reports/pd/mspd/2013/opds 032013.pdf，2013.

[38] Bureau of the Public Debt, *Monthly Statement of the Public Debt of the United States*. http：//www.treasurydirect.gov/ govt/reports/pd/mspd/2013/opds 032013.pdf, 2013.

[39] Cecchetti, Stephen G. , M. S. Mohanty and Fabrizio Zappolli, *The Future of Public Debt：Prospects and Implications*. Bank of International Settlements Working Paper, No. 300, 2010.

[40] Department of Finance Canada, *Debt Management Report 2012 – 2013*. http：//www.fin.gc.ca/dtman/ 2012 – 2013/ dmr – rgd13 – eng.asp, 2014.

[41] Department of Finance Canada, *Fiscal Reference Tables*. https：//www.fin.gc.ca/frt – trf/2013/ frt – trf – 13 – eng.pdf, 2013.

[42] Department of Finance Canada, *The Fiscal Monitor a Publication of the Department of Finance*. https：//www.fin.gc.ca/ fiscmon – revfin/2013 – 11 – eng.asp, 2013.

[43] European Statistics, *Manual on Government Deficit and Debt – Imple-*

mentation of ESA95. http: //epp. eurostat. ec. europa. eu/ cache/ITY_ OFFPUB/KS - RA - 12 - 003/EN/KS - RA - 12 - 003 - EN. PDF, 1997.

[44] Eurostat, *Structure of Government Debt in Europe in 2009*. http: // ec. europa. eu/ eurostat, 2011.

[45] Goldsmith, R. W. , *The National Balance Sheet of the United States 1953 – 1980*. University of Chicago Press, 1982, pp. 41 – 56.

[46] HM Treasury, *Public Sector Finances Bulletin: October 2014*. https: // www. gov. uk/government/uploads/ system/uploads/ attachment_ data/ file/377221/PSF_ SB_ Final. pdf, 2014.

[47] IMF et al. , *External Debt Statistics: Guide for Compilers and Users*. Pre – Publication Draft. http: //www. imf. org, 2013.

[48] IMF et al. , *Public Sector Debt Statistics: Guide for Compilers and Users – 2013*. http: //www. tffs. org/ PSDStoc. htm, 2013.

[49] IMF, *Government Finance Statistics Yearbook*. http: //www. elibrary. imf. org/, 2012.

[50] OECD, *African Central Government Debt Statistical Yearbook*. http: // www. oecd – ilibrary. org/finance – and – investment/african – central – government – debt – 2013_ acgd – 2013 – en, 2013.

[51] OECD, *OECD Central Government Debt Statistics 2012*. http: // www. oecd – ilibrary. org/economics/oecd – central – government – debt – statistics – 2012_ gov_ debt_ stat – 2012 – en, 2013.

[52] Office for National Statistics, *Government Deficit and Debt under the Maastricht Treaty*, September 2013. http: //www. ons. gov. uk/ ons/ dcp171778_ 323850. pdf, 2013.

[53] Office for National Statistics, *Public Sector Finances*. January 2014. ht-tp: //www. ons. gov. uk/ ons/ dcp171778_ 352865. pdf, 2014.

[54] Polackova, Hana, *Contingent Government Liabilities: A Hidden Risk for Fiscal Stability*. Policy Research Working Paper Series 1989, The World Bank, 1998.

[55] Prasad, Eswar and Mengjie Ding, "The Rising Burden of Government Debt". *Fiancial Times*, Nov. 1, 2010.

[56] Revell, J. , "The national balance sheet of the United Kingdom" . *Review of Income and Wealth*, 12 (4), 1966, pp. 281 – 305.

[57] UK Office for National Statistics, *Government Deficit and Debt under the Maastricht Treaty*. http: //www. statistics. gov. uk/ pdfdir/maast0310. pdf, 2010.

[58] Wolswijk, Guido and Jakob de Haan, *Government Debt Management in the Euro Area Recent Theoretical Developments and Changes in Practices*. http: //www. ecb. int/ pub/pdf/scpops/ecbocp 25. pdf, 2005.

索　引